KB141942

지금까지
없던 세상

지금까지 없던 세상

2015년 9월 1일 초판 1쇄 | 2019년 7월 26일 10쇄 발행
지은이 · 이민주
펴낸이 · 김상현, 최세현 | 경영고문 · 박시형

책임편집 · 김형필 | 디자인 · 김애숙
마케팅 · 김명래, 권금숙, 양봉호, 임지윤, 최의범, 조히라, 유미정
경영지원 · 김현우, 강신우 | 해외기획 · 우정민
펴낸곳 · (주) 쌤앤파커스 | 출판신고 · 2006년 9월 25일 제406-2006-000210호
주소 · 서울시 마포구 월드컵북로 396 누리꿈스퀘어 비즈니스타워 18층
전화 · 02-6712-9800 | 팩스 · 02-6712-9810 | 이메일 · info@smpk.kr

ⓒ 이민주(저작권자와 맺은 특약에 따라 검인을 생략합니다)
ISBN 978-89-6570-271-9(03320)

쌤앤파커스(Sam&Parkers)는 독자 여러분의 책에 관한 아이디어와 원고 투고를 설레는 마음으로 기다리고
있습니다. 책으로 엮기를 원하는 아이디어가 있으신 분은 이메일 book@smpk.kr로 간단한 개요와 취지,
연락처 등을 보내주세요. 머뭇거리지 말고 문을 두드리세요. 길이 열립니다.

지금까지 없던 세상

당신이 만날 미래의 【업業】

| 이민주 지음 |

차례

프롤로그 지금 우리는 어디로 가고 있는 걸까 — 8

CHAPTER * 1

지금의 세상이 만들어지기까지

고용 사회, 역사는 100년에 불과하다 **포드 자동차의 '고용 혁명'** — 16

당신의 아버지만이 풍요로웠다 **'직장인'의 전성시대** — 29

'근본 없는 것'들의 세상이 온다 **고용 붕괴가 우리에게 주는 메시지** — 42

직장이 사라지는 사회 **'변혁기'를 틈타 성업한 스타 기업들** — 46

[Economic Factors] 소득세의 추세를 보면 돈의 흐름이 보인다 — 59

CHAPTER * 2

당신이 지금 서 있는 곳

'평생직장'의 시대를 열다 한국식 고용 혁명의 전개 ― 64

다시 못 볼 세상의 풍경들 영원할 것 같았던 종신 고용 시대 ― 70

[Economic Factors] 한국 대기업의 고용 증가율이 주는 의미 ― 76

저렴한 제품, 일자리를 빼앗다 제조업의 몰락과 고용이 사라진 시대 ― 78

[Economic Factors] 한국식 상업 자본주의의 탄생 ― 87

CHAPTER * 3

'정답' 없는 세상에서 살아남기

신기술, 그 확장성에 주목해야 하는 이유
'기술 혁신'이 몰고 오는 파장 ― 90

지금껏 없던 새로운 세상 구글 안경을 쓴 로봇과 매장 직원 ― 99

우리는 누구나 '생산 수단'을 가질 수 있다
다가오는 시대의 새로운 기회들 ― 109

창작자, 드디어 기회를 잡다 스마트폰, 소셜 혁명의 수혜자들 ― 115

'결핍'이 강점인 시대 '스펙 제로'에서 성공하는 법 ― 126

Must be different, 단 투지를 갖고 '다른 것'들의 전성시대 ― 130

CHAPTER * 4

최고 경영자, 그리고 창업가들

'최고 경영자'는 최고의 유망 직업이다 경쟁과 CEO 몸값의 상관관계 ― 136

'CEO 효과'가 시작됐다 '스타 CEO'의 몸값이 오르는 이유 ― 146

[Economic Factors] 국내 대기업 임직원의 평균 연봉 ― 151

위기가 창업가를 만든다 신기술에 대한 접근권과 '스타트업' ― 153

누가 창업에 성공하는가 스타트업, 성공의 8가지 조건 ― 164

[Economic Factors] 당신은 창업에 적합한가 ― 196

CHAPTER * 5

무리에서 벗어나 생존하는 법

'직장'을 잃는 것 ≠ '모든 것'을 잃는 것 선입견에서 벗어나기 ― 200

세컨드 무버에게 기회가 있다 구글, 페이스북도 선구자가 아니다 ― 208

대체 불가능한 '핵심 역량' 굿 컴퍼니와 지속 가능한 고용 ― 222

[Economic Factors] 국내 사주 기업가의 평균 연령 ― 230

당신의 모든 지식을 의심해볼 것 '트루먼 쇼'와 거짓말 ― 231

CHAPTER ✳ 6

빈틈에서 찾는 업業의 전략

어느 업에 기회가 있는가 절대 망하지 않는 산업 — 242

2030년, 6대 파워 섹터 — 249

파워 섹터 1 금융, 성장성이 가장 크다 — 249

파워 섹터 2 자동차, 혁신에 빈틈이 있다 — 261

파워 섹터 3 정보기술, 기회가 크지만 리스크도 있다 — 266

파워 섹터 4 의료 및 제약, 고령화 시대의 수혜 섹터 — 277

파워 섹터 5 서비스, 끝이 없는 기회의 땅 — 288

파워 섹터 6 소비재는 영원하다 — 293

당신은 월급 받는것 이상으로 일하고 있는가
고용 천국 'GM'이 보여준 반면교사 — 300

상상은 지식보다 중요하다 2030년의 세상 풍경 — 321

에필로그 기회는 언제나 위기의 모습으로 다가온다 — 332
참고문헌 — 334

지금 우리는 어디로 가고 있는 걸까

우리는 세계에서 손꼽힐 정도로 하루를 바쁘게 지낸다. 그래서 주변의 세상이 얼마나 바뀌었는지를 실감하지 못하는 경우가 많다. 문득 발걸음을 멈추고 주변을 둘러보게 되는데, 이때 세상이 어마어마하게 바뀐 것을 발견하고 깜짝 놀라게 된다.

내가 직장 생활을 시작한 1990년대 초반만 해도 학교를 졸업하고 일단 회사에 입사하면 그 회사에서 평생을 근무해야 하는 것을 당연하게 여겼다. 또한 그 시절의 인간관계는 돈보다 의리나 개인적 감정에 의해 전면적 관계로 진행됐다. 심지어 내가 대학에 다니던 시기에는 돈의 개념이 없었다. 믿겨지지 않지만 이는 사실이다. 돈에 대해 말한다는 것 자체가 창피한 일이었다. 가난하다는 것은 자부심 넘치는 일이었고, 목소리를 높일 수 있는 근거가 됐다. 부자는 고개를 숙이고 지냈다.

그때 우리는 개인적 이익보다 '더불어 사는 세상'에 관심을 가져야 한다고 믿었다. 몇몇 친구들은 대학을 졸업하고 기꺼이 공장 노동자의 삶을 선택했다. 내 자신의 개인적 영리를 추구하는 것은 불의한 행동이었다. 나도 이런 분위기에 휩쓸려 지냈다. 그런데 어느 순간, 세상은 완전히 바뀌었다. 평생직장은 흘러간 시절의 이야기가 된 지 이미 오래되었고, 인간관계도 돈을 기반으로 움직이고 있다. 연대 의식, 우정, 공감의 미덕은 자취를 감추었다. 그간 당연하게 여겨왔던 삶의 방식, 가치관이 송두리째 흔들리고 있는 것이다.

우리가 삶을 보내고 있는 지금의 세상을 들여다보면 두 가지 상반된 흐름이 엿보인다. 우선 한 가지는 대다수 사람들에게 세상살이가 갈수록 버거워지고 있다는 사실이다. '회사 안은 전쟁터, 바깥은 지옥'이라는 말처럼 지금의 세상은 직장인에게도, 직장을 다니지 않는 사람에게도 버텨내기 쉽지 않은 곳이 되었다. 직장인에게 정년퇴직은 없다. 학교를 졸업하고 어렵게 입사한 직장이지만 이제 그들은 상시적인 구조조정과 해고의 대상이다. 좋다는 대학을 나왔건, 그렇지 않았건 사정은 별반 다르지 않다. 회사가 직장인에게 요구하는 업무의 강도는 갈수록 높아지고 있다.

직장인 가운데 비정규직은 사정이 더 절박하다. 비정규직은 고용 불안과 저임금은 물론이고 소속감의 결여로 인한 소외감, 정서적 위축감을 겪고 있다. 이때의 상실감은 겪어본 사람만이 알 것이다. 이런 비정규직은 한국의 경제 활동 인구 1,800만 명 가운데 절반 가까운 800만 명으로 그

숫자는 갈수록 증가하고 있다. 직장인들은 이제 회사를 그만두게 될 경우 무엇을 해야 하는가를 고민하면서 밤잠을 설치고 있다.

정규직과 비정규직에게만 세상이 버거운가?

그렇지 않다. 정규직과 비정규직 아래에는 취업을 아예 하지 못하고 있는 취업 준비생과 실업자가 있다. 치열한 경쟁을 뚫고 대학에 입학하고 꼼꼼하게 취업 준비를 해도 그들 중 다수가 직장 근무의 기회조차 갖지 못하고 있다. 구체적으로, 해마다 50만 명가량의 대학 졸업자가 쏟아져 나옴에도 그들이 오매불망 꿈꾸는 대기업의 일자리는 2만여 개에 불과하다. 100명 가운데 1명만이 대기업에 취업한다는 이야기다. 이 점에서 '회사 안은 전쟁터, 바깥은 지옥'이라는 말은 과장이 아니다. 이 시대를 살아가는 대다수 사람들에게는 하루하루가 전쟁이다.

그런데 이런 흐름의 반대편에는 과거에 꿈도 꾸기 어려웠던 큰 성취를 이뤄낸 혁신가들이 속속 등장하는 것을 목격하게 된다. 불과 몇 년 전만해도 찾아보기 어려운 새로운 현상이다. 국민 내비로 불리는 '김기사'를 창업 5년 만에 다음카카오에 626억 원에 매각한 박종환 록앤롤 대표가 그런케이스다. 1972년생인 그는 부산 동의대 컴퓨터공학과와 부산대 대학원을 졸업하고 상경해 대기업 계열사에 근무한 경력을 바탕으로 39세에 직장동료들과 함께 록앤롤을 창업했다. 5,000만 원의 퇴직금을 포함한 창업자본금 1억 5,000만 원으로 5년 만에 성공 신화를 썼다.

특기할 점은 이러한 성공 신화가 특별해 보이지 않을 만큼 그 수가 늘어나고 있다는 점이다. 국민 게임 '애니팡'을 터뜨려 1,000억 원대 부자 반열에 오른 선데이토즈의 이정웅 대표, 배달 주문 앱 '배달의 민족'을 운영하는 우아한 형제들의 김봉진 대표, 기업 복지 서비스를 대행하는 '선택적 복지flexible benefits plan'라는 신시장을 개척해 성공한 이지웰페어의 김상용 대표 등이 여기에 해당한다. 이들은 재산이 많은 부모를 둔 것도 아니고, 이른바 '스카이 대학'을 나온 것도 아니다. 취업 원서에 반드시 들어가는 어학연수 경험도 사실상 없다.

이런 성공 신화는 단지 창업에만 머무르지 않는다. 장안의 화제가 된 만화 《미생》으로 30억 원가량의 수입을 거둔 스타 만화가 윤태호 씨는 어려운 환경 속에서도 창작의 길을 걸어 성공 신화를 만들었다. 또한 '강남 스타일'의 가수 싸이도 그 이전까지는 수많은 가수 가운데 재능 있는 한 사람에 불과했다. 얼핏 '회사 안은 전쟁터, 바깥은 지옥'인 세상처럼 보이지만 한편에서는 새로운 기회를 발견하고 큰 성취를 하는 사람들이 속속 등장하고 있는 것이다.

이런 현상을 어떻게 설명해야 할까?

나는 이러한 변화의 원인이 무엇인지 진심으로 궁금했다. 도대체 무엇이 이런 변화를 촉발시키고 있으며, 더욱이 이 세상이 어떻게 변화할 것인지 알고 싶었다. 이 책은 이 궁금증에 대한 답을 찾아나가는 과정에서 씌어졌다. 그 결과, 이 같은 현상의 이면에는 '고용 사회employee society'의 붕괴라는 거대한 패러다임의 변화가 자리 잡고 있다는 사실을 발견했다.

고용 사회란 사회 구성원의 절대 다수가 기업, 공공기관 등 조직의 구성원으로 일하는 사회를 말하는데, 한국은 물론이고 세계 각국의 경제를 움직이는 근간이자, 개인 삶의 표준이다. 고용 사회는 '자동차 왕' 헨리 포드가 포드 자동차 회사를 설립하면서 시작됐다. 헨리 포드는 대량생산과 표준화를 특징으로 하는 포디즘Fordism을 포드 자동차 회사에 도입했는데, 이를 위해 노동자를 대규모로 채용하면서 고용 사회를 열어젖혔다. 지금으로부터 100여 년 전의 일이었다.

이런 고용 사회가 이제 거대한 막을 내리고 있다. 고용 사회가 막을 내리고 있다는 사실은 굳이 설명하지 않아도 누구나 실감하고 있을 것이다. 그리고 고용 사회를 대체하는 새로운 세상이 막 펼쳐지려는 시대를 우리는 보내고 있다. 사회 구성원의 대다수에게 삶이 버겁게 느껴지는 것, 그런데 한편에서는 이전에는 상상하기 어려웠던 큰 성취를 해내는 사람들이 대거 등장하고 있는 현상의 밑바닥에는 이런 거대한 패러다임의 변화가 꿈틀대고 있다. 오늘날 새로운 성취를 하고 있는 사람들은 이런 패러다임의 변화에서 생겨나는 기회에 몸을 내맡겼다는 공통점을 갖고 있다.

이제 우리는 고정관념을 바꾸고 발상을 전환해야 하는 시대를 보내고 있다. 세상은 근본직으로 바뀌고 있다. 자신 앞에 닥친 변화의 진정한 원인이 뭐고, 해법이 뭔지를 정면으로 응시해야 한다. '학교를 졸업하면 당연히 직장에 들어가야 하고, 다른 대안이 없다'는 고정관념을 버리는 순간, 세상은 기회의 공간으로 다시 비춰질 것이다. 돌이켜보면 안정적인 고정급이 지급되는 고용 사회는 자본주의의 역사에서 극도로 예외적인 시기였다. 자본주의는 원래 극단적으로 불안정하며, 그것의 본질은 변화다. 그리고 변화의 이면에는 기회가 있다. 다가오는 새로운 세상의 관점에서 지금의 세상 풍경을 탐색하라. 그러면 기회가 보인다. 이것이 내가 하고 싶은 말이다.

이 책에서 다가오는 세상의 새로운 기회를 발견했다면 내가 이 책을 쓴 소임을 완수한 것이다.

지금의 세상이
만들어지기까지

독일 철학자 니체는 운명은 인간에게 필연이며, 피할 수 없다고 봤다. 그렇지만 인간은 운명에 순종하는 것이 전부가 아니며, 운명의 필연성을 긍정하고 나의 것으로 받아들여 사랑할 때 창조성을 발휘할 수 있다고 설파했다. 당신의 운명을 긍정하라. 그리고 사랑하라. 그것이 어떤 형태의 것이든.

고용 사회, 역사는 100년에 불과하다

포드 자동차의 '고용 혁명'

우리는 학교를 졸업하면 회사에 입사해 근무하는 것을 당연하게 생각한다. 아침에 눈을 뜨면 서둘러 출근하고 업무가 끝나면 퇴근해야 한다고 믿는다. 유년기와 청소년 시절에 평판 높은 학교에 들어가기 위해 노력하는 것, 학교에 들어가서 성적에 일희일비하는 것, 졸업을 앞두고 이른바 '스펙 쌓기'에 노력하는 것. 이 모두가 취업과 직장 근무를 위해서임을 부인하기 어렵다.

당신의 지나온 삶을 되돌아보라. 생애 주기의 사실상 전부가 회사에 취업하고, 거기에 잘 적응하기 위해 필요한 능력을 개발하도록 짜여왔다는 사실을 알면 놀랄 것이다. 이런 노력 끝에 직장에 취업해 근무하는 대가는 달콤하다. 직장에서 받은 급여로 생계를 유지하고, 결혼을 하고, 집을 장만하고, 자녀를 교육시키고, 노후를 대비한다. 그리고 연금을 받으며 지내다 안도의 한숨을 내쉬며 눈을 감는다.

　지구촌 각국에는 이런 사람들이 사회 구성원의 대부분을 차지한다. 한국 경제 활동 인구의 85%가량이 기업, 공공기관 등의 조직의 구성원으로 일하면서 급여를 받고 있으며, 미국, 일본, 독일 등 경제 선진국도 사정은 크게 다르지 않다. 다시 말해 세계 각국의 경제 시스템은 직장인이 지갑에서 꺼내는 화폐를 어디에 사용할 것인지를 감안해 짜여 있다. 우리 주변의 음식점, 지하철, 영화관, 할인점의 소비자는 누구인가? 아파트와 자동차는 누가 구매하는가? 심지어 눈에 보이지 않는 퇴직 보험이나 연금은 누가 소비하는가? 바로 직장인, 다수의 당신이다.

　이처럼 사회 구성원의 절대 다수가 기업, 공공기관 등의 조직의 구성원으로 일하는 사회를 경영학자 피터 드러커는 '고용 사회'로 명명했다. 아직까지 고용 사회는 세계 각국의 경제를 움직이는 근간이자, 개인의 삶의 표준이다. 나 역시 직장 노동자로 17년을 보냈다.

　고용 사회는 인류 역사의 어느 시점에서 시작됐을까?

　우리는 의식이 형성되는 유년기부터 부모와 주변 환경을 통해 고용 사회를 대면해왔기에 이 체제가 태초부터 존재했을 것이라고 생각한다. 그렇지만 고용 사회의 기원을 더듬어 가보면 100여 년에 불과하다는 사실을 발견하고 놀라게 된다. 또한 이는 미국의 경우고, 한국에서의 고용 사회는 그 절반인 50여 년에 불과하다. 지금의 고용 사회는 우리의 조부 세대만 해도 생소한 것이었다. 100여 년 전까지만 해도 세계의 어느 경제 단위에서도 누군가에게 고용돼 일하는 대가로 보수를 받는 것은 생경한 일이었다.

지금의 고용 사회는 누가 만들었을까?

그 주인공은 '자동차 왕' 헨리 포드Henry Ford(1863~1947)다. 헨리 포드는 1903년 미국 디트로이트에 포드 자동차 회사를 설립했는데, 이것이 고용 사회의 시작이다. 대량생산, 표준화, 분업화를 특징으로 하는 포디즘은 당대의 미국 기업 대부분에 채택됐으며, 이를 계기로 노동자가 대규모로 채용됐다. 지금으로부터 100여 년 전의 일이다.

'자동차 왕'이라는 표현만으로는 헨리 포드가 인류 역사에 끼친 영향을 드러내기에 부족하다. 그는 뛰어난 혁신가이자 창조적 기업가였고, 무엇보다도 지금의 고용 사회를 촉발시킨 주인공이다. 독일 나치에 우호적이었던 전력에다 노동 운동을 탄압하고 독선적인 경영을 했다는 이유로 곱지 않은 시선을 받고 있지만, 그가 인류 역사에 남긴 영향을 살펴보면 그를 다시 돌아보지 않을 수 없다.

헨리 포드는 어떻게 고용 사회를 촉발시켰나?

자, 이제 우리는 1896년 5월 초여름의 미국 디트로이트로 간다. 때는 아직 사방이 어둑어둑한 새벽이고, 간간히 부슬비가 내리고 있다. 이 도시 교외에 자리 잡은 아담한 주택 옆에 딸린 창고 입구를 삼십대의 사내가 도끼를 휘두르며 부순다. 창고 입구에 구멍이 뚫리자 이 사내는 허리를 굽혀 이곳으로 서둘러 들어간다. 도끼 소리에 놀란 사내의 가족들이 집 안에서 뛰쳐나온다. 얼마 후, 굉음이 울리더니 창고 입구를 박차고 자동차 한 대가 굉음을 내며 뛰쳐나온다. 잠시 멈춘 자동차에서 사내가 나온다.

이 사내의 이름은 바로 헨리 포드였고, 그가 직접 몰고 나온 차의 이름은 '쿼드리사이클Quadricycle'이라는 사륜 구동차였다. 유모차를 닮은 1인승 자동차였다. 쿼드리사이클은 헨리 포드 하면 떠오르는 'T 모델'의 전신이다. 쿼드리사이클이 없었다면 'T 모델'은 존재하지 않았을 것이다. 그는 수개월간의 노력 끝에 이 차를 직접 만들었다. 헨리 포드는 이 차를 시험 운전하기 위해 비가 부슬부슬 내리는 밖으로 끌어내려 했으나 공작실의 문이 좁아 도끼로 창고 입구를 부쉈다. 포드는 가족들이 보는 앞에서 첫 시운전을 했다. 조수가 자전거를 타고 안내하는 새벽길을 따라 거뜬히 거리를 한 바퀴 돌아오는 시운전은 대성공이었다. 포드가 직접 설계, 조립, 제작을 마친 최초의 자동차는 이렇게 탄생했다.

시운전이 끝나자 포드는 쿼드리사이클의 자동차 문을 열고 나왔다. 땅바닥에 발을 내딛는 순간, 포드는 자신의 내면 깊은 곳에서 한 가지 욕망이 솟아오르는 것을 느꼈다.

"대중을 위한 차를 만들어야 한다. 미국의 모든 가정에 자동차 한 대씩이 놓여 있어야 한다. 주말이면 가족 모두가 자동차를 몰고 야외로 나가 탁 트인 공간에서 즐겁고 행복한 시간을 보내도록 만들어야 한다. 신이 창조한 이 세상의 아름다움을 자동차를 운전하면서 만끽하도록 해야 한다."(헨리 포드, 《고객을 발명한 사람, 헨리 포드》)

당대의 사람들은 포드의 이 같은 상상을 그저 '꿈같은 이야기'라고 여겼다. 이들은 포드를 유별난 사람이라고 여겼다. 그도 그럴 만했던 것이 당시까지만 해도 자동차는 '부자들의 사치품'으로 여겨졌기 때문이다. 2만 가지에 달하는 자동차 부품을 일일이 수작업으로 만들다 보니, 판매가가 높을 수밖에 없었다. 자동차가 이제 막 세상에 모습을 보였던 당시에는 부품 성능이 떨어지기 일쑤여서 자동차 대중화가 요원한 듯 보였다.

최초의 자동차는 1892년 미국 매사추세츠 주의 치커피Chicopee라는 작은 마을에 사는 찰스 E. 듀리에Charles E. Duryea와 프랭크 E 듀리에J. Frank Duryea 형제가 개발했다. 가솔린 엔진으로 움직이는 최초의 구동체를 두리에 형제는 '자동차Automobile'로 명명했다. 헨리 포드가 쿼드리사이클을 내놓기 4년 전의 일이었다.

최초의 발명품이 대개 그렇듯이 듀리에 형제가 만든 자동차는 조잡했고, 일부에서는 이를 '잘 부서지는 장난감'으로 조롱하기도 했다. 게다가 지금의 아스팔트 도로가 없었으므로 대중적인 이동 수단으로는 말이 끄는 마차가 더 효과적이었다.

"자동차를 누구나 타고 다닐 수 있는 '말[馬] 없는 마차'로 만들겠다는 내 생각은 별난 취미로 취급받았다. 똑똑하다는 사람들은 자동차가 절

대 장난감 이상이 될 수 없는 이유를 친절하고도 자세히 설명했다. 그
들은 자동차가 상업적인 가능성이 없다고 봤다. 〈…〉 그들은 자동차가
경제의 중요한 부문이 될 것이라는 내 생각에 동의하지 않았다."(헨리
포드, 앞에 책)

헨리 포드가 자동차를 맨 처음 목격한 것은 12세의 일이었다. 1875년
그는 디트로이트 교외에 나갔다가 난생 처음으로 '스스로 움직이는 마
차'(자동차)를 목격했다. 그는 이 물체 앞에서 얼어붙고 말았다.

"나는 지금도 그 자동차를 생생하게 기억한다. 말이 끌지 않는 차는 생
전 처음 봤기 때문이다. 마차같이 생긴 차체 위에 보일러를 얹고 뒷바
퀴와 엔진 사이를 사슬로 연결해놓은 형태였다. 엔진이 보일러 위에 놓
여 있었는데, 한 남자가 삽으로 석탄을 퍼 넣으며 운전하고 있었다.
〈…〉 자동차를 봤던 열두 살 때부터 나는 줄곧 '스스로 길을 달리는 기
계'(자동차)를 만드는 일만 생각했다."(헨리 포드, 앞에 책)

헨리 포드는 '기계광'이었다. 1863년 미국 디트로이트 인근 디어본
Dearborn이라는 작은 마을에서 태어난 포드는 어렸을 적부터 기계를 다루
는 데 천부적 재능을 보였다. 주변의 고장 난 시계가 그의 손을 거치면
멀쩡한 시계로 째깍째깍 소리를 내면서 움직였다. 그런 그가 움직이는 기
계를 본 것이다.

그는 이때부터 자동차를 누구나 타고 다닐 수 있는 대중용 상품으로 만들겠다는 꿈을 꾸기 시작했다. 이후 그는 오로지 자동차에만 매진했다. 그는 일 년 내내 자동차를 분해하고 조립했고, 휴식 시간에도 그의 머릿속에는 자동차가 맴돌았다. 이런 노력의 결과 그는 제대로 된 정규 교육을 받지 못했지만 자동차에 관한 한 전문가의 경지에 이를 수 있었다.

1896년 쿼드리사이클의 시운전에 성공했을 당시 그는 에디슨 전기 회사에서 기술 책임자로 일하고 있었다. 에디슨 전기 회사는 그 유명한 '발명왕' 에디슨이 운영하고 있던 회사였다. 회사에서 일은 했지만 포드의 머릿속은 자동차 개발로 꽉 차 있었다. 그러다 보니 업무상 실수가 빚어졌다. 이런 '문제 직원'을 회사에서 그냥 둘 리 없었다. 포드는 회사로부터 "직장 근무와 자동차 개발 가운데 하나를 선택하라."는 통보를 받자, 회사를 그만두고 1903년 동업자와 함께 자본금 10만 달러로 미시간 주 디트로이트에 포드 자동차 회사를 설립했다.

그의 나이 마흔의 일이었다. 당시 미국인의 평균 수명이 47세였으니 포드는 지금으로 치면 60대 중반에 창업한 셈이다(2015년 4월 현재 미국인의 평균 수명은 76세다). 지인과 친지들은 이 '늦깎이 창업가'에게 우려의 시선을 보냈다. 자동차를 대중을 위한 차로 만들겠다는 고집을 굽히지 않았기 때문이다. 그는 해법을 찾아 나섰고, 해결사를 발견했다. 프레더릭 테일러Frederick W. Taylor(1856~1915)라는 엔지니어 출신의 강연자였다.

테일러 역시 그가 남긴 업적에 비해 인류 역사에서 소외되어 있는 인물이다. 경영학자 피터 드러커는 테일러를 "인류 역사에서 가장 왜곡되고 잘못 인용되고 있는 인물"이라고 평가하고 있다. 그는 기계 공장의 견습공을 거쳐 미드베일 철강과 베들레헴 철강의 기사로 일했다. 그는 이곳에서 노동자들이 과업을 어떻게 수행해야 하는지에 대한 구체적인 지침을 갖고 있지 않아 불량률이 높고 생산성이 낮은 것을 발견했다. 노동자들은 그간의 관습에 따르거나 아니면 자의적으로 과업을 수행하고 있었다. 업무가 변경되는 노동자는 전임자로부터 아무것도 넘겨받지 못한 채 새 과업에 대해 혼자 배우느라 끝없이 시간을 소모했다.

테일러는 오랜 관찰 끝에 시간 연구와 동작 연구를 기초로 노동자의 업무를 표준화하고, 과학화하면 생산성이 배가될 수 있음을 발견했다. 그러면 노동자도 급여를 더 많이 챙길 수 있다고 봤다. 이를 근거로 그는 '과학적 관리법'으로 불리는 테일러리즘을 창안했다. 그는 회사를 그만두고 강연과 출판을 통해 테일러리즘을 알리는 데 주력했다.

시간 연구, 동작 연구를 통한 생산성 향상은 지금은 당연한 이야기지만 당시만 해도 혁명적인 생각이었다. 테일러 이전까지 인류 역사상 어느 누구도 노동자의 작업을 분해하고 체계화할 수 있다는 생각을 하지 못했다. 기술이란 장인의 몸과 마음에 깊숙이 깃들어 있는 형이상학적인 비법이라는 게 인류의 고정관념이었다. 테일러는 처음으로 여기에 의문을 제기한 것이다.

포드 자동차 회사를 운영하고 있던 헨리 포드는 테일러리즘을 깊게 연구했다. 그는 테일러리즘이야말로 자신의 포드 자동차 공장이 적용해야 할 기법임을 직감했다. 또한 테일러의 표준화, 과학화 이론과 컨베이어 벨트 시스템을 통한 대량생산을 결합하면 생산성을 획기적으로 향상시킬 수 있다고 봤다. 그는 이를 포디즘으로 명명하고 자신의 포드 자동차 회사에 적용했다. 똑같은 자동차를 표준화, 분업화를 통해 대량생산하는 것이 포디즘의 핵심이었다.

포드는 자신의 포드 자동차 공장을 컨베이어 벨트 시스템을 기반으로 설계했다. 노동자들은 가만히 컨베이어 벨트 앞에 서 있고, 일감이 그들 앞을 끊임없이 지나가도록 설계했다. 그러고 나서, 테일러리즘에 기반해 노동자 한 사람이 수행해야 할 과업을 간단한 동작으로 분해했다. 작업 속도는 한순간도 늦춰지는 법이 없도록, 그러면서도 노동자가 쫓아가지 못할 정도가 되지 않도록 조정했다.

결과는 어떻게 됐을까?

포디즘을 적용한 포드 자동차 공장은 믿기 힘들 정도로 생산성이 개선됐다. 1908년 10월 1일, 포드 자동차 회사는 컨베이어 시스템을 도입한 자동차를 생산하고 이를 'T 모델'로 명명했다. 처음에 이 모델 1대를 생산하는 데 630분(10시간 5분)이 걸렸으나, 그 시간이 점점 단축되어 1929년이 되자 10초에 1대꼴로 획기적으로 개선됐다. 1913년 미국 디트로이트에 설립된 포드 자동차 공장인 '리버 루지River Rouge'에서는 하루 1,000대, 연간 30만여 대의 자동차를 생산했다.

자동차 대량생산에 성공하면서 포드 자동차는 자동차 판매가를 낮출 수 있었다. 1908년 T 모델의 판매가는 850달러였는데, 이는 미국 노동자 연간 급여 600달러를 조금 넘는 수준이었다. 이 판매가는 지속적으로 하락해 1925년에는 250달러까지 극적으로 떨어졌다. 이는 노동자 연간 급여의 4분의 1에 불과한 금액이었다. 노동자들이 큰 부담 없이 자동차를 구매하기 시작했다. 거대한 선순환이 시작됐다. 자동차가 많이 팔리자 포드 자동차는 가격을 더 낮출 수 있었고, 이는 다시 자동차 판매량을 늘리는 결과를 가져왔다.

1920년 포드 자동차는 전 세계 자동차 생산의 50%를 차지했다. 미국 시장 점유율은 60%였다. 미국 인구 1,000명당 자동차 보유 대수는 1908년 5대에서 1927년 200대로 상승했다. 자동차 공장의 노동자가 자동차의 실제 구매자가 되는 것, 그래서 자동차를 대중화하는 것, 이는 포드가 애초에 의도한 것이었다. 미국 자동차의 대중화 시대는 이렇게 활짝 꽃을 피웠다.

여기서 눈여겨봐야 할 부분이 한 가지 있다. 그것은 미국 포드 자동차의 성공이 단지 자동차 산업의 성장에 그치지 않았다는 것이다. 포드 자동차의 성공은 미국 사회의 성격을 근본적으로 바꾸었다. 또한 인류 역사상 처음으로 '고용 사회'를 지구상에 등장시켰다.

포드 자동차의 등장 이전까지 미국 사회는 '자영업 사회self-employed society'였다. 다시 말해 포드 자동차의 등장 이전까지 미국 인구의 절대 다수는 농사를 짓는 농부거나, 물건을 판매하는 상인이거나, 혹은 전문 서비스를 제공하는 의사, 회계사, 법조인이었다. 이들은 모두 타인에게 고용되지 않고 스스로 일해서 제품이나 서비스를 생산했다.

자영업 사회에서의 노동은 농장이나 가정 혹은 조그마한 작업장에서 이뤄졌다. 이들은 스스로 제품을 만들고 시장에 내다 팔았는데, 수입은 날씨나 강수량, 천재지변에 따라 불규칙적이었다. 이들에게는 고정적인 임금을 받는 일자리라는 개념 자체가 없었다. 간혹 가게 주인을 위해 일하는 점원, 농장에서 일하는 머슴, 장인의 공방에서 일하는 수공업 훈련생이 보수를 받았지만 숫자도 많지 않았고 고정급이 아니었다.

바야흐로 미국은 포드 자동차의 성공으로 자영업 사회를 뒤로하고 고용 사회로의 거대한 이행을 시작한 것이다. 1870년에는 미국의 성인 인구 가운데 공장 노동자가 8%를 밑돌았지만, 1920년이 되자 33%가 공장에서 일했고, 1929년이 되자 그 수치는 60%로 증가했다.

1900년대의 미국 사회는 인구의 대다수가 하루 종일 밭에서 농사를 짓는 것으로 묘사됐다. 하지만 1920년대 말이 되자 인구의 대다수가 사무실과 공장에서 근무하는 풍경으로 바뀌었다. 대공황(1929~1939)과 제2차 세계대전(1939~1945)을 지나 1950년대 중반이 되자 미국은 완벽한 고용 사회로 이행했다.

왜 그 많은 제품이나 상품 가운데 하필 '자동차'가 미국을 고용 사회로 변모시켰을까? 정말로 이것이 궁금하다면 자동차의 보닛을 열어보라. 그 안에는 배터리, 엔진 장치, 냉각 장치 등 수백 가지의 부품들이 눈에 들어올 것이다. 또, 보닛을 닫고 자동차 주변을 둘러보라. 자동차에는 타이어, 에어컨, 머플러(흡배기 장치), 오디오 기기, 제동장치 같은 수많은 부품이 있다. 자동차 한 대에는 이런 부품이 2만 가지가 넘게 들어간다. 우리가 사용하는 일상용품 가운데 이렇게 많은 부품을 필요로 하는 것을 찾기란 쉽지 않다.

완성차 업체가 방대한 부품 협력사를 거느리게 되는 이유는 이 때문이다. 현대기아차만 해도 약 2,600여 곳의 자동차 부품 협력사를 두고 있다. 이는 자동차 산업이 고용 창출 효과가 뛰어나다는 것을 의미한다.

이뿐만이 아니다. 자동차는 연관 산업도 방대하다. 우선 자동차 산업은 정유 유화 산업을 발전시킨다. 자동차를 운행하기 위해서는 휘발유, 가솔린 등의 석유 연료가 필요하기 때문이다. 또한 곳곳에 도로와 주유소가 설치돼야 하고, 건물에는 주차장이 구비되어야 하기 때문에 건설업이 발전하게 된다. 자동차의 차체를 만들기 위한 철강 산업이 발전해야 하고, 바퀴의 원료인 타이어(고무) 산업의 발전도 필요하다. 그뿐인가? 자동차는 금융업도 필요하다. 자동차 할부 구입에 필요한 리스업, 차량 사고에 대비한 보험이 필요하기 때문이다. 한마디로 자동차 산업이 잘되면 철강, 석유 화학, 건설, 금융 등의 방대한 산업이 자연스럽게 발전하게 된다는 말이다.

헨리 포드에 의해 자동차 보급이 급속히 늘자 존 D. 록펠러가 정유회사 스탠더드 오일을 설립해 인류 역사상 최고 부자로 등극한 것은 우연이 아니다. 또한 이 시기에 앤드류 카네기가 카네기 철강사를 설립해 철강왕으로 떠올랐고, J. P 모건이 미국 금융업을 발전시켰다.

자동차가 당대의 미국 경제 미치는 영향력은 어마어마했다. 1920년이 되자 자동차는 미국 전체에서 생산되는 라디오의 3분의 1을 소비했고, 미국의 공학자들을 국방 부문을 제외하고 가장 많이 고용하는 산업이 됐다. 미국 정부가 인정한 특허의 6분의 1이 자동차 산업에서 나왔다. 더욱이 세상이 풍요로우면 사람들은 후손을 만들려는 욕구가 커진다. 미국 인구는 1900년의 7,600만 명에서 1929년 1억 2,128만 명으로 껑충 뛰었다. 명실상부한 고용 사회가 낳은 혜택이었다.

당신의 아버지만이 풍요로웠다

'직장인'의 전성시대

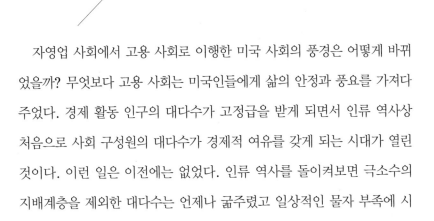

자영업 사회에서 고용 사회로 이행한 미국 사회의 풍경은 어떻게 바뀌었을까? 무엇보다 고용 사회는 미국인들에게 삶의 안정과 풍요를 가져다주었다. 경제 활동 인구의 대다수가 고정급을 받게 되면서 인류 역사상 처음으로 사회 구성원의 대다수가 경제적 여유를 갖게 되는 시대가 열린 것이다. 이런 일은 이전에는 없었다. 인류 역사를 돌이켜보면 극소수의 지배계층을 제외한 대다수는 언제나 굶주렸고 일상적인 물자 부족에 시달렸다. 앨빈 토플러에 따르면 16세기 유럽에서 기근은 구조적인 성격을 띠고 있었다.

"독일 함부르크에서는 1565년 한 해에만 주민의 4분의 1가량이 기아로 사망했고, 베니스에서는 1575~1577년까지 3년간 3분의 1일, 1656년 나폴리에서는 거의 절반이 굶어 죽었다. 기근이 한창이던 1528년 무렵 유럽에 공연된 어느 풍자극에서 주인공은 이런 대사를 읊는다. '나는 나 자신을 죽이리라. 그 편이 한결 나으리라. 나 스스로를 먹어 배부른 상태로 죽을 수 있을 테니까.' 정말이지 냉혹한 시대의 무시무시한 유머가 아닐 수 없다. 기근과 굶주림으로 중세 유럽인의 평균 수명은 30세를 넘을 수가 없었다."(앨빈 토플러, 《부의 미래》)

1900년대 미국의 자영업 시대는 이보다 사정이 나았지만 구성원들이 고통받는 것은 마찬가지였다. 이 시대의 미국인들에게 삶이란 천재지변에 의한 불확실성을 감내해야 하는 생활의 연속이었고, 어느 것 하나 아껴 사용해야 하는 것투성이였다. 어느 미국 농부는 나무로 지어진 집에서 못 몇 개를 구하기 위해 집 전체를 불태우기까지 했다. 생활 물자가 그만큼 부족했던 것이다. 그랬던 미국 사회가 고용 사회에 이르러 풍요로워졌다. 1950년대가 되자 대다수 사람들이 자기 소유의 집과 자동차는 물론이고, 침대, 식기 같은 가구와 주방용품까지 구매하고 사용할 수 있게 됐다. 1950년대는 미국 고용 사회의 전성기로 기록된다.

이 시기의 고용 사회의 발전은 두 가지 방향에서 진행됐다.

우선 미국인 개인 차원의 삶의 질 향상이다. 이는 고용 사회에서 미국 노동자의 임금이 지속적으로 상승하는 반면 노동 시간이 감소하면서 가능한 일이었다. 1900~1920년 사이에 미국 노동자의 실질 임금은 10%에서 20%로 상승했고, 시간당 평균 소득은 두 배 이상 올랐다. 반면에 임금이 상승하는 동안 근로 시간은 줄어들었다. 미국 제조업에서의 주간 노동 시간은 1900년 평균 60시간에서 1920년 44시간으로 떨어졌다. 이는 작업 방식의 표준화와 대량생산에 따른 생산성 증대 덕분이었다.

노동자의 고용 안정성도 보장됐다. 당시 미국의 기업들은 노동자에게 사실상 종신 고용을 보장했다. 1952년 조사에 따르면, 미국 대기업의 임원 가운데 재직 기간이 20년 넘은 사람만도 3분의 2를 차지했다. 본인이 사표를 내지 않는 한 회사에서 해고되는 경우는 극히 드물었다. 평균적인 미국인들은 대학을 졸업하고 일단 회사에 취직을 하면 그 회사에 평생을 근무하는 것을 당연하게 여겼고, 실제로 그랬다.

게다가 미국의 기업들은 직원의 복지 개선에도 적극적이었다. 당대의 대기업 IBM의 창업자 토머스 왓슨Thomas Watson이 그런 사례다. 왓슨은 직원들에게 높은 임금과 좋은 조건의 수당을 제공하는 데 관심을 가졌다. 이 '관대한' 고용주는 임직원 전용 골프 클럽을 지어 1년에 1달러만 내면 자유롭게 출입할 수 있도록 했다. 또한 골프 클럽에서는 식사를 제공해 임직원의 부인들이 남편을 위해 식사를 준비하는 수고를 덜어주었다. 당시로서는 파격적인 임직원 교육을 위한 연수원을 설립해 회사의 비전을 공유토록 했고, 사내 커뮤니케이션 역할을 하는 사보를 제작한 것도 왓슨이었다. 왓슨은 회사에 대한 충성심을 고취하는 사가社歌를 만들었다. 그러자 직원들은 진심어린 마음으로 사가를 합창했다. 그들은 완벽한 하나였다. 직원들은 자발적으로 자신의 사무실에 왓슨의 초상화를 내걸었다.

이 시기의 미국인들은 은퇴 후의 삶도 행복했다. 당시의 미국 노동자들은 한 회사에서 30년가량을 근무하고 나서 65세가 되면 금시계나 넥타이핀을 선물로 받고 동료들의 축복 속에 은퇴했다. 그리고 퇴직 연금을 받으면서 노후를 보냈다. 다행인지 불행인지 그 시절에는 은퇴 후의 삶이 그다지 길지 않았다. 은퇴자들은 친구들과 카드놀이를 하거나 손주들을 돌보면서 지내다가 결국 안도의 한숨을 내쉬며 눈을 감았다. 미국인들에게 그 시절은 꿈같은 행복의 날들로 기억되고 있다.

다음으로, 미국 사회에서 구조적으로 부富의 평준화가 진행됐다.

1950년대가 되자 미국 전체 가구의 절반가량이 중산층에 속했다. 이들 가구의 연소득은 1953년 화폐 가치를 기준으로 세금을 공제한 후에 4,000~7,000달러였다. 지금의 우리 기준으로 5,000만~8,000만 원에 이르는 금액이었다. 이들 가구주의 대다수는 전문 직업인이나 기업의 임원이 아니라 기업의 사무직 노동자와 공장 노동자들이었다. 사무직 노동자와 경영진의 급여 차이 또한 크지 않았다. 집안의 가장은 남자였고, 여자는 대부분 일을 하지 않았다. 이렇게 1900년대에 모습을 드러낸 미국의 고용 사회 체제는 1970년대 초반까지 70여 년 동안 생명력을 자랑하며 활활 타올랐다. 1930년대의 대공황, 1919년과 1939년의 1, 2차 세계대전이 있었지만 위기를 겪고 나자 고용 사회는 더욱 탄탄하게 미국 사회에 정착됐다. 칼 마르크스가 예측한 노동자의 임금 인하에 기인한 자본주의의 몰락이 완전히 빗나간 것이다.

미국의 고용 사회의 황금기를 잠시 들여다보자. 자, 이제 우리는 1950년대 중반 미국 디트로이트 근교에 사는 직장인 '윌리엄스 씨'의 일상으로 들어간다.

윌리엄스 씨는 아무리 바빠도 저녁 5시면 '칼퇴근'이다. 회사 사무실을 나선 그는 자동차를 몰고 집으로 향한다. 집은 디트로이트 교외의 널찍한 공간에 그림처럼 예쁘게 만들어져 있다. 사랑하는 부인이 부엌에서 최신식 식기 세척기를 돌리며 저녁 식사 준비를 하는 동안 윌리엄스 씨는 정원으로 나가 스프링클러가 물을 콸콸 뿜어내는 풍경을 즐긴다. 그는 정원의 풀을 뽑다가 옆집의 또 다른 '윌리엄스 씨'와 안부 인사를 나눈다. 윌리엄스 씨의 아들은 정원을 뛰어다니고, 딸은 집 안의 푹신한 양탄자에서 장난감을 갖고 뛰논다. 이들 자녀의 옆에는 커다란 애완견이 배를 깔고 누워 안온한 표정을 짓고 있다. 이들은 저녁을 함께하면서 하루 동안 벌어진 일들을 대화 주제로 나눈다. 주말이 되면 윌리엄스 씨는 가족과 함께 자동차를 몰고 교회 예배에 참석한다. 시간이 나면 커뮤니티의 행사에 참가하기도 한다. 윌리엄스 씨 동네의 구성원들은 친밀감으로 끈끈하게 맺어져 있었다. 그래서 종종 골프를 치면서 서로의 공감대를 형성했다.

당시의 고용 사회에서 주목할 점은 미국의 기업과 노동자, 정치인들 사이에 형성된 '연대 의식'이다. 다시 말해 미국의 경영진, 노동자, 정치인들은 서로가 서로를 도우면서 사회가 발전한다는 연대 의식을 갖고 있었다. 《부유한 노예》의 저자 로버트 라이시Robert Reich에 따르면 이 시기 미국의 대기업 경영자들은 자기 회사의 이익보다는 미국의 국익에 도움이 되는 것이 무엇인지에 관심을 가졌다.

지금도 회자되는 "미국에 좋은 것은 GM에도 좋고, GM에 좋은 것은 미국에도 좋은 것"이라는 말은 바로 당대의 생각을 대변하는 것이었다. 1953년 GM의 CEO 찰스 윌슨Charles E. Wilson은 아이젠하워 대통령에 의해 국방부 장관에 지명됐다. 당시에는 미국 기업의 CEO가 정부 요직으로 옮기는 일이 빈번했다. 미 상원의 인준 청문회에서 찰스 윌슨은 어느 의원으로부터 "GM의 이익에는 반하지만 미국의 이익에는 부합하는 결정을 내릴 수 있는가?"라는 질문을 받자 이렇게 답했다. "그렇게 할 수 있겠지만 그와 같은 이해의 충돌은 일어나지 않을 것이다. 내가 그런 것을 생각할 수 없는 이유는, 여러 해 동안 나는 미국에 좋은 것은 GM에도 좋고, 그 반대로 성립한다고 믿어왔기 때문이다. 둘 사이의 차이는 존재하지 않는다. 우리 회사(GM)는 아주 큰 회사며, 그래서 미국이 잘돼야 하는 회사다." 이처럼 미국의 대기업과 노동자, 정부가 하나의 연대의식으로 맺어져 있다는 것을 보여주는 일화를 찾는 것은 어렵지 않다. 1951년 미국 뉴저지 스탠더드 오일의 프랭크 에이브럼스Frank Abrams 회장은 이렇게 선언했다.

"CEO는 주주, 직원, 고객, 그리고 일반 대중 등 직접적으로 영향을 받는 이익집단들의 다양한 주장들 속에서 공평하고 실제적인 균형을 유지하는 것을 목표로 해야 한다. 기업이나 조직의 경영자들은 다른 전문직 종사자들이 오래전부터 인지하고 있었던, 대중에 대한 기본적인 책임을 자신들의 업무에서 보기 때문에 전문가의 지위를 얻고 있는 것이다."

이 얼마나 교과서에나 나올법한 이야기인가? 그런데 미국의 이 같은 안정적인 고용 사회의 밑바닥에는 산업별 과점 체제가 있었다는 사실을 주목할 필요가 있다. 다시 말해, 당시 미국의 주요 산업은 시장 점유율이 압도적인 소수의 기업들로 이루어져 있었고, 신규 진입자가 시장에 진입하는 것이 사실상 불가능했다. 이 덕분에 기업은 안정적으로 경영을 할 수 있었고, 직원 복지에 관심을 쏟을 수 있었다.

우선 미국에서 가장 큰 산업이던 자동차 산업은 GM, 포드, 크라이슬러의 이른바 '자동차 빅3'가 장악했다. GM은 윌리엄 듀런트William Durant라는 사업가가 1908년 설립했다. 포드 자동차보다 5년 늦었지만 다양한 디자인과 차종으로 시장을 석권했다. 또 다른 자동차 회사인 크라이슬러는 1909년 조너선 맥스웰Jonathan Maxwell과 벤저민 브리스코Benjamin Briscoe가 함께 유나이티드 스테이츠 모터 컴퍼니United States Motor Company라는 이름으로 처음 시작했다. 이 회사는 1920년 GM 초대 부사장이던 월터 P. 크라이슬러Walter P. Chrysler가 경영을 맡으면서 급성장했다. 이들 '자동차 빅3'는 종종 신차 경쟁을 벌였지만 그것은 어디까지나 그들만의 리그였다. 새로운 자동차 회사가 시장에 새로 진입하는 일은 없었다.

나머지 주요 산업도 하나 같이 소수의 대기업이 과점했다. 철강 산업은 US 스틸US Steel, 리퍼블릭 스틸Republic Steel, 베들레헴 스틸Bethlehem Steel의 '빅3'가 시장을 과점했다. 전기 장치와 공구 분야에는 제너럴 일렉트릭GE과 웨스팅하우스 일렉트릭Westinghouse Electric이 시장을 나눠 가졌고, 화학 분야는 듀퐁Du Pont, 유니언 카바이드Union Carbide, 얼라이드 케미컬Allied Chemical이 장악했다. 식품 가공 분야에서는 제너럴 푸즈General Foods와 퀘이커 오츠Quaker Oats, 제너럴 밀스General Mills가 장악했고, 담배 산업에는 R. J 레이놀즈R. J Reynolds와 리게트 앤드 마이어스Liggett & Myers가 시장을 나눠 가졌다. 기업은 해당 산업에서 확고한 지배력을 갖고 있었고, 필요할 경우 은밀하게 가격을 담합했다. 이들 기업의 이익은 높았고 안정적이었다. 그래서 직원들에게 안정적인 근무 조건과 푸짐한 복지 혜택을 제공할 수 있었던 것이다.

이는 거대한 선순환을 낳았다. 기업의 이익이 노동자들에게 골고루 분배됐고, 노동자들은 두툼해진 지갑을 열어 적극적인 소비자가 됐다. 미국의 기업들은 더 많은 제품을 판매해 이익을 창출할 수 있었고, 이는 다시 노동자에게 고임금으로 지급됐다. 1900년부터 1970년까지 70년 동안 미국 경제는 이런 식으로 역동적인 선순환을 했다.

풍요로움은 영화, 음악 같은 대중문화도 번성시켰다. 더스틴 호프먼 주연의 영화 '졸업The Graduate'(1967)은 이 같은 시대를 배경으로 만들어진 것이다. 이 영화는 대학을 졸업한 주인공이 여자 친구의 어머니와 불륜을 저지른다는 줄거리를 갖고 있다. 끈적끈적한 관능의 분위기가 흥건하게 배어 있는 이 영화에는 생계 걱정 없이 예측 가능한 삶을 보내는 미국인들의 행복한 일상이 담겨 있다. 엘비스 프레슬리, 그리고 비틀즈가 등장하자 미국인들은 열광했다. 엘리자베스 테일러, 말런 브랜도, 브루스 리(이소룡)도 당대의 스타였다.

한국인들이 1950년대에 대면한 미국인들은 이러한 풍요로운 시대를 보내고 있던 상태였다. 그래서 그들은 여유로웠고 나눔의 정신을 한국인들에게 실천했다. 1980년 위기에 처한 한국 경제를 회생시키는 데 기여한 김재익(1938~1983) 전 청와대 경제수석은 이런 풍요로운 미국의 수혜자였다. 그는 유년 시절 미군 부대에서 일하다 미군의 눈에 띄어 미국으로 유학을 떠나 경제학을 공부했다. 이때의 지식이 1980년대 한국 경제를 살리는 데 밑바탕이 됐다. 미국의 고용 사회가 한국의 운명에도 영향을 미친 것이다.

풍요로움은 또한 사회적 불평등과 차별을 개선하려는 움직임도 불러일으켰다. 이 시기 흑인 인권 운동, 베트남전 반전 시위, 민권 운동, 동성애 권리 찾기 운동이 활발하게 벌어진 것은 이런 배경을 갖고 있다. '우리는 하나'라는 의식이 없다면 이런 움직임은 있을 수 없는 일이었다. 그리고 그것은 광범위한 지지를 끌어 모았다.

한 가지만 더. 미국의 고용 사회가 확고한 지위를 구축한 배후에는 물질적인 보상과 교육에 의한 길들이기가 있었다. 고용 사회가 낳은 가장 큰 문제는 노동자(피고용인)를 자신의 노동에서 소외시킨다는 것이었다. 노동자 스스로 노동의 주인공이 아니라는 사실은 칼 마르크스의《자본론》의 앞부분에 나온다.

이는 이전의 자영업 사회와의 가장 큰 차이점이다. 자영업 사회에서 농부는 자신이 무엇을 만드는지를 알고 있었다. 그는 자신의 일의 기획자이자, 연출자였다. 그는 아침에 자발적으로 일어나 들판에 나가 구슬땀을 흘려가며 일했고, 그것이 어떤 결과물을 만들어내는지를 명확하게 알고 있었다. 그는 가을이면 곡식을 만지작거리며 완성의 기쁨을 맛볼 수 있었다. 그런데 고용 사회의 노동자는 그러지 않았다. 자신의 작업이 어떤 결과물로 나오는지를 알지 못했고, 자신이 창조적 행위를 한다는 느낌을 가질 수 없었다. 실제로 이런 문제 때문에 초기 포드 자동차 공장에서는 노동자의 작업장 이탈률이 매우 높았다. 작업장에서 부상 등의 인명 사고가 벌어져도 보상이 지급되지 않았다.

산업 자본가들은 이 문제를 어떻게 해결했을까?

그것은 앞서 언급한 대로 물질적인 보상, 그리고 교육에 의한 길들이기로 요약된다. 우선, 노동자의 임금을 지속적으로 개선했다. 물질적 풍요는 인간의 삶의 기본 조건이다. 물질적으로 풍요로워지면 인간은 어지간한 불편을 견디게 된다. 복리 후생 시스템도 속속 도입됐다. 1920년대 후반 미국은 산재 보상에 관한 법을 도입했다. 이 법을 계기로 작업장 내에서의 사고나 질병에 관한 갈등을 법정에서 해결하는 대신에 보험을 통해 노동자의 손실을 보상하기 시작했다. 고용인과 피고용인은 비용을 공동으로 부담했고, 유한책임을 받아들였다.

가장 효과적인 해결책은 교육 시스템 확충을 통해 고용 사회의 가치관을 주입하는 것이었다. 고용 사회 이전의 미국 사회에서는 고등 교육이 일반적이지 않았다. 1900년대 초반만 해도 미국 젊은이의 절반 이상이 고등학교 졸업장을 취득하지 못한 채 사회에 진출했다. 1911년 조사에 따르면 18세가 된 미국인 가운데 고등학교 이상의 교육기관에 진학하는 비율은 5%가 채 되지 않았다. 고등교육 졸업자의 비율이 낮은 것은 졸업장이 쓸모가 없었기 때문이었다. 졸업장이 있어도 자신을 고용해줄 공장이나 기업이 없는데 학교를 다니는 것이 무슨 의미가 있겠는가?

초창기의 포드 자동차나 GM의 CEO, 임원들이 대학 졸업자가 아니었던 것은 그래서 자연스러운 일이었다. 피터 드러커에 따르면 1900년대 GM은 자신들의 최고 경영진 가운데 대학을 나온 사람이 있다는 사실을 숨기려고 했다. 당시에는 중역이 되는 가장 바람직한 방법은 기계공에서 출발해 차츰차츰 단계를 밟아 올라가는 것이었다. 하지만 고용 사회가 본격화하면서 고등 교육이 일반화됐다. 산업 자본가들은 학교에 대규모 기부를 했다. 록펠러 장학금, 포드 장학금 등이 여기에 해당한다.

산업 자본가들이 이렇게 학교에 대규모 기부를 한 이유는 학교가 노동자에게 공장과 사무실 근무에 필요한 지식을 가르쳐주기를 원했기 때문이다. 기업은 졸업장을 갖고 있는 사람을 공장이나 기업 근무에 필요한 소양을 갖추었다고 보고 적극 채용했다. 이전까지 기업은 노동자를 대량으로 채용하는 과정에서 누구를 뽑아야 할지에 대한 근거가 마땅치 않았다. 그러자 미국인들에게 대학 졸업장은 필수품이 됐다. 1950년대가 되자 미국의 젊은이들은 대학을 마치는 것을 자연스럽게 받아들였다. 미국의 비즈니스 스쿨MBA이 대중화한 것도 이 무렵이다.

미국의 공교육은 학생들에게 뭘 가르쳤을까?

교육의 목표는 고용 사회의 노동자에게 필요한 양보와 인내의 미덕을 가르치는 것이었다. 미국의 공교육은 학생들에게 학교를 졸업하면 기업에 취직해 업무에 충실히 하는 것이 미덕이라는 것을 반복해서 주입했다. '출근시간을 지켜라. 주어진 일을 열심히 일하라. 상사의 지시에 복종하라. 시스템의 일부가 되어라. 그러면 보상받을 것이다….' 이것이 미국의 학교에서 가르치는 내용의 요지였다.

교육은 위력적이다. 교육은 인간의 가치관, 세상을 보는 관점, 행동양식을 규정한다. 지금의 공교육 커리큘럼은 여전히 고용 사회를 전제로 짜여 있다. 현재의 공교육은 학생들에게 고용 사회가 안정적이고 편안한 곳이며, 바깥의 세상은 위험한 곳이라는 것을 지속적으로 주입시키고 있다. 고용 사회의 울타리를 벗어나면 불편하고 생존을 영위하기 어려울 것이라는 암시를 하고 있다. 지금의 공교육은 고용 사회에 적합한 인간을 양성하는 데 맞춰져 있다.

이 목표와 특별한 관계가 없는 경제나 금융 교육은 무시됐다. 이런 관행은 지금까지 이어지고 있다. 지금의 공교육 제도를 마쳤다고 해도 '금융 문맹'에 가까운 상태를 벗어나기 어려운 이유가 여기에 있다. 물질적인 보상, 그리고 교육에 의한 길들이기는 먹혀들었다. 미국인들에게 고용사회는 지낼 만했다는 인식이 확산됐다. 비록 노동에서 소외돼 있지만 고정적인 급여를 받는다는 것은 직장인들에게 매력으로 다가왔다. 그러자 세상은 평온해졌다.

'근본 없는 것'들의 세상이 온다

고용 붕괴가 우리에게 주는 메시지

1903년 포드 자동차의 설립을 계기로 미국 사회가 고용 사회로의 이행을 시작하자 이전의 자영업 사회의 구성원들은 이 같은 세상의 변화에 어떤 반응을 보였을까?

미 클린턴 행정부 시절 노동부 장관을 지낸 로버트 라이시 캘리포니아대 교수에 따르면 이 시기의 자영업자들은 고용 사회에 대해 대단히 부정적이었다. 이는 경제적으로 풍요롭지 않았던 농민 계층이건 당시의 상류층이건 상인, 의사 등의 전문직이건 마찬가지였다.

"미국에서 대량생산 방식이 처음 선보였을 때 누군가를 위해 영구적으로 일한다는 것은 불명예스러운 일로 간주됐다. 모름지기 돈이란 스스로가 노동의 주인공이 돼 벌어야 한다는 것이 당대의 사람들의 고정관념이었다. 19세기 후반에 나온 한 정치 관련 팸플릿을 보면 '누군가에게 고용돼 일을 하는 대가로 급여를 받는다는 것은 신사가 할 짓이 아니다'라는 표현이 나온다. 또 다른 기록에는 '임금이란 것은 노예를 거느리는 데 따르는 비용이나 수고를 없애면서 노예 제도의 모든 장점을 가져보겠다는 교묘한 악의 도구다'라는 표현까지 나온다. 자고로 당대의 자영업자들에게 누군가에게 고용돼 일한다는 것은 자신의 삶의 존엄성을 포기하는 행위였다."(로버트 라이시, 《부유한 노예》)

자영업은 미국 사회의 뿌리 깊은 전통이었다. 미국 독립선언서를 기초했고, 제3대 미국 대통령을 지낸 토머스 제퍼슨은 미국 사회를 각자가 농장을 소유하고, 자신의 부인과 자녀 이외에는 누구의 도움도 받지 않고 농사를 짓는 독립적인 소규모 농부들로 이뤄진 공동체로 만들 구상을 했다. 이들은 자신이 노동의 주인으로 스스로 일해서 결실을 얻는다는 것에 자부심을 갖고 있었다. 하지만 이런 생각을 고수한 자영업자들은 어떻게 됐을까? 그들은 몰락하거나 파산했다.

1920년대 미국 중서부의 어느 소도시에는 이곳의 유지였던 잡화점 주인이 몰락해가는 일화가 있다. 자동차가 대중화하지 않던 시절에 주민들은 이 잡화점을 찾을 수밖에 없었다. 이 잡화점 주인은 지역의 유지로 영향력을 행사했다. 그런데 자동차가 대중화하면서 사람들은 더 이상 그의 가게를 찾지 않았다. 주민들은 더 멀리 떨어진 근사한 대형 잡화점에서 다양한 구색을 갖춘 상품을 구매하기 시작했다. 잡화점 주인은 재빨리 변신해야 옳았지만 고정관념에서 벗어나지 못했다. 그는 자존심으로 버텼지만 결국 파산하고 하층민으로 전락했다.

자본주의의 역사를 살펴보면 이런 양상은 반복적으로 관찰된다. 자본주의의 역사는 변화의 역사이며, 이 변화를 거부하는 사람은 설자리를 잃었다. 여기에는 예외가 없었다.

자본주의가 처음으로 발흥했던 12~16세기 유럽에서 이런 현상은 쉽게 발견된다. '몰락한 귀족'이 하나의 사회 현상으로 등장한다. 이 시기에 최초의 자본주의 형태인 상업 자본주의가 등장하면서 세상의 패러다임이 바뀌기 시작했다. 신흥 상인 계급이 동방에서 후추, 향신료 등을 가져와 유럽 각지에 판매하면서 새로운 지배계층으로 떠올랐던 것이다. 하지만 상당수 영주, 기사, 귀족은 이런 변화에 적응하지 못했다. 영주, 기사, 귀족은 새롭게 지배계층으로 떠오른 상인들을 '근본 없는 것들'이라며 천시했다.

상인 계급은 원래는 장원에서 야반도주한 농노거나 그 후예였다. 영주나 귀족이 보기에 상인 계급은 천박한 상거래에 종사하는 하층 계급 출신이었다. 이들은 상인들의 상거래 관행과 기술을 천한 것이라며 외면했다. 상업을 천시했던 영주와 귀족은 어떻게 됐을까? 결과는 처참한 몰락이었다. 영주와 귀족은 상인 계급의 손아귀에서 '놀아났'다.

"13세기 프랑스 토스카나 지방의 한 영주는 자신과 거래하던 상인이 건네준 상거래 문서에 서명을 했다가 토지와 재산을 고스란히 빼앗겼다. 상업에 문외한이던 영주는 이 상인이 교묘하게 작성해놓은 상거래 문서의 함정을 간파할 도리가 없었다. 15세기의 어느 귀족은 천민 계층으로 전락해 자신의 취미 생활이던 궁술(활쏘기) 묘기를 서커스장에서 선보이며 생계를 유지해야 했고, 또 다른 어느 귀족은 창검술로 아이를 유괴해 부모에게서 돈을 협박하는 처지로 전락했다."(로버트 하일브로너, 《자본주의 어디서 와서 어디로 가는가》)

우리는 여기서 중요한 교훈을 얻게 된다. 변화의 시대에 그 흐름을 주목하라는 것이다. 변화가 어디에서 시작됐고, 어디로 향하고 있는지에 대해 당신은 촉각을 곤두세워야 한다. 예전의 고정관념을 고집하는 것은 파멸로 가는 지름길이다. 살아남는다는 것은 모든 생명체의 가장 으뜸가는 목표다. 살아남지 않으면 어느 것도 가능하지 않다.

직장이 사라지는 사회

'변혁기'를 틈타 성업한 스타 기업들

꿈같았던 미국의 '고용 사회'는 언제 막을 내렸을까?

변화가 시작된 것은 1970년대 중반부터였다. 이 시기에 들어서자 미국인들은 일상생활에서 무언가가 달라지고 있음을 느꼈다. 처음에는 그것이 1, 2차 오일쇼크로 인한 일시적 혼란이라고 생각했다. 그런데 알고 보니 그것은 거대한 패러다임의 서막이었다. 해고와 구조조정을 실시하는 기업들이 하나둘씩 등장했고, 최고 경영자의 표정에 웃음기가 사라졌다. 그간 노동자의 편으로 여겨졌던 미국 정부도 달라졌다. 미국 정부는 대기업의 해고와 구조조정을 못 본 체했다.

무엇이 이 같은 변화를 가져왔을까?

로버트 라이시 교수는 《슈퍼 자본주의》에서 미국 고용 사회의 막을 내리게 한 세 가지 요인으로 기술 발전과 여기에 기인한 신규 경쟁자의 진입, 일본, 한국 등 해외 개발도상국들의 미국 시장 진출, 거대 유통 자본 월마트의 등장을 꼽고 있다.

우선 MS, 애플 등 신규 경쟁자가 속속 미국의 주요 시장에 진입하면서 기존 대기업 중심의 과점 체제에 균열을 내기 시작했다. 이들 기업은 반도체, 인터넷, 광섬유, 전자기기 등 과거에는 존재하지 않았던 신기술로 시장에 진입할 수 있었다. 이는 훗날 미국의 고용 사회를 심각하게 파괴하는 결과를 가져왔는데, 당시 이들 신생 기업들이 대거 진출할 수 있던 배경에는 미 국방부의 신기술 개발이 있었다.

당시 미 국방부는 소련을 적성국으로 상정하고 운명을 건 대결을 벌이고 있었다. 1957년 10월 4일, 소련은 인류 역사상 처음으로 지구 궤도를 도는 인공위성 스푸트니크호를 발사해 미국을 충격에 빠뜨렸다. 게다가 소련은 대륙간탄도미사일ICBM을 개발했다고 선언했다. 미국은 대응책 마련에 나섰다. 드와이트 아이젠하워 대통령은 소련을 능가하는 신기술 개발에 사활을 걸었다. 돈은 문제가 되지 않았다. 그해 말 아이젠하워 대통령은 국가방위교육법NEDA을 통과시키고 1960년 9억 1,800만 달러를 과학 교육에 배정했다. 이는 1953년보다 6배나 많은 금액이었다. 오늘날 지구촌 경제를 뒤흔들고 있는 인터넷, 반도체, 첨단 전자기기는 이 시기에 이런 배경에서 만들어졌다.

지금의 세상을 변화시키고 있는 인터넷의 원조는 1968년 미 국방부 산하 기관인 고등연구계획국ARPA이 개발한 아르파넷ARPANET이다. 아르파넷이라는 용어 자체가 기관 이름에서 따온 것이다. 미 고등연구계획국은 소련과의 핵전쟁이 발발할 경우에도 컴퓨터들을 서로 연결할 수 있는 방안의 하나로 아르파넷을 만들었다. 이것이 지금의 인터넷으로 발전하면서 세상을 뒤흔들고 있다. 소련과의 전쟁에 대비하기 위해 만들어진 아르파넷이 인류 역사를 바꿀 것이라고 누가 예상했겠는가?

미 국방부는 또 하나의 혁신 제품인 반도체도 개발했다. 미 국방부가 반도체 개발에 나선 것은 대량 살상 무기에 스스로 기억하는 기능을 탑재하기 위해서였다. 처음에는 진공관을 개발했는데, 이것이 반도체로 발전한 것이다. 미 국방부가 개발한 신기술은 이뿐만이 아니다. 수천 마일 떨어진 곳의 과녁을 정확하게 맞힐 수 있는 미사일, 어두운 밤에도 시야를 확보해주는 특수 안경, 레이더의 탐지를 피할 수 있는 폭격기가 전부 미 국방부와 NASA가 만든 것들이다.

이것들은 막대한 연구개발비가 소요되기 때문에 민간 부문에서는 개발되기 어려운 것들이었다. 하지만 미 국방부에게는 경제적 효용성은 처음부터 고려 사항이 아니었다. 미 국방부의 목표는 오로지 소련과의 경쟁에서 승리하는 것뿐이었다. 1978년 조사에 따르면 미국 정부는 통신 업계 연구개발비의 절반가량을 지원했다. 당시 미국 경제가 유례없이 호황이었던 것도 이를 가능케 했다. 그런데 이런 신기술은 전혀 예상하지 않았던 결과를 가져왔다. 신기술이 미국의 고용 사회를 파괴하기 시작한 것이다. 누가 그것을 예상할 수 있었겠는가? 그런데 그것은 사실이었다.

로버트 라이시 교수는 《슈퍼 자본주의》에서 "1970년대 중반이 되자 미국방부가 개발한 신기술은 민간 부문으로 스며들기 시작했다."라고 밝히고 있다. 국방부와 NASA에서 일하던 과학자와 개발자들이 민간 기업으로 옮기면서 기술이 이전되기 시작한 것이다. 지식은 한번 공유되면 스스로 전진한다. 빌 게이츠의 MS, 스티브 잡스의 애플을 필두로 하는 컴퓨터, 전자 관련 기업들은 경쟁적으로 신제품을 시장에 내놓으면서 신생 스타 기업으로 떠올랐다.

빌 게이츠의 MS는 창업 10년째인 1986년에 미 나스닥에 상장했다. 1975년 6월 스티브 잡스는 키보드에 타이핑을 하면 모니터에 글자가 나오는 애플1을 선보였고, 1977년 6월에는 전문가가 아닌 일반인도 사용할 수 있는 최초의 저가형 PC인 애플2를 내놓았다. 대형 화면에 역동적인 이미지가 나오는, 그래서 지금의 PC와 유사한 형태를 가진 제품이었다. 애플2는 히트를 쳤고 여세를 몰아 애플은 1980년 나스닥에 상장해 잡스를 억만장자로 만들었다. 창업 4년 만의 성과였다.

미국의 고용 사회에 서서히 금이 가기 시작했다. 그것은 처음에는 눈에 띄지 않았다. 그러나 낙숫물이 시간이 흐르면 거대한 바위를 뚫듯이 그것은 미국의 고용 사회를 파열 상태로 몰아넣었다. 신기술이 미국 소비자의 일상과 기업의 업무 풍경을 얼마나 변화시켰는지를 보여주는 사례가 있다.

통신 기술이 미비하던 1950년대 중반, 미국 시티뱅크의 어느 은행장은 뉴욕 본사 사무실에서 해외 지사들과 통화를 할 때 한나절을 소비해야 했다. 운이 나쁘면 하루 이상이 걸리기도 했다. 수십 번 돌려야 운 좋게 신호음이 전달돼 통화를 할 수 있었다. 전화 한 통을 하지 못해 업무 처리가 며칠씩 늦어지는 것이 일상적이었다. 그래서 이 은행장은 해외 지사장과 일단 전화가 연결되면 절대 수화기를 내려놓지 않았다. 언제든 다시 통화할 수 있도록 하루 종일 수화기를 든 채 큰 소리로 책이나 신문을 읽어대곤 했다. 시티뱅크의 해외 지사장들도 사정이 딱하기는 마찬가지였다. 해외 지사장들은 '다이얼 돌리는 사람'을 여럿 고용했다. 이들이 하는 일은 하루 종일 전화기 앞에 앉아 전화기의 다이얼을 돌리는 것이었다. 일단 전화가 연결되면 하루 종일 연결 상태로 유지하는 것이 그들의 임무였다.

그러던 것이 1976년 미국과 대서양을 연결하는 전화선이 6개 추가되면서 미국인들은 동시에 4,000회선을 통화할 수 있게 됐다. 1988년에는 미국과 대서양을 잇는 최초의 광섬유 전화선이 설치되면서 동시에 4만 회선의 통화가 가능해졌다. 미국의 해외 지사장들은 '다이얼 돌리는 사람'을 여럿 고용할 필요가 없어졌다. '다이얼 돌리는 사람'은 어떻게 됐을까? 그들은 해고됐다. 당시 미국의 소비자들은 전화기를 비롯한 신기술과 신제품에 열광했는데, 그것이 언젠가 자신의 안정적인 삶을 파괴한다는 것을 짐작이나 했을까?

미국 고용 사회의 막을 내리게 한 또 하나의 요인은 아시아 개발도상국의 미국 시장에 대한 저가 공세였다. 이들 개도국은 풍부한 노동력을 강점으로 자동차, 전자제품, 세탁기를 미국 시장에 싼값에 쏟아냈다. 미국의 자동차 업체는 뒤늦게 위기를 감지하고 원가 절감에 나섰다. 이 과정에서 미국의 대기업들은 직원 급여가 과다하다는 사실을 발견했다. 원가를 낮추기 위해 제조원가명세를 분석하는 과정에서 급여가 지나치게 많은 비중을 차지하고 있다는 사실을 발견한 것이다. 미국 자동차 회사들의 대규모 구조조정과 해고는 이때부터 시작됐다.

끝으로, 월마트라는 유통 대기업의 등장이다. 미국의 자본주의 역사에서 월마트가 끼친 영향은 과소평가할 수 없다. 월마트를 비롯한 유통 대기업은 미국 기업의 대다수를 차지하던 제조 기업들의 지위를 현저히 약화시켰다. 1962년 설립된 월마트는 집요하게 낮은 판매 가격을 확보하는데 주력했다. 이를 위해 월마트는 자사 매장에 제품을 공급하는 제조 기업들에게 단가 인하를 요구했다. 월마트의 유통 파워가 커질수록 이 회사가 제조 기업들을 상대로 하는 협상력은 커졌다. 월마트는 이렇게 해서 얻은 낮은 가격을 고객들에게 넘겨주고, 자신들의 비용도 최소한으로 줄이면서 온갖 종류의 물건을 싸게 팔 수 있었다. 그러자 더 많은 고객들이 매장에 들렀고, 이는 다시 월마트가 공급자들에게 더 강력한 협상력을 발휘하게 해주었다. 월마트는 미국에만 4,000여 개의 매장을 운영하고 있다.

미국 제조 기업의 힘은 극적으로 위축됐다. 그들은 처음에는 유통 채널을 바꾸려는 시도를 했으나 현실을 받아들이지 않을 수 없었다. 미국의 제조 기업은 월마트에 대해 낮은 자세를 취했다. 일부 제조 기업은 월마트 매장에 물건을 공급하기 위해 월마트 본사가 있는 미국 남부 아칸소까지 달려갔다. 아칸소에 아예 사무실을 차린 제조 기업도 생겨났다.

신기술의 등장, 개도국의 미국 시장 점유율 확대, 유통 대기업의 등장. 이 세 가지 변화가 미국의 경제에 미친 영향력은 만만치 않았다. 미국 주요 산업에서의 안정적인 과점 구조가 파열을 내면서 GM, IBM 같은 당대의 거대 기업이 휘청거렸다. 안정적이던 미국의 고용 사회가 급격히 깨지기 시작했다. 해고를 잘하는 CEO가 찬사를 받기 시작한 것도 이 무렵이다. 이는 1970년대 이전의 고용 사회의 황금시대에는 보기 힘든 현상이었다.

'중성자탄'이라는 별명을 가진 GE의 잭 웰치Jack Welch가 미국 재계에서 스타 CEO로 부상한 것은 이런 배경을 갖고 있다. 잭 웰치가 1981년 GE의 최고 경영자로 취임하던 무렵 이 회사의 임직원들은 평생 근무를 보장받았다. 이들은 그것을 당연하게 생각했다. 그렇지만 웰치는 그렇게 하면 회사 존립이 불가능해질 것이라는 사실을 감지했다. 그는 1981년부터 1985년까지 5년 동안 GE 임직원의 4분의 1을 해고했다. 직원들의 업무 능력을 A등급(상위 20%), B등급(중간 70%), C등급(하위 10%)으로 나누고, C등급에 속하는 직원을 지속적으로 '솎아'냈다. 웰치 재임 기간 동안 해

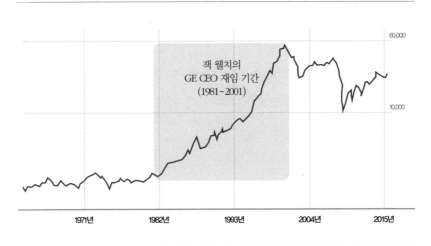

잭 웰치의
GE CEO 재임 기간
(1981~2001)

60,000

10,000

1971년   1982년   1993년   2004년   2015년

잭 웰치 GE 재임 기간 중 주가 추이

고한 직원은 모두 합쳐 10만 명에 달했다. 심지어 상황이 좋을 때도 그는 임원들을 갈아치웠다. 주변의 비난에도 그는 자신의 고집을 꺾지 않았다. 웰치는 선언했다.

"어떤 사람들은 밑에 있는 직원들의 10%를 보내는 것이 잔인한 일이라고 말한다. 그러나 알고 보면 그렇지 않다. 내가 볼 때 잔인하고 거짓된 친절은 성장하고 번창하지 못할 사람들을 계속 옆에 두는 것이다."

웰치는 미국의 변화하는 시기에 부합하는 CEO였다. 시장은 웰치의 손을 들어주었다. 웰치의 지속적인 구조조정은 노동자의 고용 불안정을 가져왔지만 시장 참여자들의 호의적인 평가 속에 기업 가치를 급격하게 끌어올렸다. GE의 시가 총액은 웰치가 취임하던 1981년 120억 달러(약 12조 원)가 채 되지 않았지만 20년 후 그가 은퇴하던 2001년 시가 총액은 4,000억 달러(약 400조 원)로 28.5배 급증했다. 이 기간 GE의 주가는 1.3달러에서 48달러로 수직 상승했다. 이는 같은 기간 미국 S&P 지수 상승률의 무려 3배에 달했다.

웰치의 효율성이 입증되자 이것은 미국 기업 전반으로 확산됐다. 미국 가전제품 업체 선빔Sunbeam의 CEO 앨 던랩Al Dunlap은 1996년 임직원의 절반에 해당하는 6,000명을 해고했다. 그는 실적 개선을 이룰 경우 거액의 성과급을 받기로 계약한 상태였다. 직원을 해고했을 때 인건비가 감소하고 이익이 곧바로 증가한다는 사실을 잘 알고 있었다. 얼마 후 앨 던랩은 선빔의 실적이 획기적으로 개선됐다고 발표했는데, 얼마 지나지 않아 이것이 분식회계였음이 드러났다. 이 때문에 던랩은 해고됐지만 계약에 따라 성과급으로 1,600만 달러(약 160억 원)를 받았다. 8년 후 선빔은 파산 보호 신청을 했다. 앨 던랩의 직원 해고 경력은 화려했다. 그는 앞서 1994년 전임지인 제지 회사 스콧 페이퍼Scott Paper의 CEO로 일하면서 전체 임직원의 30%에 해당하는 1만 1,000명을 해고했다. 그런 그를 시장은 환영했다. 앨 던랩의 구조조정을 전후해 이 회사의 주가는 225% 수직 상승했다. 회사를 옮길 때마다 직원을 척척 잘라내는 그는 '전기톱 앨'이라는 별명을 얻었다.

미국인들은 활력이 넘치던 도시가 어느 순간 황폐한 공간으로 전락하는 현상을 목격했다. 뉴욕의 버펄로에서 인디애나의 개리를 연결하는 미국 철강 단지는 한때 수만 명의 노동자와 숙소 등으로 활력이 넘치던 지대였다. 그러나 1980년대 이 단지는 인적이 드문 황량한 지역으로 쇠퇴했다. 오하이오의 클리블랜드도 자동차 공장과 철강 단지로 활력이 넘치는 도시였다. 그러나 1990년대가 되자 이 도시는 미국에서 가장 가난한 도시로 전락했다. 일본의 저렴하고 품질 좋은 도요타 자동차, 한국 포스코의 저렴한 철강 제품을 미국의 대기업들은 이겨내지 못한 것이다.

미국 기업의 CEO들은 공개적으로 기업 수익성을 최우선으로 내세웠다. 회사의 수익성에 앞서 미국의 국익에 관심을 표명하거나 직원들과 동반자 의식을 가진 경영진은 설 자리를 잃었다. 로버트 라이시는 그의 책 《부유한 노예》에서 몰든 밀스Malden Mills라는 섬유 기업이 노동자의 일자리를 지키려다 몰락하는 과정을 소개하고 있다. 몰든 밀스는 에런 포이어스타인Aaron Feuerstein이라는 CEO의 가족이 3대에 걸쳐 운영하던 회사였다. 섬유 산업이 사양 산업으로 전락하면서 몰든 밀스는 실적 악화에 신음했다. 몰든 밀스는 뉴잉글랜드 지방의 마지막 남은 섬유 기업이 됐다. 1995년 겨울에 화재로 공장 대분이 소실된 후 포이어스타인은 보험금을 받았다. 이 보험금으로 그는 새로 공장을 짓거나, 아니면 중국에 하청을 줘야 했다. 새로 공장을 지을 경우 기존 노동자의 고용을 유지할 수 있지만 중국에 하청을 주면 노동자는 일자리를 잃어야 하는 운명이었다. 그는 고민 끝에 4억 5,000만 달러를 들여 로렌스에 공장을 다시 짓고 화재로 할 일 없이 놀고 있던 4,000여 명의 노동자들에게 임금을 주었다. 그는 이렇게 결정한 이유를 다음과 같이 설명했다.

"노동자들은 나에게 의지하고 있다. 이 마을도 나에게 의지하고 있다. 고객과 내 가족도 나에게 의지하고 있다."

당시 ABC 방송의 스타 앵커 피터 제닝스Peter Jennings는 포이어스타인을 '1990년대의 성자'로 칭송했다. 빌 클린턴 대통령도 몇 주 후 연두교서에서 그를 언급했다. 그러나 자본주의 원리 대신에 온정주의를 선택한 포이어스타인의 말로는 비참했다. 몰든 밀스는 1억 5,000만 달러의 부채를 떠안게 됐다. GE 캐피털이 참여한 은행들의 컨소시엄이 포이어스타인에게 높은 이자와 빡빡한 상환 일정을 부과했다. 결국 2001년 11월 몰든 밀스는 법정관리에 들어갔다. 2003년 법정관리가 종료되자 포이어스타인은 채권단에 의해 해고됐다. 새 CEO는 중국에 공장을 짓고 미국 공장의 노동자들을 해고했다. 자본주의 논리는 비정했다.

경영의 논리가 지배하는 세상은 삭막했다. 앨빈 토플러에 따르면 1980년대만 해도 미국의 소비자들은 택배 회사 페덱스에 전화를 걸어 왜 소포가 늦어지는지를 직접 문의할 수 있었다. 그러면 젊은 여직원은 소포가 어디쯤에 있는지, 언제 받아볼 수 있을지를 안내했다. 그런데 이후 페덱스는 고객이 인터넷에 문의하는 방식으로 바꾸었다. 페덱스는 소비자의 편의를 위해 대단히 혁신적인 도구를 마련했다고 홍보했다. 소비자가 곧바로 직접 소포의 위치를 추적할 수 있게 됐다는 것이다. 여직원들은 어떻게 됐을까? 그들은 해고됐다.

이제 미국의 고용 사회는 막을 내렸다. 미국은 이제 더 이상 고용 사회가 아니다. 다니엘 핑크는 자신의 저서 《프리에이전트의 시대》에서 미국이 거대한 프리에이전트의 나라라고 규정하고 있다. 프리에이전트란 기업에 고용돼 있지 않으며 독립적으로 일하는 전문가, 프리랜서, 컨설턴트, 자영업자를 말한다. 다니엘 핑크는 "미국에는 이미 노동자의 4분의 1에 해당하는 3,300만 명의 프리에이전트 또는 조직 이탈자가 있으며, 이는 제조업 노동자 수의 2배, 노동조합 조합원의 2배"라고 지적했다. 또한 "통계에 잡히지는 않지만 프리에이전트의 절반 이상이 프로젝트나 커미션에 따라 또는 근로 시간이 아닌 다른 근거를 바탕으로 돈을 벌고 있을 것"이라고 말했다.

미국인들은 이런 냉혹한 현실 앞에 체념하고 있다. 노동자, 기업, 정부의 연대 의식은 실종된 지 오래다. 1950년대의 미국인들은 기업과 정부가 미국인 전체를 위해 운영된다고 믿었지만 이제 이를 믿는 사람은 극소수에 불과하다. 이제 미국 기업의 CEO와 직원은 같은 사무실에서 서로 전혀 다른 생각을 하면서 지내고 있다. 이제 직원은 더 이상 기업의 핵심 역량이 아니다. 직원을 자를수록 기업 이익은 증가하고 시장가치도 높아진다. 도대체 세상은 어디로 향하고 있는 걸까?

소득세의 추세를 보면
돈의 흐름이 보인다

　미국의 고용 사회 몰락은 중산층 붕괴를 낳았고, 중산층 대부분이 하위 계층으로 추락했다. 미국 사회가 이렇게 변화한 것에는 신기술의 등장으로 인한 기업 간 경쟁 심화, 개도국의 미국 시장 점유율 확대, 대형 유통 할인점의 등장이라고 앞서 서술했다. 하지만 중산층의 몰락을 가져온 데에는 미국 정부의 '소득세 최고 세율' 인하 정책의 영향도 적지 않다.

　소득세 최고 세율이란 미국에서 소득이 최상위 계층에 속하는 가구에 대해 부과하는 세율을 말하는데, 이것이 낮아지면 미국의 최상위 소득 계층이 부담해야 하는 세금은 줄어들고, 이 결과 미국 정부는 세수가 줄어든다. 그러면 미국 정부는 중산층에 부

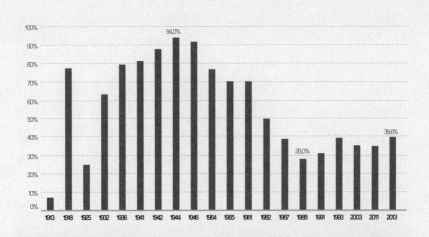

미국의 소득세 최고 세율 추이

과하는 세금을 높일 수밖에 없다. 반대로 소득세 최고 세율이 높아지면 미국의 최상위 계층이 부담해야 하는 소득은 높아지고, 중산층의 세금 부담은 가벼워진다.

미국의 소득세 최고 세율은 1980년대 로널드 레이건 대통령 집권기 이전과 이후로 대비된다. 로널드 레이건 대통령 집권 이전에 미국의 소득세 최고 세율은 70%를 넘었다. 부자들에게 세금을 많이 매겼다는 의미다. 이 기간은 미국 중산층의 황금기와 일치한다. 대공황이 한창이던 1932년 프랭클린 루즈벨트 대통령은 이 세율을 25%에서 62%로 극적으로 올렸다. 이후에도 이 세율은 81.0%(1941) → 88.0%(1942) → 94%(1944) → 91%(1946) → 70%(1965)로 전반적으로 높은 편이었다.

미국의 소득세 최고 세율이 극적으로 인하된 것은 1980년 로널드 레이건 대통령의 집권이 계기가 됐다. 레이건 대통령은 집권 2년차인 1982년 소득세 최고 세율을 70%에서 50%로 극적으로 인하했다. 과세 대상이 되는 소득 구간도 21만 2,000달러(약 2억 1,000만 원)에서 10만 6,000달러(약 1억 원)으로 낮췄다. 이것도 모자라 1987년에는 소득세율을 38.5%로 더 내렸고 과세 소득 구간도 9만 달러로 낮췄다. 레이건 대통령 집권 말기인 1988년에는 소득세 최고세율이 28%, 과세 소득 구간은 2만 9,750달러까지 떨어졌다. 레이건 대통령이 이렇게 소득세 최고 세율을 인하한 명분은 세금을 낮춰야 미국의 부자들이 적극적으로 투자에 나서 경제가 활성화될 것이라는 것이었다. 당시 미국의 경제는 오일 쇼크 등의 영향으로 대단히 어려웠다.

그러나 이 정책은 미국 경제를 살리는 데 별다른 효과를 발휘하지 못했고, 오히려 중산층의 몰락을 가속화시켰다. 레이건의 유산이 남아 있던 조지 W 부시 대통령 집권 시절인 1991년 소득세 최고 세율은 31%로 낮게 유지됐다. 미국의 최고 부자들이 세금을 덜 냈다는 의미이다. 부시 대통령이 부자들의 편이라는 평가를 받는 이유가 여기에 있다. 빌 클린턴 대통령이 들어서면서 세율이 다시 상향했다. 빌 클린턴 대통령은 1993년 최고 세율을 39.6%로 미국의 최고 부자들로부터 세금을 많이 거뒀다는 의미다. 빌 클린턴 대통령 집권기에 미국 경제는 호황이었다.

버락 오마바 대통령 집권기인 2015년 4월 현재 미국 정부는 부부 합산 소득이 450만 달러(약 45억 원)가 넘으면 39.6%의 소득세 최고 세율을 부과하고 있다. 이는 이전의 조지 부시 대통령 집권기의 35%보다는 상향된 것이다. 여기에는 대선 공약으로 '부자 증세'를 내세운 버락 오바마 대통령의 의지가 반영돼 있다.

한국의 경우 1975년 종합소득세가 도입되기 전까지는 소득별로 다양한 세율이 적용돼 최고 세율 파악을 체계적으로 하기 힘든 상황이었다. 다만 한국전쟁 전후 전시 체제의 도입으로 소득세 최고세율이 70~80%까지 달했으나 휴전 이후 경제 부흥이 추진되면서 50~60% 수준까지 낮아진 것으로 추정되고 있다. 박근혜 정부 집권기인 2015년 4월 현재 소득세 최고 세율 구간은 3억 원이고, 세율은 38%이다. 그러나 과세 표준 3억 원 이상 소득자가 전체의 0.2% 수준에 불과해 실효성에 의문이 제기되고 있다.

· 고용 사회Employee society란 사회 구성원의 절대 다수가 기업, 공공 기관 등의 조직의 구성원으로 일하는 사회를 말한다.

· 고용 사회의 역사는 우리가 생각하는 것만큼 길지 않다. 고용 사회는 자동차 왕 헨리 포드가 1903년 미국에서 포드 자동차 회사를 설립하고 포디즘을 도입하면서 시작됐다. 지금으로부터 불과 110여 년 전의 일이다. 한국의 고용 사회의 역사는 불과 50여 년에 불과하다.

· 고용 사회가 이제 막을 내리고 있다. 찬찬히 뜯어보면 미국은 이제 더 이상 고용 사회가 아니다. 미국의 기업은 임직원들을 일상적으로 해고하고 구조조정에 나서고 있다. 미국은 이제 프리에이전트의 나라다.

· 고용 사회의 종말을 목격하고 있는 지금, 우리는 무엇을 어떻게 준비해야 할까?

CHAPTER

*

2

당신이
지금 서 있는 곳

한 사람이 어떤 됨됨이를 가졌는지를 알기 위해서는 그 사람에게 고난이 찾아왔을 때 어떻게 행동하는가를 살펴보면 된다. 인간은 역경에 대처하고 그것을 극복했을 때에 더욱 강하고 성숙한 사람으로 성장한다. 잔잔한 바다는 노련한 뱃사공을 만들지 못한다.

'평생직장'의 시대를 열다

한국식 고용 혁명의 전개

한국의 고용 사회는 1961년 5월 박정희 정권이 집권하면서 시작됐다. 박정희 정권의 집권 당시 한국은 고용 사회가 아니었다. 1961년 한국은 성인 10명 가운데 7명이 농업 종사자였고, 나머지 소수는 상업 등에 종사하는 자영업 사회였다. 전체 사회 구성원을 먹여 살리기 위해 70~80%가 농업에 종사하는 것은 자본주의 이전의 인류 사회에서 흔히 볼 수 있는 현상이다. 인류에게 먹고 사는 문제는 그만큼 버거운 것이었다.

자영업 사회. 이 단어를 쓰고 보니 머쓱해진다. 당시 한국의 자영업 사회는 1900년대 미국의 그것과는 딴판이었다. 미국 자영업 사회의 농민들은 한국의 농민보다는 사정이 나았다. 미국은 토지가 방대하고 비옥했기 때문이다. 1960년대 한국의 농민들에게 굶주림은 일상적이었다. 농민들은 1년 내내 허리가 휘어지도록 논과 밭에 나가 일했지만 봄이면 어김없이 '공포의 보릿고개'를 대면해야 했다. 보리가 아직 여물지 않은 상태에서 전년 가을에 걷은 식량이 다 떨어져 굶주릴 수밖에 없었던 것이다. 비좁은 토지에 인구가 몰려 있다 보니 빚어진 현상이었다. 당시 한국의 국민소득은 89달러로 세계 최빈국 수준이었다.

당시 한국 인구의 대다수가 농업에 종사했던 이유는 그것 말고 다른 일자리가 없었기 때문이다. 당시에 기업이라고는 경성방직(1919), 일신방직(1951), 대한방직(1953), 선경직물(1954, 현 SK)이 사실상 전부였다. 대규모 인력을 채용하는 발전소 같은 주요 기업은 죄다 북한에 있었다. 게다가 이들 기업마저도 대학 졸업자에게 취업의 문이 열려 있지 않았다. 당시 한국의 기업들은 공채를 실시하지 않았다. 한국 최초의 공채는 박정희 집권 2년 뒤인 1963년 제일제당이 실시한 것이 처음이다. 이때 선발된 27명은 삼성그룹 공채 1기가 됐다. 그러니 당시에 '직장인'이라는 단어 자체가 낯설 수밖에 없었다. 직장인이라는 개념이 없었으니 실업률 통계도 당연히 없었다.

이 당시 대학 졸업자가 안정적인 일자리를 구하는 방법으로는 뭐가 있었을까? 사법고시에 합격해 판검사가 되거나, 행정고시에 합격해 관료가 되는 것이 단연 최고였다. 당시 대학 졸업자에게 '사법고시 합격'이나 '행정고시 합격'은 '출세'와 동의어였다. 안정적인 일자리가 제공됐고, 권력도 쥘 수 있었기 때문이다. 이는 우리의 전통의 사농공상上農工商의 가치관

과도 부합했다. 여기에다 신문사, 은행, 그리고 중앙정보부 같은 소수의
기업과 기관이 공채를 실시했다. 이들 기업의 입사 경쟁률은 치열했다.

이런 상태의 한국 사회를 고용 사회로 이행시킨 인물이 박정희 대통령
이었다. 그는 1962년부터 경제개발 5개년 계획을 실시했는데, 이것이 한
국을 고용 사회로의 거대한 이행으로 이끌었다. 인류 역사를 돌이켜보면
한 사람의 선구자가 국가나 민족의 운명을 바꾸는 경우가 있는데 박 대
통령은 여기에 해당한다.

박정희 대통령은 한국이 가난을 떨칠 수 있는 유일한 방법이 수출 중
심의 산업 자본이어야 한다는 사실을 직관적으로 이해했던 인물이다. 집
권 초기에 그는 대중의 정서에 따라 자본의 논리에 도덕의 잣대를 들이
대기도 하고, 한국 경제를 농업 위주의 독자 생존형 체제로 만드는 것을
고려하기도 했으나, 산업 자본을 키우는 것이 한국 경제를 살리는 길임을
이해했다. 이것이 결과적으로 기업의 숫자를 크게 늘렸고, 안정적인 일
자리가 가치를 창출함으로써 한국을 고용 사회로 변모시켰다.

경제개발 5개년 계획은 1차(1962~66), 2차(1967~71), 3차(1972~76),
4차(1977~81), 5차(1982~86)에 걸쳐 24년 동안 진행됐는데, 대부분 목표
를 초과 달성했다. 1962년 시작된 제1차 경제개발 5개년 계획에서는 당
시의 주요 산업 기반이던 농업 발전을 통한 식량 자립, 생산력 증대가 목
표였다. 따라서 고용 사회로의 전환은 이뤄지지 않았다.

고용 사회의 밑그림이 그려진 것은 1967년 제2차 경제개발 5개년 계획부터였다. 박정희 정부는 이때 의류업 중심의 수출 주도 전략을 시행했다. 의류업은 당시 한국 사회의 풍부한 저임금 노동력을 활용할 수 있는 산업이었다. 의류업은 고용 유발 효과가 상당했다. 의류업은 1980년 대까지 한국의 주력 산업의 하나로 자리매김했고, 1989년 한국의 의류 수출액은 세계 3위를 기록하기도 했다.

이 시기에 소비재 기업들이 모습을 드러내면서 민간 부문의 고용이 창출되기 시작했다. 밀가루(제분), 설탕(제당), 면방의 이른바 '삼백三白 산업'과 제지, 음식료 산업이 대표적이다. 자본주의 역사를 돌이켜보면 가장 먼저 인간의 먹고 마시고 입는 문제를 해결해주는 소비재 산업이 모습을 드러내는 것을 확인할 수 있다.

음식료 산업도 이 무렵 기틀을 닦았다. CJ제일제당(1953), 오리온(1956), 빙그레(1967)가 설립됐고, 1963년 삼양식품이 국내 최초의 라면인 삼양 라면을 내놓았다. 음식료 산업은 1980년대까지 성장했다. 이들 기업 가운데 일부는 노동자를 채용했다. 그러자 한국인들은 어렴풋하게나마 직장에 다니며 고정급을 받는다는 것이 무엇을 의미하는지를 깨닫기 시작했다. 농사를 짓는 것보다 직장에 출근해 일할 때 안정적으로 고정급을 받을 수 있다는 사실이 알려지기 시작했다.

본격적인 고용 사회는 1972년 제3차 경제개발 5개년 계획이 실시되면서 열렸다. 박정희 정부는 이때 '중화학공업화'를 기치로 철강, 비료, 시

멘트, 정유화학등의 제조업 육성에 나섰다. 고용 유발 효과가 큰 중후장
대형重厚長大型 산업이 대부분이었다.

'산업의 쌀'인 철강을 만들어내는 포스코는 1973년 포항제철소를 설립
했고 1987년에는 광양 제철소를 설립했다. 1973년에는 선박을 제조하는
현대중공업이 설립돼 대규모 인력을 채용했다. 이어, 삼성석유화학(1974),
호남석유화학(1976), 럭키석유화학(1978, 현 LG석유화학)이 설립되면서 다
시 한 번 고용 창출이 이뤄졌다.

명실공히 한국은 고용 사회로의 거대한 이행을 시작했다. 한국인은 직
장에 취업해 고정적인 급여를 받는다는 것의 장점을 이해하기 시작했다.
시골의 촌부들은 자신의 아들만큼은 가난한 농촌을 벗어나 서울의 번듯
한 직장에서 근무하고 가정을 이루기를 소망했다. 농촌의 젊은이들은 무
작정 도시로 향했다. 서울의 인구가 급증하기 시작한 것도 이때부터다.

1977년 제4차 경제개발 5개년 계획은 한국의 고용 사회를 안착시키는
효과를 발휘했다. 이 시기에는 건국 이래 최초로 질적인 경제 향상과 함
께 사회 개발이라는 개념이 도입됐는데, 요지는 국민복지연금과 사회보험
을 검토하고 주택 사업을 서민층 위주로 진행해 직장인과 서민의 삶의 안
정을 마련한다는 것이었다. 이 계획에는 병원 이용률을 50%까지 높이는
등 당시로서는 혁신적인 내용도 포함돼 있었다. 그러자 고용 사회의 장점
이 다시 한 번 부각됐다. 사람들은 회사 업무에 전념할 경우 내 집 마련
을 할 수 있고, 의료, 연금의 혜택을 받을 수 있다는 사실을 발견했다.

1~4차 경제개발 5개년 계획의 목표는 대부분 초과 달성됐다. 1970년대 초반과 후반의 1, 2차 오일쇼크, 1979년 10·26 사태와 12·12 쿠데타 같은 경제적, 정치적 혼란이 있었지만 한국 경제는 이를 극복했다. 1982년 세계적인 경제 불황속에서 대부분의 국가들이 마이너스 성장을 했을 때 한국은 5.3%의 실질 성장률을 기록하며 비약적으로 성장했다. 1987~1996년의 9년 동안 일자리는 해마다 50만 개씩 거침없이 늘었다. 1996년의 고용률은 역사상 최고치인 61%에 육박했다. 이 시기에 자동차, 선박, 컴퓨터, 철강, 가전 등의 고용 유발 효과가 큰 품목들이 수출 주력 품목을 차지하면서 이를 생산하기 위한 공장과 일자리가 창출됐기 때문이다.

이 시기 한국의 연평균 경제 성장률은 무려 8.3%를 기록했다. 이 기간에 국제 수지 흑자 원년이 열렸고, 흑자 규모는 1986년 47억 달러, 1987년 100억 달러, 1988년 145억 달러로 지속적으로 증가했다. 고용 사회는 한국인의 보편적인 삶의 양식으로 안착했다.

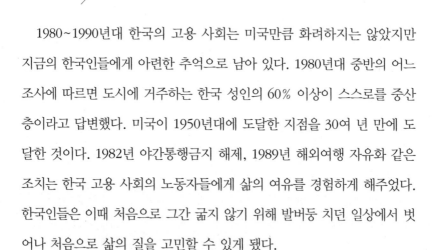

다시 못 볼 세상의 풍경들

영원할 것 같았던 종신 고용 시대

1980~1990년대 한국의 고용 사회는 미국만큼 화려하지는 않았지만 지금의 한국인들에게 아련한 추억으로 남아 있다. 1980년대 중반의 어느 조사에 따르면 도시에 거주하는 한국 성인의 60% 이상이 스스로를 중산 층이라고 답변했다. 미국이 1950년대에 도달한 지점을 30여 년 만에 도 달한 것이다. 1982년 야간통행금지 해제, 1989년 해외여행 자유화 같은 조치는 한국 고용 사회의 노동자들에게 삶의 여유를 경험하게 해주었다. 한국인들은 이때 처음으로 그간 굶지 않기 위해 발버둥 치던 일상에서 벗 어나 처음으로 삶의 질을 고민할 수 있게 됐다.

무엇보다 당시 한국의 직장인에게는 사실상 종신 고용이 보장돼 있었 다. 대학을 졸업하고 회사에 입사하면 그 회사에 평생 근무하는 것이 보 편적이었다. 그것은 한국의 봉건 체제의 정서와도 맞아떨어졌기 때문에

1900~
식민지 산업 : 은행업, 방직업

1950~
전시 무역업 : 탄피 수출
삼백산업 : 제분(밀가루), 제당(설탕), 면방직

1960~
섬유, 가발 : 노동 집약형, 수출주도형
건설 : 전후 복구, 사회기반시설 확충 용도

1970~
철강, 자동차, 석유화학, 조선, 건설
자본 집약형
인건비 상승, 오일쇼크의 대안으로 추진

1980~
전자, 반도체
고부가가치형, 수출 주도형
오일쇼크, 외채 부담, 무역적자의 해법으로 추진

1998~
통신, 금융
내수 주도형
수출 위주에 대한 해법으로 추진

2008~
스마트폰, 디스플레이(LED)
신재생 에너지 : 태양광, 풍력, 바이오, 2차 전지
의료기기

한국의 경제 발전사

고무되고 장려됐다. 단지 보수를 더 많이 받을 수 있다는 이유로 회사를 옮기는 직장인에게는 '배신자'라는 꼬리표가 붙었다. 회사와 직원은 연대 의식을 갖고 있었다. 회사의 업무가 폭주했을 때 휴일에도 조건 없이 출근해 일을 하는 풍경이 낯설지 않았다. 일자리는 남아돌았다. 1990년대 초반, 내가 대학을 졸업하던 무렵에 대학의 학과 사무실에는 삼성, 현대 등 대기업의 입사 지원서가 수북이 쌓여 있던 것을 나는 지금도 생생히 기억한다. 친구들은 이들 지원서를 '매판 자본'이라며 거들떠보지도 않았다. 그런 시절이 있었다!

1993년, 내가 사회생활을 시작했을 때의 세상은 절대 변하지 않을 것으로 생각했다. 내 앞 자리의 상사의 모습이 수십 년 후의 내 모습일 것이라고 믿었던 시절이었다. 천체의 별이 시간의 흐름에 따라 규칙적으로 운항하듯이 세상은 그 모습 그대로를 유지하며 움직이는 것처럼 보였다. 회사 사무실을 나서면 수십 년째 같은 장소, 같은 메뉴로 영업을 하는 음식점이 적지 않았다. 어느 음식점의 세심한 주인은 어느 손님이 어느 직장에 다니는지, 어떤 특성을 갖고 있었는지도 알고 있다. 그것은 영업 전략이라기보다는 전면적 인간관계의 결과였다.

이 시기의 '마이카'는 고용 사회의 상징이었다. 현대자동차는 1975년 12월 국내 최초로 설계부터 생산까지 모든 과정을 국내 기술로 이뤄낸 포니를 생산했다. 포니는 1984년까지 50만 대가 팔려나갔다. 이후 엑셀, 프레스토 등 출시되면서 마이카 시대는 정착됐다. 회사 동료와 선후배들은 자동차를 할부로 마련했다. 자가용의 운전대를 처음 잡을 때 직장인들은 세상의 모든 것을 가진 것 같았다. 주말이면 차를 타고 여행을 떠나는 취미 생활도 이때 등장했다.

당시의 안정적인 고용 사회는 어떻게 가능했을까?

가장 큰 이유는 한국의 주요 산업에 소수의 대기업이 과점 체제를 형성했기 때문이었다. 과점 체제에서는 기업 간 경쟁이 치열하지 않고, 그래서 고용 안정이 이뤄진다는 것을 우리는 앞서 1950년대 미국의 사례에서 관찰했다. 1980년대 중반 통계에 따르면 당시 우리나라 국민들이 쓰던 공산품의 62%가 독과점 기업들의 생산품이었다. 이들 산업에 신규 진입자의 시장 진입은 사실상 불가능했다.

이런 현상의 배후에는 정부의 대기업 지원 정책이 있었다. 정부는 소수 대기업 위주의 독과점 체제를 적극 옹호했다. 정부는 한국 경제가 발전하기 위해서는 대기업이 규모의 경제를 일으켜 해외 시장을 개척해야 한다는 신념을 갖고 있었다. 따라서 주요 산업에서 신규 기업의 시장 진입을 사실상 봉쇄했다. '대마불사'의 신화는 이 지점에서 탄생했다.

한국 정부는 1960년대 개별산업육성법을 채택했는데, 이는 산업 내에서의 과당 경쟁을 방지한다는 명분으로 철강, 조선 등 주요 산업에 신규 기업의 진입을 제한하는 것이 주요 내용이었다. 이는 해당 산업에서 신규 진입자의 진입을 사실상 봉쇄하는 효과를 발휘했다. 한국 정부는 해외 제품의 수입도 저지했다. 이것 역시 국내 산업 보호라는 명분이었다. 한국 시장에 진출하는 해외 기업은 고율의 관세를 각오해야 했다. 한국 경제가 아직 개도국 수준이었기에 미국을 비롯한 선진국은 이를 용인했다. 다른 한편으로 정부와 대기업은 밀월 관계였다. 대기업은 자금이 필요하면 은행으로부터 손쉽게 자금을 조달할 수 있었다. 정부는 수출 지원이라는 명분으로 대기업에 조세 감면 혜택을 부여하고 수출 제품 제조에 필요한 원자재와 자본 장비에 관세 환급을 해주었다. 일부 중화학 기업에는 특별감가상각을 허용하고 법인세를 감면해주었다.

1981년 국내 대기업에 대한 법인세 감면 비율은 82.7%로 최고치를 기록했다. 2015년 1월 현재 국내 대기업의 법인세 감면 비율이 3%임을 감안하면 당시의 국내 기업들은 사실상 세금을 내지 않은 셈이다. 법인세를 감면받은 기업은 현금흐름이 풍부해지고 기업 이익이 개선된다. 달러만 벌어온다면 모든 것을 지원해주겠다는 것이 당시 정부의 경제 운용 철학이었다.

물론 부작용은 컸다. 한국의 소비자는 품질 낮은 제품과 서비스를 감수해야 했다. 국내 기업이 만든 제품은 품질이 떨어지고 고장이 잦았고, 애프터서비스도 기대하기 어려웠다. 한국인들은 국산 제품을 '미제'와 비교하면서 미제의 뛰어난 기능에 감탄하고 부러워했다.

정치는 암흑기였다. 정부는 노동자의 임금 인상 요구에 봉쇄와 탄압 같은 물리력으로 대응했다. 해외 수출하는 제품의 원가를 낮춰야 한국 경제가 살아나며, 그러기 위해서는 원가의 상당 부분을 차지하는 임금이 낮은 수준에서 유지돼야 한다는 것이 정부 입장이었다. 이런 방식에 국민들은 저항하고 분노감을 표출했다. 1970~80년대 내내 민주화 운동과 시위가 이어졌다. 그런데 정부의 대기업 보호가 실은 노동자의 일자리를 안정적으로 유지하는 데 기여하는 효과도 있다는 사실은 간과되는 경향이 있다.

소비자는 제품의 가격에 대해 이중적인 생각을 갖고 있다. 소비자는 제품을 저렴하게 구매하기를 원하지만 실은 그것은 누군가의 저임금으로 이뤄진 것이다. 그것은 중국 노동자의 저렴한 임금일 수도 있고, 한국 노동자의 구조조정의 결과일 수도 있다. 방글라데시나 인도 등 개도국의 노동자들이 임금 인상 시위를 벌이면 소비자는 심정적으로 동조하는 경향이 있다. 그런데 이들 국가에서 임금 인상이 이뤄지면 이는 제품 가격 인상을 초래하는데, 이때 소비자는 가격이 인상된 제품을 구매하는 것을 꺼린다. 자신의 지갑이 얇아지기 때문이다. 저렴한 가격을 원하면서 동시에 제품 생산을 담당하는 노동자의 임금 상승에도 동조하는 소비자의 이런 성향을 어떻게 봐야 할까?

품질이 낮은 국산 제품, 독재와 비민주적 절차는 한국의 고용 사회를 관통했다. 그렇지만 고용 사회가 가져다주는 안정감을 고려하면 이는 견딜 만하다고 여겨졌다. 세상은 안정적이고 지낼 만하게 보였다. 그러나 이런 안정적인 고용 사회가 무한정 유지될 수는 없었다. 미국의 경우를 봐도 그렇고, 자본주의의 본질을 생각해봐도 그렇다. 1997년 IMF 위기는 한국의 고용 사회를 일순간에 파괴했다.

한국 대기업의
고용 증가율이 주는 의미

오늘날 한국의 대기업은 안정적인 일자리를 창출하는 데 어려움을 겪고 있다.

기업 평가 사이트 'CEO스코어'가 전자공시시스템 자료를 바탕으로 조사한 바에 따르면 2014년 한 해 동안 국내 30대 그룹의 고용 증가율은 1.3%인 것으로 조사됐다. 이 수치는 한국의 경제 실질 성장률(3.3%)에 한참 미달하는 수준이고, 바로 이전 해의 고용 증가율(1.6%)에도 미치지 못하고 있다. 최근 3년 동안 한국 주요 대기업의 고용 증가율은 1%를 벗어나지 못하고 있다. 2014년 12월 기준으로 국내 30대 그룹 274개 계열사의 전체 직원 수는 102만 3,574명이다. 이는 전년(101만 868명)보다 불과 1만 2,706명(1.3%) 늘어난 수치고, 한국의 실질 경제 성장률(3.3%)의 절반에도 미치지 못하는 저조한 수준이다.

그룹별로는 신세계, 현대차, 현대백화점이 5% 이상의 고용 증가율을 기록해 '톱 3'를 형성했다. 동부와 대우건설은 반대로 고용 감소율이 10%를 넘었다. 직원 증가율이 가장 높은 곳은 신세계다. 사업보고서를 제출하는 신세계 계열 9개 기업의 직원 수는 4만 877명으로 전년(3만 7,642명) 대비 8.6% 증가했다. 신세계푸드의 직원 수가 신세계에스브이엔 합병과 신규 채용으로 1,700여 명이나 늘었고, 이마트와 에브리데이리테일도 각각 743명(2.7%), 619명(28.3%) 증가했다. 2위는 현대차 그룹으로 14만 2,764명에서 15만 672명으로 5.5% 증가했다. 현대차가 신규 채용 등으로 1,800명(2.9%) 이상 증가했고, 현대엔지니어링은 합병 등 사유로 1,000여 명이 늘었다. 현대캐피탈은 파견직을 계약직으로 직접 고용하면서 1,000명 이상 증가했다. 현대백화점은 5.1% 증가로 3위를 차지했다. 이어 롯데(3.2%), 한화(3.1%), 포스코(3%)가 3% 이상의 고용 증가율로 4~6위에 자리했다. 이어 현대중공업(2.8%), 대우조선해양(2.3%), 삼성, 에쓰오일이 10위권에 포함됐다.

직원 증가율이 지난해 경제성장률을 상회하는 그룹은 신세계, 현대차, 현대백화점, 롯데 등 4곳에 불과했다. 대우건설은 6,382명에서 5,543명으로 직원 수가 줄어 감소율(13.1%)이 가장 컸다. 2013년 공시된 직원 수에 해외 기능직 등이 제외됐기 때문인데 정확한 수치는 공개되지 않았다. 제조 부문 계열사의 구조조정에 나선 동부는 11.3% 감소로 뒤를 이었다. 이어 영풍(-9.6%), KT(-7.4%), 현대(-6.4%), 두산그룹(-5.6%) 등이 5% 이상 고용 규모를 줄인 것으로 나타났다. 이밖에 동국제강(-3.9%), 코오롱(-3.2%), 대림(-3.0%), OCI(-2.0%), LS(-1.8%), 한진(-1.0%), 두산(-0.9%)도 직원 수를 줄였다.

게다가 고용의 질도 나빠졌다. 이들 주요 대기업의 고용 형태의 변화를 살펴보면 정규직이 93만 6,230명에서 94만 5,810명으로 1.0% 늘어나는 데 그쳤다. 반대로 계약직은 7만 4,638명에서 7만 7,764명으로 4.2% 증가했다. 이에 따라 정규직 직원 비중이 92.6%에서 92.4%로 0.2%포인트 떨어졌다. 계약직은 현장 채용직, 시간제 노동자 등이다. 한국의 대기업이 양질의 일자리를 창출하는 데 어려움을 겪고 있는 것이다.

직원 수가 가장 많은 곳은 삼성으로 23만 3,797명으로 집계됐다. 이어 현대차(15만 672명), LG(12만 2,331명), 롯데(6만 649명), SK(5만 5,387명) 순이었다. 이들 5대 그룹의 직원 수는 30대 그룹 전체의 60.8%를 차지했다.

30대 그룹 중 정규직 비중이 가장 높은 곳은 OCI였다. 사업보고서를 제출하는 8개 계열 기업의 직원 5,737명 중 5,626명(98.1%)이 정규직인 것으로 나타났다. 이어 영풍(97.7%), 효성(97.5%), 미래에셋(97.0%), 대우조선해양(97.0%), LG(96.9%) 순으로 정규직 비중이 높았다. 대우건설은 계약직 비중이 25.1%로 가장 높았다. KT(22.5%), 대림(20%), 금호아시아나(12.4%), 한화(12.1%), 신세계(11.1%), 롯데(10.5%) 등도 계약직 비중이 10%를 넘었다.

저렴한 제품, 일자리를 빼앗다

제조업의 몰락과 고용이 사라진 시대

한국의 고용 사회는 1990년대까지 작동됐다. 이 시기의 고용 사회는 직장인과 노동자에게 적지 않은 보상을 가져다주었다. 안정적인 일자리, 예측 가능한 가정 경제, 피곤하지 않은 노후가 그것이다. 그래서 당시의 한국인들은 안정적인 회사에 취직하는 것을 지상 명제로 여겼고, 자신의 인생을 여기에 맞춰 살아왔다.

좋은 회사에 취직하기 위해서는 좋은 학교를 나와야 했다. 학교라는 제도는 한 개인이 고용 사회에 적합한 성품을 갖고 있는지 그렇지 않은 지를 가려내기에 효과적이다. 표준화, 규격화를 기반으로 하는 고용 사회는 정해진 문제, 정해진 규범을 성실하게 해내고 지키는 개인을 필요로 하는데, 학교에서 우수한 성적을 거두었다는 것은 이런 자질과 능력을 갖추었다고 추정되기 때문이다. 청소년들은 초중고교 내내 대학이라는 간

판을 얻기 위해 밤샘을 한다. 운 좋게 직장에 취업하면 단계를 밟아 승진하고 보수도 높아진다. 이런 삶은 어느 정도 불편하지만 전반적으로 지낼 만하다. 그러나 이 같은 고용 사회가 한국 사회에서 50여 년의 역사를 뒤로 하고 이제 거대한 막을 내리고 있다. 미국보다 20년가량이 늦었지만 피할 수 없는 현실이다.

주지하다시피 한국 고용 사회의 종말을 가져온 계기는 1997년 IMF 위기였다. 하지만 외환위기가 닥치기 이전에 이미 한국의 고용 사회가 파열음을 내고 있었다는 사실을 아는 사람은 많지 않다. 외환위기가 닥치기 전인 1990년대 중반, 한국에서는 두 가지 변화가 있었다.

우선, 1990년대 들어 수입 자유화가 되면서 한국의 주요 산업에서 경쟁이 본격적으로 벌어지기 시작했다.

수입 자유화는 한국 정부의 불가피한 선택이었다. 한국은 그때나 지금이나 수출로 먹고 사는 나라다. 개도국이던 시절의 한국은 수입 규제를 통해 해외 제품의 수입을 막았고, 미국, 유럽 등의 해외 선진국도 한국에 개도국이라는 특수성을 감안해 이를 용인해주었다. 하지만 한국 경제가 기반을 갖추자 해외 선진국들은 시장 개방을 요구하기 시작했다. 한국 경제가 충분히 성숙했으니 무역 장벽을 제거하고, 고율의 관세를 낮추거나 폐지하라는 것이었다. 이 같은 요구는 1986년 한국이 무역 흑자국으로 전환되면서 강도가 더욱 높아졌다. 미국을 비롯한 경제 선진국은 자국 시장에 들어오는 한국산 제품에 대해 관세를 부과하면서 한국 정부를 압박

했다.

한국 정부는 이 같은 요구를 수용할 수밖에 없었다. 한 나라의 수입 총액 중 자유롭게 수입할 수 있는 상품의 수입액이 차지하는 비율을 의미하는 수입 자율화율을 살펴보면 1987년 91.5%에 이르렀다. 농산물 등 일부 품목을 제외하고는 대부분의 공산품이 수입 개방된 것이다. 1992년이 되자 이 수치는 97.7%로 뛰었다. 국내의 사실상 모든 품목이 완벽하게 수입 자유화된 것이다. 그러자 해외의 품질 높은 제품과 상품이 한국 시장에 쏟아져 들어오기 시작했다. 이는 경쟁 격화를 의미했다. 한국의 기업들은 처음으로 국내 시장에서 해외 기업의 저렴하고 품질 좋은 제품들을 대면해야 했다.

소비자는 냉정했다. 애국심에 호소하는 것은 먹히지 않았다. 한국의 대기업은 처음으로 자본주의 교과서에 나오는 '자유 경쟁'의 실제 상황과 맞닥뜨렸다. 이때 한국의 기업들은 자신들이 만들어내는 제품의 원가 내역을 본격적으로 분석하기 시작했다. 이 결과 원가의 상당 부분이 인건비임을 발견했다. 기업과 직원 간의 동반자 의식은 이 지점에서 파열음을 내기 시작했다. 한국의 대기업은 구조조정 플랜을 만지작거리기 시작했다.

이 시기에 벌어진 또 다른 변화는 이마트를 필두로 하는 대형 유통 할인점의 등장이다. 이마트는 한국의 경제 구도에 큰 영향을 미쳤다. 미국에서 월마트가 자국의 경제와 산업 구조에 어마어마한 영향을 미친 것과 마찬가지다. 이마트는 1993년 11월 서울 창동에 1호점을 연 이래 곧바로 성공을 거두면서 대형 유통 할인점은 전국으로 빠르게 확산됐다.

대형 유통 할인점이 확산되자 직격탄을 맞은 것은 한국 기업의 대다수를 차지하는 제조 기업이었다. 이마트가 납품가 인하를 요구하기 시작한 것이다. 미국의 월마트를 벤치마킹한 신세계 이마트는 제조 기업들에게 가격을 낮출 것을 요구했다. 제조 기업들은 처음에는 저항했으나 얼마 지나지 않아 대형 할인점의 거대한 유통 파워를 절감했다. 이는 한국의 제조 기업의 기반을 흔들었다.

이마트와 거래하는 제조 기업들은 경쟁적으로 제품 단가를 낮췄다. 미국의 월마트가 제조 기업을 억누르는 현상과 유사한 일이 1990년대 중반 한국에서도 벌어진 것이다. 이마트가 성공하자 GS마트, 홈플러스, 롯데마트가 가세했고 결국 한국 경제계는 제조업 우위의 시대를 마감하고 유통 대기업이 주도하는 시대로 이행했다.

한국의 소비자는 신세계 이마트에서 저렴한 제품을 구매하게 됐다는 사실을 환영했다. 그러나 이것이 자신의 안정적인 일자리를 빼앗는 것이라는 사실을 아는 사람이 과연 몇이나 됐을까? 1990년대 중반 우리는 음식료, 소비재 등의 제조 기업의 연쇄 부도와 구조 조정을 목격한다. 하선정액체육젓으로 잘 알려진 하선정 종합식품과 해찬들은 경영 악화 끝에 결국 CJ그룹에 인수됐고, 삼포식품은 오뚜기에 인수됐다. 파스퇴르 우유는 한국야쿠르트에 인수됐다. 유통 할인점에 의해 제품 가격이 낮아지자 손익 분기점을 맞추지 못하는 상황이 벌어진 것이다.

제조 기업(소비재)의 위기를 가장 상징적으로 보여준 사건은 두산그룹의 사업 구조 조정이다. 1896년 조선 시대의 포목상 박승직이 설립한 두산그룹은 1990년대 중반이 되자 맥주, 식품 등 소비재 제품 위주로 사업을 영위했는데, 상당수가 이마트의 주요 판매 상품과 겹쳤다. 이는 두산에 직접적인 위기를 가져다주었다. 1995년 두산그룹은 당기 순손실 9,000억 원, 부채비율 625%로 경영 불안정 상태에 빠졌다.

이를 타개하기 위해 두산은 1996년 사업의 근간을 소비재 위주에서 중공업 위주로 바꾸는 작업에 착수했다. 한국의 대기업이 '사업 DNA'를 바꾸는 것은 유례가 없는 일이었다. 두산그룹은 주력 사업의 하나였던 동양맥주를 벨기에 인터브루에 매각했고, 김치 사업은 대상에 양도했다. 소비재로는 더 이상 이익을 내기 어렵다고 판단한 것이다. 두산그룹은 사업 구조조정에 성공하면서 지금의 중공업 위주의 기업으로 탈바꿈했다.

2000년대에는 TV 홈쇼핑, 인터넷 쇼핑몰 등의 신종 유통 대기업이 등장했는데, 이에 따라 한국의 제조 기업은 더욱 위축될 수밖에 없었다. 2015년 3월 현재 전국에는 400여 개의 대형 할인점이 영업하고 있고 시장 규모는 50조 원가량으로 추정된다.

1997년 말에 시작된 외환위기는 이런 균열에 직접적인 파열음을 촉발시켰을 뿐이다. 외환위기가 아니었더라도 한국의 안정적인 고용 사회는 붕괴될 처지였다. 기업 부도는 이미 진행되고 있었다. IMF 외환위기가 닥치기 전인 1997년 1월 30일 한보그룹이 부도 처리됐고 3월 20일에는 삼미그룹이 부도가 났다. 4월 22일에는 진로그룹이, 7월 15일에는 기아그룹이, 10월 15일에는 쌍방울그룹이 줄줄이 도산했다. 10월 말 미국 신용정보회사 S&P와 무디스가 한국 국가신용등급을 하향조정했다.

1997년 11월 21일 밤 10시, 임창열 당시 경제부총리가 정부 세종로청사에서 긴급기자회견을 열고 IMF에 구제 금융을 요청했다고 공식 발표했다. 기업의 줄도산, 명예퇴직, 노숙자 양산, 가족 해체 등 한국 사회의 지반을 흔들어 놓은 일대 사건의 신호탄이었다.

우선, 재계 서열 2위의 대우그룹이 공중 분해됐다. 김우중 창업주가 1967년 대우실업으로 창업한 대우는 섬유류의 급속한 수출 증대에 따라 비약적인 성장을 거듭, 1980년대에는 기계, 자동차, 조선, 전자통신 등을 아우르는 국내 최대 대기업 집단의 하나로 성장했다. IMF 외환위기 직전인 1995년 대우그룹은 산하에 대우자동차, 대우중공업, 대우전자 등 24개 계열사를 거느리며 재계 서열 2위를 기록했다. 그러나 IMF 외환위기로 대우그룹은 직격탄을 맞았다. 1999년 8월 대우그룹 계열사들은 잇따라 부도를 내면서 워크아웃 대상 기업으로 지정됐다. 대우그룹 해체는 어쩔 수 없는 수순이었다. 이 시기에 공중분해됐거나 해체된 기업은 대우그룹만이 아니었다. 한라, 진로, 해태 등 30대 그룹의 절반 이상이 사라졌고,

고합, 거평, 나산, 뉴코아, 새한, 신호, 아남, 한일 등 숱한 대기업들도 법정관리, 화의, 워크아웃에 들어갔다.

기업들은 살아남기 위해 강도 높은 구조조정을 실시했다. 이 시기에 삼성그룹이 계열사를 65개에서 40개로 줄였고, 현대그룹은 63개에서 30개로 줄였다. LG는 53개를 30개로, SK는 42개를 20개로 축소했다. 직장인들은 하루아침에 거리로 내몰렸다. '조상한제서(조흥은행, 상업은행, 한일은행, 제일은행, 서울은행)'로 불리며 가장 잘나가던 시중은행의 하나였던 제일은행에서 '눈물의 비디오'가 만들어진 것도 이 시기였다.

1998년 1월 촬영된 이 비디오에는 고용 사회를 지내온 한국 노동자들의 가치관과 일상이 고스란히 담겨 있다. 이 비디오에는 해고가 확정됐으면서도 잔업을 처리하기 위해 책상에 앉아 일을 하는 행원들의 모습이 나온다. 회사의 이익을 자신의 이익보다 우선시하는 고용 사회의 단면이었다. 이들은 자신이 해고되지 않으면 동료가 피해를 입을 수 있다는 우려에 희망퇴직을 신청했다. 전체를 위해 개인이 희생하는 것을 당시까지만 해도 미덕으로 여기던 고용 사회의 풍경이었다. 15년간 근무했다는 어느 여자 행원은 비디오에서 "앞으로 네 일 내 일 가리지 말고 우리라는 생각으로 임해 제일은행을 꼭 일으켜달라."며 눈물을 펑펑 흘렸다. 본인의 요청으로 모자이크 처리된 화면 안에서 엉엉 우는 여행원의 모습 때문에 '눈물의 비디오'라는 별칭이 붙었고 IMF 체제에 희생된 서민들을 상징하는 영상이 됐다. 영상 속 행원들은 하나같이 담담하다. "우리가 나가야 회사가 활력을 찾을 수 있다면 그렇게 해야 하는 것이 맞다고 본다." "남은 사람들은 잘되길 바란다." "우수한 직원들이 힘을 모아 으뜸 은행으로서의 명성을 되찾아달라."는 당부와 축복 일색이다. 앞으로 한국 기업의 구조조정 과정에서 이런 장면을 기대할 수 있을까?

정부는 구조조정을 용인할 수밖에 없었다. 기업과 경제를 살리는 것이 노동자의 고용 안정보다 우선이었기 때문이다. 1998년 한국 정부는 정리해고와 파견 근로제의 합법화를 발표했다. 이는 한국의 고용 사회가 막을 내렸음을 공식적으로 선언한 것이나 다름없었다. 이 과정에서 한때 200만 명이 넘는 실업자가 발생했다.

외환위기가 지나자 한국 사회는 완전히 달라졌다. 한국노동연구원의 2001년 조사에 따르면 한국의 기업에서 15년 이상 근속자가 전체 직원에서 차지하는 비율은 12.5%였는데, 이는 미국의 18.5%보다 낮았다. 그런가 하면 1년 미만 근속자의 비율은 한국 34.1%, 미국 21.7%로 한국 기업이 더 많았다. 3년 미만 근속자에서도 54.7%로 38.8%를 차지하고 있는 미국보다 열악했다. 한 직장에서의 평균 근속 연수 역시 한국 기업은 5.17년인 데 비해 미국은 7.16년이었다. 한국 기업의 고용 불안정성이 미국보다 더 커진 것이다. 한국의 고용 사회는 종말을 고한 것이다.

1998~2000년 3년간 30대 그룹과 공기업은 전체 노동자 149만 명 중 28%에 해당하는 42만 명을 권고 사직(15.4%), 계약 종료(8.4%), 정리 해

고(4.3%)의 형태로 해직시켰다. 반대로 계약직과 임시직의 수는 급증했다. 통계청 자료에 따르면 1996년 12월 임금 노동자 가운데 55.5%에 달하던 상용 노동자의 수는 2002년 3월이 되면서 48.6%로 뚝 떨어졌다. 이것은 정규직으로 생계를 꾸려나가는 사람의 숫자가 전체 임금 노동자의 절반에도 미치지 못하게 됐음을 의미한다. 한국의 고용 사회 붕괴의 범위와 속도는 미국의 그것을 훨씬 뛰어넘는 수준이었다.

2015년 1월 현재 한국의 경제활동인구 1,800만 명 가운데 절반에 가까운 800만 명이 비정규직이다. 반면에 대기업 정규직은 10%(180만 명)에 불과하다. 삼성전자와 현대자동차의 공장을 둘러보면 예전 같지 않다는 사실을 확인할 수 있다. 공장은 여전히 활기차게 가동되고 있지만 현장에는 사람이 잘 보이지 않는다. 전자기술, 기계화가 진행됐기 때문이다. 정규직은 비정규직으로 대체되고 있고, 비정규직의 일자리는 감소하고 있다. 산업 자동화기기는 이제 용접은 물론 바퀴를 끼우는 일까지 다한다.

세상은 완전히 바뀌었다. 우리는 50여 년간 지속됐던 고용 사회의 종말을 목격한 세대로 기록될 것이다.

한국식 상업 자본주의의 탄생

한국은 1960년대 박정희 정권에 의해 산업 자본주의로 이행하기 이전에 상업 자본주의의 시기가 있었다. 상업 자본주의가 한국에 모습을 드러낸 것은 1940년대 해방 직후다.

1940년대 한국 상인들은 주로 중개 무역업에 종사했다. 중국의 톈진, 다롄, 칭다오 등에서 일본의 상사나 군용 창고에 보관 중이던 농산물, 공산품, 화공약품, 생필품을 한국으로 들여오는 방식이었다. 이런 물품을 구매하는 대신에 한국의 오징어, 인삼, 말린 새우, 한천을 현지에 판매했다. '정크 무역'으로 불리는 이 같은 중개 무역업은 수지 맞는 장사였다. 무역업자들은 큰 수익을 남겼다. 기록을 살펴보면 한 번 거래를 할 때마다 10배가량의 수익를 남겼다. 훗날 '백화점 왕'으로 성장한 박흥식이 자본을 축적한 계기가 바로 정크 무역이었다. 그가 운영하던 화신무역은 유럽, 아프리카, 동남아까지 진출할 정도였다. 박흥식은 이를 바탕으로 화신 백화점을 설립해 거상으로 성장했다.

정크 무역에서 시작된 한국의 상업 자본주의는 1950년 한국전쟁이 발발하자 '전시 무역'으로 발전했다. 당시 한국 기업의 주력 수출품은 고철과 탄피였다. 전쟁의 상흔으로 전국 방방곡곡에 고철과 탄피가 널려 있었는데, 이를 수집해 본과 홍콩으로 수출했다. 대신에 한국인들에게 꼭 필요한 설탕을 비롯한 먹을거리, 의류를 비롯한 생필품이 수입됐다. 한국 대기업의 상당수가 이 시기 전시 무역업을 통해 자본을 축적했다.

한국 상업 자본주의는 12세기 유럽의 야반도주한 농노가 유럽 각지를 돌아다니면서 이런저런 물건을 팔던 12세기에 비해 700여 년이 늦었다. 그렇지만 이후 한국의 자본주의는 빠르게 발전을 거듭해 글로벌 경제 대국의 수준으로 도약했다.

- 한국의 고용 사회는 1961년 집권한 박정희 대통령이 경제개발에 나서면서 시작됐고, 1980년대 들어 고용 사회는 정점에 도달했다. 이 기간 대기업은 정부의 대기업 육성 정책에 따라 확고한 과점 체제를 형성하면서 노동자들에게 안정적인 일자리를 제공했다.

- 1990년대 들어 수입 자유화가 진행되면서 한국 주요 산업의 과점 체제는 허물어지기 시작했고 국내 기업들은 경쟁에 내몰리게 됐다. 여기에 이마트를 비롯한 대형 유통 할인점의 등장으로 유통 파워가 강력해지면서 제조 기업의 힘은 더욱 위축됐다.

- 1997년 IMF 외환위기를 거치면서 한국의 고용 사회는 완벽하게 붕괴됐다. 이제 우리는 다가오는 새로운 시대를 대비해야 한다.

'정답' 없는 세상에서 살아남기

배울 각오만 돼 있다면 어떤 결정도 헛되지 않다. 어느 누구도 모든 결정에서 성공할 수는 없다. 항상 최선을 다하며 실수를 두려워하지 않는 마음가짐은 어떤 결정도 내리지 못하고 늘 그대로 두려움에 떨며 사는 삶을 극복하게 해준다.

신기술, 그 확장성에 주목해야 하는 이유

'기술 혁신'이 몰고 오는 파장

물이나 공기처럼 우리가 당연하게 생각했던, 그래서 영구 불변의 체제인 것처럼 여겨졌던 고용 사회가 종말을 고하는 것을 지금 우리는 목격하고 있다. 내가 피곤하고 지칠 때 고개를 돌려보면 언제나 그 자리에서 나를 반겨주고 있을 것만 같던 그런 세상은 얼마나 위안이 됐던가? 그러나 이제 그런 세상은 존재하지 않는다. 고용 사회의 종말은 이제 피할 수 없는 현실이다. 그렇다면 우리는 자연스럽게 다음과 같은 궁금증을 갖게 된다.

고용 사회가 막을 내린 이후에는 어떤 세상이 펼쳐질 것인가?

이 질문에 대해 명쾌하게 답을 내놓고 있는 전문가는 아직 아무도 없다. 그렇게도 많은 학자와 전문가들이 백가쟁명식의 논쟁을 벌이고 있지만 명쾌한 해법은 도출되지 않고 있다. 그만큼 이것은 인류가 풀어야 할 버거운 숙제다. 고용 사회 이후의 세상에 대해 답하는 것이 어려운 이유는 그간 자본주의의 역사가 너무 짧아 참고할 만한 이전의 시대가 없다는 것과도 관련이 있다. 우리는 태어날 때부터 자본주의를 접했기 때문에 이 체제가 인류 역사상 영구불변의 장구한 체제일 것으로 지레 짐작하고 있다. 그렇지만 자본주의의 역사는 정말이지 얼마되지 않는다.

우리가 대면하고 있는 자본주의는 12세기 중세 유럽의 봉건제를 파괴하면서 처음 모습을 드러냈다. 이 시기에 등장한 자본주의를 '상업 자본주의'라고 하는데, 지금 산업 자본주의와는 차이가 있다. 상업 자본주의를 탄생시킨 주인공은 12세기 중세 유럽에서 최하위 계층이던 '농노'였다. 이들은 장원莊園으로 불리는 공간에서 가렴주구에 시달렸다. 자신들이 생산하는 재화의 7할가량을 영주에게 바쳤고, 여기에 각종 세금을 내느라 허리가 휘어질 지경이었다. 이것도 모자라 그들은 성직자에게도 이런저런 재화를 바쳐야 했다. 중세 유럽의 농노의 수명이 30세를 넘지 못했던 이유가 여기에 있다.

이런 가혹한 세상을 탈출해 일부 농노가 야반도주를 감행했다. 야반도주한 농노는 호구지책으로 상인으로 변신해 중세 장원들을 헤집고 다니며 장원의 거주자들에게 필요한 물건을 팔았다. 이것이 성공을 거두면서 상인으로 변신한 '농노'는 상업 자본가로 성장했다. 이들은 중세 장원과 독립된 공간인 도시에서 자신들만의 세상을 만들었는데, 이 도시가 바로 인류 역사상 최초의 자본주의인 상업 자본주의의 터전이 됐다. 12세기 베네치아 공화국, 피렌체 공화국 등은 대표적인 상업 자본주의 국가였다.

이들 도시 국가의 상업 자본주의는 600여 년간 완만하게 유럽 전역에 퍼져나갔다. 그것은 마치 물방울이 조금씩 스펀지에 스며드는 것 같아서 당대의 사람들은 그 변화를 인식하지 못했다. 그러다 1776년 제임스 와트가 증기기관을 세상에 내놓으면서 상업 자본주의는 지금 우리가 대면하고 있는 '산업 자본주의'로의 거대한 이행을 시작한다. 이때부터 사회는 요동쳤다. 전통의 명망 귀족이 하층 계급으로 몰락하는가 하면, 이발사, 공장의 작업반장 같은 소외된 계층의 사람들이 기회를 붙잡아 산업 자본가로 변신해 당대의 지배 계층으로 올라섰다. 한마디로 이 시기는 과도기였고 고정된 형태라고 말하기 어려웠다.

이런 상태를 안정되고 고정된 모습으로 만든 인물이 헨리 포드였다. 앞서 언급했듯이 포드는 1900년대 초반 포디즘으로 고용 사회를 열어젖혔고, 이 결과 인류는 비로소 사회 구성원의 대다수가 풍요를 누리는 시대로 진입했다. 1776년 제임스 와트가 증기기관을 세상에 내놓고, 헨리 포드가 1903년 포드 자동차 회사를 설립하기까지의 기간은 127년에 불과하다. 이 기간은 과도기였다. 한마디로 지금의 산업 자본주의는 헨리 포드의 포디즘을 계기로 막을 올린 고용 사회와 그 이전의 과도기의 두 가지 세상이 전부라고 해도 과언이 아니다. 사정이 이러한데 고용 사회 다음의 세상을 참고하는 도움이 될 만한 이전의 시대가 뭐가 있겠는가?

다가오는 새로운 세상을 예측하기 위해 상상력과 직관, 추론을 동원해야 하는 여기에 있다. 고정관념은 해롭다. 당신이 그간 당연하다고 생각해온 것들, 학교에서 주입식으로 배운 것들을 배제하고 제로베이스에서 상상력의 날개를 펼쳐야 할 것이다.

우선, 가능한 몇 가지 정리를 해보자. 자본주의는 몇 차례의 변화를 겪었는데, 이 변화를 주도한 원인은 무엇인가? 우리는 이미 이 질문에 대한 해답을 알고 있다. 그것은 바로 '신기술'이다. 신기술이란 '새롭고 더나은 방식으로 무언가를 가능하게 해주는 수단, 공법, 프로세스' 등을 말하는데, 18세기 중반 산업 자본주의 등장 이후에 벌어지고 있는 변화를 설명하는 키워드다.

미국 고용 사회의 막을 올린 것은 헨리 포드의 포디즘이라는 신기술이었다. 헨리 포드는 표준화와 분업화를 특징으로 하는 테일러리즘에, 컨베이어 벨트에 기반한 대량생산 방식을 결합해 포디즘을 만들어냈다. 포디즘은 세상을 바꾸었다. 미국은 포디즘의 성공을 계기로 농업 기반 사회를 뒤로하고 고용 사회로 진입했다.

그렇다면 고용 사회의 막을 내리게 한 것은 무엇인가? 이것 역시 신기술이다. 미 국방부가 소련과의 군사 대결에서 승리하기 위해 개발한 컴퓨터, 반도체, 인터넷이 기업과 사회에 스며들면서 고용 사회는 붕괴음을 냈다. 실은 우리가 세상을 보내고 있는 산업 자본주의를 탄생시킨 것도 제임스 와트가 1776년 내놓은 증기기관이라는 신기술이었다(1776년은 애덤 스미스가 《국부론》을 출간한 해이기도 하다). 증기기관은 우선 방직 공장에 채택됐고, 이어 탄광, 방앗간, 철강 공장, 기차에 사용되면서 유럽의 상업 자본주의를 산업 자본주의로 바꾸었다.

한마디로 신기술은 단지 생활의 편리를 가져다주는 것에 그치지 않고 사회의 패러다임과 구조 자체를 바꾸는 것이다. 우리가 신기술의 등장에 촉각을 곤두세워야 하는 이유가 바로 여기에 있다.

신기술은 왜 자본주의 시대에 들어와서야 역사를 바꾸는 동력으로 떠오른 걸까? 인류 역사를 돌이켜보면 자본주의 등장 이전까지 신기술은 지극히 간단한 것조차 세상에 등장하기까지 지독히 오랜 시간이 걸렸음을 확인할 수 있다.

'말이 신는 신발'을 의미하는 '편자'(사진①)가 여기에 해당한다. 편자는 무게 300g, 두께 10mm 정도의 작고 납작한 철판인데, 생김새를 보면 만드는 게 실상 어려워 보이지 않는다. 그런데 이것을 발굽에 착용한 말과 그렇지 않은 말의 생산성은 엄청난 차이를 보인다. 편자를 착용한 말은 지표면에서 미끄러지지 않기 때문에 충격을 흡수하면서 밭을 깊게 갈 수 있고, 수레를 효율적으로 끌 수 있다. 그런데 이렇게 유용한 편자가 유럽에서 대중화한 것은 놀랍게도 13세기에 들어서였다.

이 시기에 북유럽의 농민들이 말에 편자를 부착해 밭갈이에 사용하면서 생산성이 증대됐다. 당시 북유럽의 토양은 습기에 민감해 말발굽이 쉽게 물러졌는데, 말에 편자를 부착하자 이 문제가 해결된 것이다. 13세기

① 편자   ② 등자

는 유럽에서 자본주의가 막 발흥하기 시작한 시기이기도 하다. 유럽인들은 13세기 이전의 1,300년 동안 편자를 사용하지 않았다. 편자는 기원전 로마 시대에 사용됐다가 로마의 멸망과 함께 잊혀졌고, 이후 1,300년 동안 유럽인들은 편자 없는 말을 활용해 밭을 갈았다. 당연히 생산성은 극도로 낮았고, 유럽인들은 굶주림에 시달렸다. 이처럼 자본주의 이전의 기술 발전은 이렇게 극도로 더디게 진행됐다.

기수가 말의 움직임을 제어하는 데 사용하는 등자鐙子(사진②)도 사정은 마찬가지다. 등자란 기수가 말에 오르거나 말을 달리게 할 때 양발을 끼워 안정을 유지하는 일종의 받침대인데, 안장鞍裝에 매달아 사용한다. 등자 역시 만들기가 어렵지 않은데, 이것이 부착된 말과 그렇지 않은 말의 차이는 엄청나다. 말에 등자가 없다면 기수는 균형을 잡을 수가 없다.

등자가 없는 말을 타는 기수는 두 다리만으로 허리를 조여 몸을 고정시켜야 했는데, 이는 몹시 위험하고도 고된 일이었다. 반대로 등자가 장착된 말을 타면 기수는 몸을 안정적으로 유지하면서 손이나 팔을 활용해 활을 쏠 수도 있고, 다른 작업을 할 수도 있었다.

이처럼 유용한 등자가 유럽에서 사용된 것은 9세기였다. 이전의 1,000년 가까이 유럽인들은 등자를 활용하지 않아 기수가 고통스럽게 말을 타고 다녀야 했다. 편자와 마찬가지로 등자도 제조하기에 어려운 것이 아니고 원재료가 귀한 것도 아니다. 그런데 유럽인들은 수백 년, 수천 년 동안 말과 함께 지내면서도 등자나 편자를 만들 생각을 하지 않은 것이다. 이는 자본주의 이전 시대의 사람들이 얼마나 기술 개발에 관심을 갖지 않았는지를 잘 보여준다.

그렇다면 왜 자본주의 이전 시대의 사람들은 믿기 힘들 정도로 기술 발전에 무관심했을까? 이유는 간단하다. 자본주의 이전 사회는 신기술의 개발자나 발명가에게 아무런 보상을 하지 않았기 때문이다. 생각해보라. 중세 유럽의 농노가 말에 편자나 등자를 부착한다고 해서 그의 신분이 개선되거나 형편이 나아지는 것이 아니었다. 오히려 새로운 기술이 나오면 그는 노동의 부담이 늘어날 뿐이었다. 생산성이 늘어날 경우 그 이익은 고스란히 영주나 기사의 몫이었다. 농노에게 노동이란 태어날 때부터 묵묵히 수행해야 하는 의무일 뿐이었다. 이런 상황에서 누가 새로운 기술을 개발하려 나서겠는가?

심지어 신기술은 자본주의 이전 시대에는 체제 안정을 위협하는 것으로 저지되기도 했다. 고대 중국은 세계 최초로 시계를 만들었지만, 황제의 마음속에 있는 날짜와 시간을 일반인이 정하는 것은 불경하다는 이유로 시계를 발명한 중국인은 '목이 날아갔다.' 중국에서 발명된 또 하나의 획기적인 발명품은 비단이었다. 그러나 발명가에게 시장을 만들어주기는 커녕 기술 유출을 막는다는 명분으로 그를 감옥에 가두었다. 외국인에게 비단 제조 기술을 누설하는 장인이 발각되면 능지처참을 했다. 사정이 이러니 누가 신기술 개발에 나서겠는가? 중국은 나침반, 화약, 시계, 비단, 도자기 등 숱한 발명품을 만들고도 더 이상의 발전을 하지 못했다.

그러나 자본주의 시대가 열리자 사정은 달라졌다. 본격적인 자본주의 시대에 들어서며 신기술이나 신공법, 새로운 기계를 개발한 사람에게 직접적인 보상이 주어진 것이다. 이는 개인에게 기술 개발의 강력한 동기를 부여하는 계기가 됐다. 그러자 신기술은 더욱 무섭게 등장하기 시작했다.

여기서 주목할 것은 신기술이 단지 생산성 향상에만 그치지 않고, 세상의 풍경과 패러다임 자체를 바꾼다는 사실이다. 예를 들어 제임스 와트의 증기기관 등장을 계기로 인류는 상업 자본주의를 뒤로하고 산업 자본주의라는 새로운 세상으로 이행했다. 헨리 포드의 포디즘도 마찬가지다. 또한 1970년대 중반의 컴퓨터, 인터넷 등의 전자 기술은 고용 사회의 붕괴를 가져왔다. 이것이 자본주의 체제의 가장 큰 특징이다.

　신기술은 단지 생산성 증대나 생활의 편리함을 가져오는 것이 아니라는 사실이 중요하다. 신기술은 삶의 패러다임과 가치관, 고정관념까지 바꾸는 결과를 가져온다.

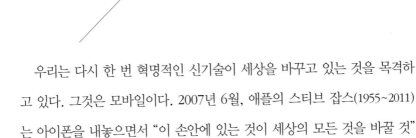

지금껏 없던 새로운 세상

구글 안경을 쓴 로봇과 매장 직원

우리는 다시 한 번 혁명적인 신기술이 세상을 바꾸고 있는 것을 목격하고 있다. 그것은 모바일이다. 2007년 6월, 애플의 스티브 잡스(1955~2011)는 아이폰을 내놓으면서 "이 손안에 있는 것이 세상의 모든 것을 바꿀 것"이라고 공언했는데, 그의 예언은 적중했다.

증기기관, 인터넷, 반도체, 컴퓨터도 이 세상을 바꾸었지만 모바일이 몰고 오는 변화는 이것들과는 차원이 다르다. "인류 역사는 '아이폰 이전의 시대'를 의미하는 'BIBefore iPhone'와 '아이폰 이후의 시대'를 의미하는 'AIAfter iPhone'로 나뉠 것"이라는 예측이 나오는 이유가 여기에 있다.

왜 모바일은 이전의 신기술이나 새로운 기기보다 더 혁신적으로 여겨지는 걸까? 그것은 확장성expandability 때문이다. 확장성이란 어느 신기술

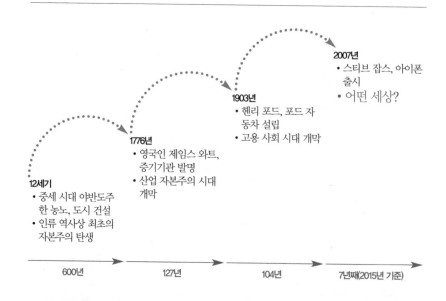

2007년
• 스티브 잡스, 아이폰 출시
• 어떤 세상?

1903년
• 헨리 포드, 포드 자동차 설립
• 고용 사회 시대 개막

1776년
• 영국인 제임스 와트, 증기기관 발명
• 산업 자본주의 시대 개막

12세기
• 중세 시대 야반도주한 농노, 도시 건설
• 인류 역사상 최초의 자본주의 탄생

600년   127년   104년   7년째(2015년 기준)

자본주의 체제의 변천사

이 얼마나 다양한 산업과 분야에 적용될 수 있는가를 말한다. 신기술의 파괴력은 확장성과 비례한다. 편자나 등자는 확장성이 크지 않았다. 그것은 단지 말의 기능을 향상시키는 수준에 머물렀다. 그래서 편자나 등자는 인류의 패러다임을 바꾸었다고 말할 수 없는 것이다.

인류 역사상 기능의 우수성에도 불구하고 확장성이 현저히 떨어지는 발명품으로는 안경이 있다. 안경은 인간의 시력을 강화시켰지만 세상을 바꾸지는 못했다. 확장성이 현저히 떨어졌기 때문이다. 안경은 인간의 눈 위에 장착되는 것에서 한걸음도 나아가지 못했다.

여기에 반해 증기기관과 포디즘은 확장성이 뛰어나 인류 역사를 바꾸었다. 그렇지만 그나마도 모바일에 비하면 확연히 확장성이 떨어진다. 증기기관은 공장에서만 채택됐을 뿐이며, 일반 가정에까지 보급되지는 않았다. 다시 말해 일반 가정에서 증기기관을 사용하는 경우는 극히 드물었다. 포디즘도 개인의 영역에까지 침투하지는 못했다. 그러나 스티브 잡스가 내놓은 모바일의 확장성은 증기기관이나 포디즘을 능가한다. 모바일이라는 신기술은 어느 산업으로까지 확장될 수 있느냐보다, 이 신기술이 적용될 수 없는 곳이 어디인가를 생각해보는 것이 더 효율적이다. 모바일의 확장성은 그만큼 뛰어나다. 이게 무슨 말인지를 설명하지 않아도 이해될 것이다.

모바일의 뛰어난 확장성은 인류를 실시간으로 하나의 세상으로 연결시켰다. 이를 '연결된 세상' 혹은 '연결 사회'라고 말한다. 물론 모바일이 세상을 하나로 연결시킨 최초의 신기술은 아니다. 세상을 하나로 통합한 최초의 신기술은 인터넷이다. 1970년대 미 국방부 주도로 시작된 인터넷은 시간과 공간의 제약을 뛰어넘어 지구촌 사람들을 연결시켰다. 하지만 인터넷의 관계망 확장은 한계를 갖고 있었다. 사람들은 인터넷에 접속하기 위해 사무실 책상이나 거실로 이동해 컴퓨터를 켜야 했다. 그리고 부팅이 되기까지 기다려야 했다. 하지만 모바일은 이런 불편을 일거에 해소시켰다. 이제 사람들은 모바일의 단추만 클릭하면 곧바로 지구촌의 모든 사람들과 실시간으로 소통할 수 있게 된 것이다. 우리는 한 개인이나 집단의 아이디어가 소셜 미디어를 통해 전 지구적으로 소통되고, 순식간에 상용화가 가능한 초연결 사회를 보내고 있다. 개인이 유튜브에 올린

피처폰 시기(1984~)
• 모토로라, 세계 최초 상용 휴대폰 다이나텍 8000X 출시(1983)
• 노키아, 모토로라, 소니 에릭슨, 삼성전자의 각축전
• IBM, 세계 최초 스마트폰 사이먼 개발(1994)
• 노키아, 스마트폰 노키아 9000 출시(1997)

스마트폰 태동기(2007~)
• 애플, 아이폰 출시(2007. 6) : 74일 만에 100만 대 돌파
• 애플, 아이폰 3G 출시(2008. 7. 11) : 21개국에서 3일 만에 100만 대 돌파
• KT, 애플 아이폰 국내 판매 시작(2009. 11)

급성장기(2010~)
• 삼성전자, 갤럭시S 출시(2010. 5) • 애플, 아이폰4 출시(2010. 6)
• 국내 스마트폰 가입자 720만 명(2010. 12) : 점유율 15%
• 삼성전자, 갤럭시S2 출시(2011. 4)
• SKT, 애플 아이폰 도입(2011. 2) • 국내 스마트폰 가입자 수 1,500만 명(2011. 6. 30)
• 세계 스마트폰 판매 대수 4억 대(2011)

업계 재편기(2012~)
• 스마트폰 활용에 필요한 소프트웨어(앱) 발전
• 국내 스마트폰 이용자 2,670만 명(2012. 7. 24)
• 삼성전자, 갤럭시S3 출시(2012. 5) • 삼성전자, 세계 스마트폰 판매량 1위 등극(2012. 3)
• 샤오미, 중국 시장 점유율 1위(2015. 1) • 애플, 아이폰6 출시(2015. 1)

스마트폰의 역사

동영상은 전 지구적으로 공유된다. 모바일 그리고 모바일이 태동시킨 소셜 미디어는 이 세상을 연결된 세상으로 변모시키고 있다.

모바일이 인류 사회를 연결 사회로 만들 수 있는 힘은 편리성과 휴대성 때문이다. 이제 모바일은 우리에게 '걸어 다니는 제2의 분신'이다. 길거리에서 혹은 지하철에서 당신 주변의 사람들을 둘러보라. 무얼 하고 있는가? 예외 없이 손안의 스마트폰에 시선을 집중하고 있을 것이다. 이제

인류는 잠자리에서도 스마트폰을 만지작거린다. 더 이상 설명이 필요 없다. 오늘 하루 당신이 수행했던 다양한 의사 결정 과정을 생각해보라. 길을 탐색하거나, 음식점을 찾거나, 상품을 검색했을 것이다. 이 과정에서 의사 결정에 결정적인 역할을 한 것은 모바일이었을 것이다. 우리는 이제 음식점이나 길을 기억하지 않는다. 다만 그 해답이 스마트폰에 있다는 것을 알고 있을 뿐이다.

우리가 의식하지 못하는 사이에 모바일이 안내자이자, 두뇌 역할을 하고 있음을 알 수 있다. 이 정도라면 인간의 모든 것을 지배하는 것이나 마찬가지다. 모바일이 제2의 분신이라는 것은 기존의 패러다임을 바꾸는 것을 의미한다. 이점에서 모바일은 인류가 도구를 사용해 진화를 시작한 이래 하나의 정점을 찍은 사건으로 기록될 것이다.

편의성을 무기로 하는 모바일은 대중화의 속도가 인류 역사상 유례가 없는 수준으로 빠르다. 2007년 6월 애플의 스티브 잡스가 아이폰I을 세상에 내놓은 지 8년이 지난 2015년 4월 현재 지구상 스마트폰의 사용자는 20억 명에 달하고 있다. 이는 현재 지구상에 존재하는 인구 72억 명의 27%에 해당한다. 인류 역사상 이렇게 빠른 속도로 보급된 기기는 없었다. 이미 스마트폰의 판매량은 이전의 혁신적인 기기로 일컬어지는 PC보다 5배가 넘는다. 2020년이면 스마트폰 사용자는 40억 명으로 지금의 두 배로 늘어날 전망이다. 지구상의 인구의 과반수, 경제 활동 인구의 대다수가 스마트폰을 사용하게 되는 것이다. 중국에서는 2015년에만 5억 명의 새로운 스마트폰 사용자가 나올 것으로 예측되고 있다.

여기서 우리는 다시 한 번 궁금증을 가질 수밖에 없다. 모바일은 세상을 얼마나, 어떻게 바꾸게 될까? 이 질문에 관해 백가쟁명식의 논쟁이 벌어지고 있는데, 아직까지 어느 학자나 전문가도 명쾌한 해답을 제시하지 못하고 있음을 보게 된다. 다만 이런 논쟁에는 한 가지 공통점이 있는데, 그것은 어떤 시기를 넘어서고 나면 인류 사회에는 새로운 패러다임이 정착돼 그 사회가 질서 있게 구동될 것이라는 전제를 깔고 있다는 것이다.

레이 커즈와일Ray Kurzweil이 말하는 '특이점의 사회singularity society'가 여기에 해당한다. 컴퓨터공학을 비롯해 모두 8개 분야에서 박사 학위를 갖고 있는 천재 과학자이자 구글의 인공 지능 부문을 맡고 있는 커즈와일은 2029년이 되면 인류는 이전의 세상과 단절되는 특이점의 사회가 온다고 말한다.

커즈와일은 대부분의 직장 업무가 모바일과 인공 지능에 의해 수행되면서 인류 문명에 근본적인 변화가 일어날 것이라고 예측한다. 더 나아가 2045년이 되면 인간 전체를 합친 두뇌보다 컴퓨터의 두뇌가 10억 배 이상 더 큰 힘을 발휘할 것이라고 내다보고 있다. 이때는 인공 지능의 기능이 탁월해져서 오직 인간만이 할 수 있다고 여겨지는 업무까지 대체할 것이라고 그는 밝히고 있다. 이 세상이 도래하면 인류 사회에는 어떤 새로운 질서가 정착될 것이라는 전제를 깔고 있다.

그런데 실은 앞으로 인류 사회에 새로운 질서가 정착되는 그런 세상은 영원히 오지 않을 것이다. 다시 말해 앞으로 인류는 영원히 정해진 질서가 없이 수시로 패러다임이 바뀌는 세상을 살게 될 것이다. 어떤 정해진 질서가 지배하는 세상은 단언컨대 헨리 포드가 창조했던 고용 사회가 마지막이 될 것이다. 왜 그런가?

이유는 간단하다. 신기술은 세상을 바꾸는 핵심 동인인데, 시간이 흐를수록 기하급수적으로 쏟아지는 양상을 보이고 있기 때문이다. 현재 지구상에는 모바일 말고도 획기적인 신기술들이 동시다발적으로 쏟아지고 있다. 인공지능, 빅데이터, IoT사물 인터넷, 핀테크, 전자 결제, 산업 자동화, 바이오, 줄기세포, 의료기기 등이 여기에 해당한다. 하나 하나가 만만치 않은 파괴력을 갖고 있다. 이런 신기술은 앞으로도 더 많이 쏟아질 것이다. 자본주의는 신기술의 개발자에게 보상하는 체제기 때문이다.

사정이 이런데 어떻게 고정된 질서가 등장할 수 있겠는가? 실은 지금 우리가 겪고 있는 세상이 앞으로 영원히 전개될 세상이다. 이제 우리는 변화를 일상적인 일로 받아 들여야 하는 시대를 보내게 된 최초의 세대로 기록될 것이다. 이제 우리는 어떤 준비를 해야 하는가? 확실한 것은 다가오는 새로운 세상에서 '넓은 문'은 더 이상 없을 것이라는 사실이다. 이것이 다가오는 새로운 세상과 지금의 고용 사회의 가장 큰 차이점이 될 것이다.

고용 사회에서 우리는 남들이 하는 대로 따라 하면 안온한 삶의 길이 보장됐다. 남들과 똑같이 학교에 다니고, 남들과 똑같이 취업을 하고, 남들과 똑같이 연금을 받으면 별다른 문제가 없었다. 하지만 다가오는 세상에서는 이런 형태의 삶은 쉽지 않을 것이다.

연결된 세상에서는 다른 사람과 똑같거나 평범하면 누구도 거들떠보지 않는다. 생각해보라. 모바일을 켜면 많은 정보가 쏟아지는데 당신이 다른 사람보다 특별히 나은 점이 없고 고만고만하다면 누가 거들떠보겠는가? 이것이 다가오는 새로운 세상과 고용 사회의 가장 큰 차이점이다.

다가오는 새로운 세상이 일자리 창출에 우호적이지 않다는 것도 분명하다. 신기술은 본질적으로 일자리 창출에 우호적이지 않다. 자본주의의 역사를 돌이켜보면 그간의 신기술 가운데 사회 구성원들의 고용 관행에 우호적이었던 것은 포디즘 하나뿐이었다는 사실을 우리는 발견하게 된다.

포디즘은 확실히 노동자의 고용을 확대시켰다. 헨리 포드의 포디즘은 대규모 노동자 채용을 이끌었고, 이에 따라 고용 사회가 열리면서 사회 구성원의 대다수를 풍요롭게 만들었다. 기술 발전이 대규모 노동자의 필요성을 증대시킨 것이다. 그런데 그것뿐이다. 강조컨대 자본주의 역사에서 대중에게 우호적이었던 신기술은 포디즘이 사실상 전부다. 포디즘을 제외한 거의 모든 신기술은 일자리를 빼앗아갔다.

포디즘이 만들어낸 고용 사회의 막을 내리게 한 것도 알고 보면 컴퓨터를 필두로 하는 신기술이었다. 컴퓨터를 비롯한 신기술은 기업 간 경쟁을 격화시켰고, 기업은 살아남기 위해 임직원들의 대규모로 구조조정하고 있다. 조만간 구글 안경을 쓴 로봇이 매장에 들어선 고객의 마음을 읽고 이 고객이 가장 좋아하는 제품을 내놓는 시대가 올 것이다. 구글 안경을 쓴 로봇은 소셜 미디어에 기반한 빅데이터 분석을 통해 고객이 성향을 완벽히 파악한터라 직원보다 훨씬 더 고객 지향적인 서비스를 제공할 수 있다. 그러면 지금의 매장의 마케팅 담당 직원은 어떻게 될까?

우리는 이 현실을 이미 몸으로 체험하고 있다. 넘쳐나는 실업자들과 구조조정 대상자들, 취업 준비생들이 이를 증명한다. 우리는 기업의 구조조정이 일상적으로 진행되고 있는 현실에 이제는 무감각하다. 그렇다고 신기술을 애써 외면하거나 신기술과 맞서 싸운다? 이것이 얼마나 부질없는 짓인가는 그간의 역사가 증명한다.

산업혁명으로 전기가 보급되던 19세기 후반 미국에서 인기를 끌었던 소설 《존 헨리의 전설The legend of John Henry》은 이 사실을 상징적으로 보여준다. 이 소설은 철도 건설 현장에서 일하는 힘센 일꾼 존 헨리와 증기 드릴의 대결을 다루고 있다. 당시 건설 노동자들은 바위에 구멍을 뚫고 구멍을 폭발물로 메운 다음 폭발시켜 산비탈에 터널을 뚫었다. 헨리는 기계와의 경주에서 승리했다. 그러나 그는 증기 드릴과의 대결에서 힘을 너무 쓴 나머지 심장이 터져 죽고 만다.

15세기 구텐베르크(1394~1468)에 의해 인쇄술이 개발되자 필경사들은 갑작스럽게 일자리를 위협받았다. 구텐베르크의 인쇄술이 등장하기 전까지 필사본 성경 한 권의 가격은 60굴덴으로 어지간한 농장 하나와 맞먹었다. 필경사는 일반 노동자보다 수십 배 높은 수입을 받던 고소득 전문직이었다. 그러나 저렴하고 대량으로 책이 만들어지자 필경사들은 순식간에 위기에 처했다. 일부 필경사들은 더 열심히 글을 쓰는 것으로 대처했지만 결과는 너무나 명확했다. 필경사들은 모두 일자리를 잃고 비숙련 노동자로 전락했다.

우리는 이처럼 노동의 종말을 일상적으로 목격하고 있다. 은행 직원을 통하지 않고 자동입출금기기ATM를 통해 현금을 인출하고 있고, 공항에서 카운터 직원의 도움이 없이도 무인 발권기에서 항공권 출력과 좌석 배정을 받을 수 있다. 은행 창구에서 현금을 꺼내주던 은행원, 공항에서 발권기 출력을 안내해주던 직원은 다 어디로 갔을까?

참으로 급변하는 시대를 우리는 보내고 있다.

우리는 누구나 '생산 수단'을 가질 수 있다

다가오는 시대의 새로운 기회들

너무 암담한 이야기만 한 것인가?

실은 내가 하고자 하는 이야기는 비관론이 아니다. 오히려 그 정반대다. 위기는 기회를 동반한다는 말은 언제나 진리다. 다가오는 새로운 세상은 특징이 있다. 다음의 세 가지는 상당한 정도로 확실하다고 말할 수 있다. 이 세 가지 특징을 적절히 활용하는 자는 다가오는 새로운 세상에서 살아남을 수 있을 것이다.

첫째, 다가오는 새로운 사회에서는 누구나 '생산 수단'을 보유할 수 있게 된다. 우리는 이미 이런 변화를 목격하고 있다. 생산 수단이란 제품이나 서비스를 만들어낼 수 있는 매개체를 말하는데 산업 자본주의 시대에는 공장, 기계 장치 등이 생산 수단이었다. 생산 수단이 얼마나 중요한지는 마르크스의 《자본론》을 읽어본 독자라면 실감할 것이다. 생산 수단을 활용해 상품이나 서비스를 만들어내 소비자에게 판매하면 이익이 창출되며, 이 결과 생산 수단의 소유자는 부를 쌓게 된다. 생산 수단은 한 사회에서 가진 자와 그렇지 않은 자를 갈라놓는 가장 큰 변수다. 산업 자본주의 시대에 산업 자본가가 지배계급으로 올라선 이유도 생산 수단을 독점했기 때문이다.

고용 사회에서의 주된 생산 수단은 공장factory인데, 공장을 설립하고 운영하기 위해서는 막대한 자본이 소요된다. 이처럼 막대한 자본을 가진 자는 소수고, 그래서 이 소수에게 부가 집중되는 것이다. 예를 들어 헨리 포드는 자동차 공장을 소유한 자본가였고, 이는 대중이 쉽게 가질 수 없는 것이었다. 고용 사회의 시대에 일반 대중은 자본이 부족하기 때문에 생산 수단을 확보하기가 대단히 어려웠다. 하지만 다가오는 새로운 시대에는 일반인도 생산 수단을 소유하기가 어렵지 않을 것이다. 왜냐하면 다가오는 새로운 시대는 플랫폼이 생산 수단으로 떠오를 것이기 때문이다.

구글, 페이스북, 유튜브, 네이버, 카카오톡은 모바일과 소셜 미디어가 만들어낸 대표적인 플랫폼이다. 플랫폼이 생산 수단이라는 사실은 누구나 실감할 것이다. 카카오톡이라는 플랫폼은 3,700만 명의 회원을 바탕으로 게임 서비스, 전자 지갑 등의 서비스를 제공하면서 수익을 창출한다.

이런 거창한 플랫폼 말고도 일반인이 만들어낼 수 있는 플랫폼은 많다. 네이버나 다음의 카페도 생산 수단이다. 수백만 명의 회원을 가진 네이버 카페의 운영자는 광고나 유료 서비스를 통해 이익을 창출할 수 있다. 가장 간단하게는 노트북이 당신의 플랫폼이자 생산 수단이다. 수백만 원만 있으면 고용 사회 시대의 공장을 하나를 마련하는 셈이다. 당신은 노트북을 활용해서 다양한 가치를 창출할 수 있다.

누구나 생산 수단을 소유할 수 있다는 것은 무엇을 의미하는가? 그것은 당신이 당신의 삶의 온전한 주체가 될 수 있다는 것을 의미한다. 고용 사회 시대에 노동자가 자신의 노동에서 창조성을 느끼지 못하는 이유는 생산 수단에서 소외됐기 때문이다. 노동자는 생산 수단을 소유한 기업가에게 고용돼 제품이나 서비스를 생산한다. 남에게 고용돼 일하는 것은 자신의 노동에서 소외된다는 것을 의미하기도 한다.

《인생 따위 엿이나 먹어라》의 저자 마루야마 겐지丸山健二는 "남에게 고용되는 처지를 선택하는 것은 자유의 9할을 스스로 방기하는 일"이라며 직장을 먹고살 걱정을 덜어주는 곳, 안정적인 곳이라고 믿는 직장인에게 독설을 날린다. 다가오는 시대는 당신이 생산 수단을 소유함으로써 당신의 노동의 주인이 될 수 있도록 해준다.

둘째, 다가오는 시대는 창의성을 발휘하는 자에게 반드시 보상한다. 이것이 고용 사회와의 가장 큰 차이점 중 하나다. 고용 사회에서는 창의성을 발휘하는 것은 소수의 직무에 종사하는 사람들에게만 장려됐다. 대다수의 평범한 직장인에게는 창의성보다는 묵묵히 참고 견디는 것, 나의 생각을 드러내지 않는 것, 지시를 충실히 이행하는 것이 장려됐다. 그런데 다가오는 시대에는 남과 다르게 생각하고 행동하는 자에게 보상한다. 다가오는 새로운 시대는 변화가 일상적으로 벌어지기 때문에 남이 보지 못한 것을 먼저 간파하고 기회를 찾아야 한다.

이런 새로운 환경에 적응하는 것은 고용 사회에 익숙해진 사람에게는 쉽지 않은 일이다. 고용 사회의 구성원들은 무엇을 하라는 지시를 받으면 잘한다. 하지만 그는 누군가가 무엇을 하라고 말해주지 않으면 아무것도 하지 못한다. 이제 이런 습성을 극복해야 한다. 다가오는 새로운 세상에서의 인생은 끝없는 승부의 연속이고, 스스로 내 인생을 선택해야 하고, 그 결과는 온전히 나의 책임이 될 것이다.

이제 우리는 인류 역사상 보기 드물게 하루하루를 전심전력을 다해서 살아가야 하는 시대를 맞이하고 있다. 고용 사회에서처럼 적당히 일해도 고정적인 급여가 나오는 시대는 갔다. 평화로운 시대에 인간은 안온함을 즐기며 살아간다. 그러다가 막다른 구석에 몰리면 젖 먹던 힘을 발휘한다. 씨름판의 경계선 같은 궁지에 빠지기 전에 위험을 예측하고 대비하는 일은 좀처럼 없다.

셋째, 다가오는 새로운 시대는 구성원들에게 지금보다 더 많은 기회를 가져다줄 것이다. 다시 말해 다가오는 새로운 시대에는 변화가 일상적이 될 것이며, 이에 따라 기회가 수시로 나타났다가 사라지기를 반복할 것이다. 고용 사회의 시대에는 기회가 많지 않았다. '살다 보면 세 번의 기회가 온다'는 말은 고용 사회에 딱 들어맞는 말이었다. 고용 사회 시대의 구성원들에게 세 차례의 기회란 열심히 공부해서 좋은 학교를 졸업하는 것, 좋은 직장에 취업하는 것 그리고 그 직장에서 승진하는 것을 의미했다. 이것 말고 기회는 그다지 많지 않았다.

고용 사회에서의 기회는 한 번 흘러가면 그것으로 사실상 끝이었고, 한 번 내 손에 놓친 기회를 다시 낚아채기는 쉽지 않았다. 출신 학교는 그 사람을 평생 따라다녔고, 한 번 입사한 직장은 옮기기 어려웠다. 그래서 '인생의 기회는 세 번'이라는 말이 고용 사회에서 나돈 것이다. '세 번의 기회'는 고용 사회에서 기회가 그만큼 많지 않았다는 사실을 보여주는 역설적 표현이기도 하다.

다가오는 새로운 시대에는 기회가 여러 번 주어질 것이다. 좋은 학교를 졸업하지 않더라도 새로운 기회가 주어지고, 직장에 들어가면 그것으로 끝이 아니라 전직이나 창업의 기회가 생긴다. 수직 상승의 기회든 수직 하강의 기회든 당신에게 언제나 열려 있는 시대가 다가오는 새로운 시대다. 이런 세상을 어떻게 볼 것인가는 당신이 선택할 일이지만 확실한 것은 이런 시대가 이제 오고 있다는 것이다. 이제 인생은 한 편의 드라마이며, 이 드라마의 주인공은 당신이다.

일생에 걸쳐 당신은 어떤 드라마를 만들 것인가? 그리고 지금 이 순간에는 어떤 인생을 연기하고 있는가? 이제 당신은 꿈을 꾸는 사람이 돼야 한다. 어제도, 오늘도, 내일도 고용 사회의 기준으로 봐서는 '얼토당토않은' 꿈을 꿔야 한다. 당신은 이제 매일매일 새롭게 창조하는 인생을 살아야 한다.

그리고 강조해야 할 것 하나.

실은 이 세 가지의 특징을 활용해 이미 뜨고 있는 사람들이 있다. 이들은 이미 지금의 변화와 위기를 기회로 활용해 큰 성취를 하고 있다. 다만 우리가 눈치 채지 못하고 있을 뿐이다. 그 주인공은 누구일까? 지금부터 탐색해보자.

창작자, 드디어 기회를 잡다

스마트폰, 소셜 혁명의 수혜자들

다가오는 새로운 시대에 우선적인 수혜자는 창작자가 될 것이다. 창작자란 소설가, 만화가, 방송 작가, 시나리오 작가 같은 예술 작품을 창작하는 사람뿐만 아니라 가수, 영화배우, 스포츠 스타, 영화감독, 게임 개발자, 소프트웨어 개발자, 디자이너 같은 창의적인 생산물을 기획하고 만들어내는 사람을 말한다. 이유는 간단하다. 모바일과 소셜 미디어가 창작물의 소비 시장을 지구촌 단위로 확장시키면서 수익을 극대화하기 때문이다.

명심하라. 창작자는 모바일과 소셜 미디어가 창조해내는 연결 경제 connection economy의 최대 수혜자다.

글로벌 스타 싸이의 성공은 그가 갖고 있는 예술적 재능 덕분이다. 그러나 그의 재능에 모바일과 소셜 미디어의 힘이 보태지지 않았다면 오늘의 성공을 이루었을지는 의문이다. 1977년생인 싸이는 2001년 연예계에 데뷔했지만 오랜 기간 곡절 많은 가수 생활을 했다. 병역 기피 의혹, 대마초 스캔들로 그는 10년 넘게 고전했다. 그런 그를 일약 글로벌 스타로 도약시킨 것은 2012년 7월 15일 유튜브에 공개된 '강남 스타일'이라는 제목의 뮤직 비디오였다. '비호감형 가수'의 우스꽝스러운 모습을 담은 이 동영상은 폭발적 인기를 모으며 진기록을 쏟아냈다.

2014년 5월 유튜브 조회 수는 20억 뷰를 돌파해 유튜브 역사상 가장 많이 본 동영상 1위를 기록했다. '최단 기간 최다 조회 수', '가장 많은 좋아요 획득' 등의 기록도 갈아치웠다. 한국 대중음악으로는 최초로 미국 빌보드 차트에서 7주 동안 2위를 기록했고, 비록 1주 천하에 그쳤지만 빌보드보다 훨씬 보수적이고 심사가 까다롭다는 UK 차트 1위에도 올랐다. 미국 최대 음원 유통사인 아이튠즈 종합 싱글 차트에서도 1위를 기록했다. 싸이는 2013년 한 해에만 음원 판매, 공연 수입, 광고 출연 등으로 100억 원이 넘는 수입을 거둔 것으로 알려졌다. 한류 열풍을 전 세계로 확산시킨 싸이의 경제적 가치는 1조 원대가 넘는 것으로 추산된다.

이처럼 모바일과 소셜 미디어는 창작물의 표현 매체를 극대화한다는 장점이 있다. 스타 만화가 윤태호의 히트작 《미생》도 여기에 해당한다. 윤태호는 《미생》으로 30억 원가량의 수입을 올린 것으로 알려져 있는데,

만화에서 시작해 TV 드라마, 웹툰으로 표현 매체가 다양해진 덕분이다.

《미생》이 처음 소비자에게 선보인 매체는 인터넷 포털 다음이었다.《미생》은 다음에 웹툰의 형태로 연재됐고, 이것이 큰 인기를 끌었다. 이어, 단행본으로 출판돼 300만 부 대박을 터뜨렸다. 여기에 TV 드라마, 모바일 전용으로 다시 선보이면서 윤태호 작가는 30억 원가량의 수입을 거둔 것으로 추정된다.

어려운 가정 형편으로 대학 진학을 하지 못했던 윤태호 작가는 1988년 허영만 작가의 문하생으로 만화계에 입문해 이 분야만을 파고들었다. 그의 오랜 기간의 노력이 빛을 본 셈인데, 모바일과 소셜 미디어의 도움으로 결국 빛을 본 것이다. 예전 같으면 만화가가 자신의 만화 창작물로 수익을 올릴 수 있는 방법은 만화책 출판에 따른 인세가 사실상 전부였다. 1970년대의 대본소(만화방)가 카르텔 체제여서 만화가는 늘 곤궁했다. 그러나 세상이 달라지면서 자신의 작품을 알리고 판매할 수 있는 채널이 인터넷 웹툰, 영화, TV드라마, 모바일로 다양해진 것이다.

이것이 바로 다가오는 새로운 시대의 창작자의 위력이다. 가수 싸이, 만화가 윤태호의 성공 케이스를 모바일과 소셜 미디어 등장 이전의 시대에 창작자의 그것과 비교해보면 차이는 더 극명해진다.

르네상스 시대를 빛낸 미켈란젤로(1475~1564)는 오늘날 천재 조각가로 남아 있지만 그가 로마 시스티나 성당에 '천지창조Genesis'를 그린 대가로 얻은 수입은 정말이지 보잘것없었다. 성당에 그림을 그린다는 것은 벽돌을 쌓거나, 타일을 까는 것과 동일한 하나의 기예일 뿐이었다.

미켈란젤로는 1508년 교황 율리우스 2세의 축복 속에 시스티나 성당의 천장화를 그리는 일을 시작했다. 하늘을 바라보는 자세로 천장에 그림을 그리는 작업은 고통스러웠다. 미켈란젤로는 4년 동안 천장 밑에 세운 작업대에 앉아 고개를 뒤로 젖힌 채 물감을 칠하고 또 칠했다. 이로 인해 그는 목과 눈에 피로감을 겪었고, 이상 증세를 느꼈다. 그는 이런 어려움을 극복하고 4년 만에 세계 최대의 벽화를 완성했다.

이런 노력 끝에 미켈란젤로가 받은 보수는 얼마였을까? 미켈란젤로가 '천지창조'를 그린 대가로 얻은 것은 약간의 현금이 전부였다. 그는 그것 말고는 다른 수입을 기대할 수 없었다. 복제 기술이 없었기에 '천지창조'를 그림으로 만들어 판매할 수도 없었고, 모바일과 소셜 미디어가 없었기에 고액 강연을 할 기회도 없었다. 이것이 신기술이 등장하기 이전의 창작자의 현실이었다. 예술은 가난과 동의어였고, 여기에 종사하는 사람은 저주받은 직업인으로 여겨졌다. 미켈란젤로의 아버지는 자신의 아들이 예술가 기질을 타고 난 것을 부끄럽게 여긴 나머지 매를 때려가면서 말렸다.

19세기 초에 이르자 이런 현상은 약간의 진전이 이뤄졌다.

1800년대 영국에서 활동했던 소프라노 가수 엘리자베스 빌링턴Elizabeth Billiington(1765~1818)은 지금으로 치면 슈퍼스타였다. 그녀는 역사상 어느 소프라노 가수 못지않은 풍부한 성량을 갖고 있었다. 1794년 5월 그녀는 이탈리아 나폴리에서 오페라 공연을 하면서 고음을 여러 번 냈는데, 우연하게도 2주 후 베스비우스Vesuvius 화산이 폭발했다. 사람들은 빌링턴이 노래를 너무 크게 부른 것이 화산 폭발을 불러 일으켰다고 수군댔다. 그만큼 빌링턴의 성량은 풍부했고 유럽 전역에서 명성이 자자했다.

빌링턴은 1801년 영국 런던에서 공연을 했는데, 청중이 구름처럼 몰려들어 대성황을 이루었다. 이 공연으로 빌링턴은 얼마를 벌었을까? 빌링턴이 벌어들인 수입은 1만 파운드로 지금의 우리 돈으로 약 1억 5,000만 원이다. 오늘날 스타 소프라노가 받는 금액에 비하면 정말이지 약소한 금액이다. 하지만 그것은 당시에는 센세이셔널했다. 영국의 모든 신문은 빌링턴이 당시 영국 농장 노동자의 연간 수입의 500배에 해당하는 1만 파운드를 벌었다는 소식을 대서특필했다.

빌링턴은 그것이 전부였다. 그는 자신의 음악을 CD로 만들 수도 없었고, 광고 수입을 얻을 수도 없었다. 그녀의 수입은 그녀의 목소리가 도달할 수 있는 반경을 넘어서지 못했다. 빌링턴은 자신의 정부와의 사생활이 적나라하게 담긴 《그녀의 정부들》이란 제목의 비공식 전기를 내면서 수입을 어느 정도 늘릴 수 있었을 뿐이다.

찰리 채플린(1889~1977)은 빌링턴보다 124년 늦게 태어난 덕분에 더 많은 수입을 거둘 수 있었다. 무성영화라는 신기술이 등장하면서 채플린의 연기와 목소리가 도달할 수 있는 범위가 넓어졌기 때문이다. 유성영화가 등장하기 전까지 이 '끼 넘치는 연기자'는 고전했다. 헐렁한 바지, 중산모, 낡고 큰 구두, 지팡이, 콧수염이 트레이드마크인 그의 연기는 뛰어났지만 관객이 보고 들을 수 있는 물리적인 한계를 벗어날 수 없었기 때문이다. 1910년 찰리 채플린은 2년여 동안 미국 구석구석의 무대에 섰지만 수입은 변변치 않았다.

1910년대 중반부터 유성영화의 시대가 열리면서 이 연기자는 비로소 떼돈을 벌기 시작했다. 채플린은 유성영화의 첫 번째 슈퍼스타였다. 그는 1910년대 중반 이후 '모던 타임스', '위대한 독재자', '황금광 시대' 등에 제작하거나 출연했다. '키드'를 제작할 당시 채플린은 영화사의 갈등을 빚다가 솔트레이크 시티의 한 호텔에 방을 잡고 필름을 직접 편집했다. 40만 피트(120km)가 넘는 필름은 자그마치 500통이나 됐고, 호텔 방 전체가 필름으로 뒤덮였다. 편집 시설 하나 갖춰지지 않은 그곳에서 채플린은 장장 15개월 동안 눈물겨운 작업 끝에 '키드'를 완성했다.

이런 노력은 그럴 만한 가치가 있었다. 채플린은 1916, 1917년 2년 동안에만 67만 달러를 벌어들였다. 1801년에 엘리자베스 빌링턴이 벌어들였던 1만 파운드와 비교해보라. 인플레이션을 감안해도 채플린의 수입은 빌링턴의 수입의 5배에 해당한다. 늘어난 것은 수입만이 아니었다. 사회적 지위도 상승했다. 채플린은 영화인으로는 처음으로 〈타임〉의 표지에 게재됐다. 또한 그가 영화 '시티 라이트'를 촬영하자, 윈스턴 처칠 당시 영국 수상이 촬영장을 방문하기도 했다. 영화 개봉 일에는 아인슈타인이 참석했다. 채플린은 노벨 평화상 후보에 오르기도 했다.

시간이 흘러 1980년대가 됐다. 이 시기에 컬러 TV와 인터넷이 등장했다. 그러자 스타 배우, 스타 가수의 수입은 큰 폭의 진전을 이루게 된다. 컬러 TV와 인터넷이 인기 창작자의 작품을 구매하려는 소비자층을 확산시키면서 이들은 이전의 찰리 채플린의 수입과는 비교할 수 없을 정도의 거액을 벌어들였다.

영화감독 스티븐 스필버그는 1993년과 1994년 사이에 3억 3,000만 달러(약 3,700억 원)의 소득을 거둬 미 경제 전문지 〈포브스〉에 연예계 1위를 기록했다. 1988년 아놀드 슈워제네거는 영화 '토탈리콜'에 출연하고 1,100만 달러(약 110억 원)를 받았고, 1994년에는 또 다른 영화 '트루 라이즈'에 출연해 1,500만 달러의 개런티에 1%의 러닝 개런티까지 챙겼다.

케빈 코스트너, 톰 크루즈, 에디 머피도 영화 한 편당 1,000만 달러 이상의 개런티를 받았다. 심지어 아역 스타 매컬리 컬킨도 '아빠와 한판승'에 출연하고 800만 달러를 받았다. 《내일은 기쁨, 내일은 사랑》, 《방황하는 영혼》의 소설가 다니엘 스틸의 인세는 1,200만 달러에 육박한다.

그러고는 모바일과 소셜 미디어가 등장했다. 모바일과 소셜 미디어는 그렇지 않아도 몸값이 뛰고 있는 창작자들에게 날개를 달아준 셈이다.

영국 소설가 조앤 롤링은 《해리 포터와 마법사의 돌》에 관련된 인세, 영화 판권 상품 로열티 등으로 1조 원가량을 벌어들인 것으로 추정되고 있다. 조앤 롤링의 수입 1조 원을 200여 년 전 영국의 소프라노 가수 엘리자베스 빌링턴이 벌어들인 1만 파운드(약 1억 5,000만 원)나 찰리 채플린의

67만 달러(약 6억 7,000만 원)와 비교해보라. 조앤 롤링은 이제 영국 여왕보다 부자다. 조앤 롤링은 모바일과 소셜 미디어의 수혜자다. 롤링은 1990년대 말까지 경제적으로 곤궁했다. 1965년생으로 영국 엑세터대 불문학과를 졸업한 조앤 롤링은 포르투갈에서 영어 강사로 일하다 남편을 만났는데, 손찌검을 당했고 결혼 3년 만에 파경을 맞았다.

롤링은 돈 한 푼 없이 집에서 쫓겨나 영국 런던의 낡은 아파트의 방 한 칸을 얻었다. 여기에서 아르바이트로 생계를 유지하면서 그녀는 판타지 소설을 썼다. 그 결과물이 바로 《해리포터와 마법사의 돌》이다. 롤링은 이 원고를 여러 출판사에 보냈지만 모두 거절당했다. 그러다가 가까스로 크리스토퍼 리틀 에이전시와 계약을 했다. 크리스토퍼 리틀 에이전시의 편집자도 실은 《해리포터와 마법사의 돌》의 원고에 그다지 호의적이지 않았지만 이 출판사 회장의 어린 딸이 이 원고에 열광하면서 출간을 결정했다. 당시 롤링은 원고를 복사할 돈도 없어서 그 긴 원고를 직접 다시 옮겨 썼다.

이런 우여곡절 끝에 1997년 《해리 포터와 마법사의 돌》은 세상에 모습을 드러냈다. 다음의 이야기는 우리가 잘 안다. 해리 포터는 전 세계 55개국 이상의 언어로 번역돼 밀리언셀러가 됐으며, 영화 시리즈로 만들어져 35억 달러(약 3조 5,000억 원)를 작가에게 안겨줬다. 이어, 해리포터 시리즈의 DVD가 나왔고, 해리 포터 도시락 가방, 스티커 가방, 캐릭터 인형, 스케이트보드가 쏟아졌다. 이 결과 2005년 조앤 롤링은 미 금융 전문지 〈포브스〉가 선정한 '세계 가장 영향력 있는 여성' 40위를 차지하기도 했다.

모바일, 소셜 미디어, 인터넷은 창작물의 재생산 비용을 낮춰준다는 장점도 있다. 전자 기술의 발전에 따라 인기 배우들, 인기 가수들, 베스트셀러 작가들의 작품이 조금만 비용을 추가해도 재생산되거나 복제가 가능해졌다. 산업에서는 현장감이 살아 있는 뛰어난 녹음 기술이 출현했다.

모바일, 소셜 미디어 시대에는 스타 창작자 1인에게 모든 것이 집중된다. 다시 말해 해당 분야의 1등이 모든 것을 가져가고 2, 3위는 사소한 차이임에도 인기와 명성이 1위에 비해 크게 뒤쳐지는 일이 벌어진다. 이는 모바일과 인터넷의 등장으로 세상이 하나의 공간으로 통합되면서 발생하는 현상이다. 세상이 하나로 통합되면서 소비자의 관심은 세상에서 가장 재능 있는 한 사람의 창작자에게 집중될 수밖에 없다.

《승자 독식 사회》의 저자인 로버트 프랭크Robert Frank 미국 코넬대 교수는 이를 '원시 사회의 이야기꾼'에 빗대 설명한다.

"원시인들은 밤에 모닥불 주위에 둘러앉았을 때 분위기를 돋워줄 구성원을 필요로 했다. 마을마다 이런 분위기 돋워주는 구성원이 각각 존재했다. 이 구성원은 그 마을에서 1인자기만 하면 됐다. 세상을 통틀어 가장 뛰어난 재능을 가질 필요는 없었다. 마을 바깥세상과 교류하는 일이 없기 때문이었다. 하지만 인터넷, 소셜 미디어의 발달로 그 마을에서 '적당히 재능 있는 사람'은 이제 소용이 없어졌다. 예를 들어 전 세계의 병원들이 초고속 통신망으로 연결되면서 세계 최고의 신경외과

의사는 수천 킬로미터 떨어진 곳에 있는 환자를 진료할 수 있게 됐다. 초고속 통신망 시대 이전에 이런 환자를 진료하던 '적당히 재능 있는 의사'는 이제 설자리가 없다. 세계 최고 유명 작가의 소설, 세계 최고 유명 영화배우의 영화는 이제 세계의 폭넓은 소비자의 요구를 충족시킨다. 적당히 재능 있는 소설가나 영화배우는 이제 설자리가 없다. 1,000년 전만 해도 마을의 보배로 여겨졌을 '적당하게 재능 있는 사람'은 이제 자신의 재능을 포기하고 다른 일거리를 찾아 나서야 한다. 왜냐하면 현대의 통신 기술 덕분에 그는 날마다 세계 일인자와 경쟁해야 하기 때문이다. 이제 각 분야마다 10명 남짓의 챔피언들만 있어도 세상은 잘 굴러간다."

국내의 1급 창작자로는 김연아(피겨 스케이터), 손연재(리듬체조), 윤태호(만화가), 봉준호(영화감독), 류현진(야구 선수), 박인비(골프 선수) 등이 있다. 해외의 1급 창작자로는 레이디 가가(팝스타), 조앤 롤링(작가), 제러미 리프킨(미래 학자), 러셀 크로우(영화배우), 비욘세(팝스타), 가브리엘 가르시아 마르케스(소설가), 조르지오 아르마니(패션 디자이너), 마이클 샌델(하버드대 교수)이 여기에 해당한다. 법률, 언론, 컨설팅, 의료, 투자, 경영, 디자인, 패션 그리고 '신성한' 학문의 세계에까지 이들은 포진해 있다.

당신이 창작의 재능을 갖고 있다면 창작자가 되는 것을 고려해보라. 당신의 창조적 재능을 활용해 소득원으로 삼을 수 있는 것이 무엇인지를 조사해보라. 그것은 책일 수도 있고, 영화일 수도 있고, 디자인일 수도 있고, 스포츠일 수도 있고, 내가 말하지 않은 또 다른 영역에도 있다. 시작은 관심을 갖는 것이다. 관심을 갖고, 시작하고 꾸준히 밀고 나가면 큰 기회가 열릴 것이다. 다가오는 새로운 시대에 행운의 여신은 다양한 분야의 '창작자'에게 미소를 짓고 있다.

'결핍'이 강점인 시대

'스펙 제로'에서 성공하는 법

스타 창작자가 반드시 전 세계에서 1등일 필요는 없다. 시장은 세계적인 규모로만 존재하는 것은 아니며, 아주 특화돼 있고 작은 시장도 있다. 스타 창작자는 그런 시장에서 1등이면 된다. 굳이 화려한 프로필을 가질 필요도 없다. 소수의 소비자가 꼭 필요로 하는 작은 시장이 존재할 때, 아무도 이 서비스를 제공하지 않고 있지 않을 때, 이것을 제공하고 이를 그 시장의 고객이 받아들이면 그는 그 분야에서 스타 창작자가 되는 것이다. 이것이 모바일과 소셜 미디어 시대의 특징이다.

최근 들어서는 국내에도 일반인을 위한 '책 쓰기 시장'이 생겨나고 있다. 모바일과 소셜 미디어 시대에 진입하면서 누구나 자신을 알릴 필요성이 느끼고 있는데 그 방편의 하나로 책 쓰기를 원하는 사람들을 위한 시장이다.

'천재 작가'라는 별명을 갖고 있는 김태광 씨는 13년 동안 113권의 책을 출간해 기네스 기록을 갖고 있고, 이를 바탕으로 일반인이 책을 쓰고 출간하는 일을 돕고 있다.

그는 자기 책을 내고 싶어 하는 직장인, 주부, 자영업자 등을 대상으로 그들의 경력에서 책의 소재가 될 만한 것을 끄집어내고, 이를 원고로 만들고 책으로 출판하는 일을 돕고 있다. 김태광 씨는 이 분야에서 1인자이다. 세계적인 명성과는 거리가 있지만 국내의 일반인을 위한 책 쓰기라는 작은 시장에서 그의 이름은 확고하게 각인돼 있다. 자신의 책을 내고 싶어 하는 일반인은 그를 찾는다.

김태광 씨는 자기만의 포지셔닝에 성공한 셈이다. 김태광 씨보다 글쓰기 능력이 뛰어나고 프로필이 쟁쟁한 사람은 이 세상에 널려 있다. 그렇지만 그 시장은 너무 방대하고 경쟁이 치열하다. 그는 부지런히 책을 쓰고 출판하면서 자신의 경력을 이 작은 시장에 부합하도록 만들었다. 그는 이제 성공한 1인 기업가다. 모바일과 소셜 미디어 시대에 성공한 창작자가 되기 위해서 어떤 자세가 필요한지를 김태광 씨는 보여준다.

나의 약점이라고 생각되는 것도 활용하기 나름이다. 내가 그것을 약점이라고 생각하면 그것은 실제로 약점으로 작용하지만, 강점으로 여기면 그것은 강점이 되는 것이 모바일과 소셜 미디어 시대의 특징이다.

브라이언 트레이시Brian Tracy는 1회 강연료가 8억 원에 이르는 세계 최고의 자기계발 전문가이자 경영 컨설턴트다. 그가 CEO로 있는 브라이언 트레이시 인터내셔널은 연매출액이 3,000만 달러(약 340억 원)에 이른다. 그는 그간 세계 1,000여 개 기업을 상대로 강연회를 진행했고, 연초가 되면 100회 이상의 세미나와 워크숍으로 1년치 스케줄로 가득 차 있다. 그는 프로필로만 따지면 이 분야에서 '낙제점'이다. 이 분야에서 쌍벽을 이루는《성공하는 사람들의 7가지 습관》의 저자인 고故 스티븐 코비는 하버드대 MBA(경영학 석사)출신이고 종교역사학 박사 학위를 갖고 있다. 또 다른 경영 사상가인 톰 피터스는 스탠퍼드 MBA(경영학 석사)와 맥킨지 컨설턴트 경력을 갖고 있고, 《위대한 기업을 넘어 위대한 기업으로》의 저자 짐 콜린스도 마찬가지로 스탠퍼드대 MBA를 졸업하고 맥킨지 컨설턴트로 일했다. 게리 하멜은 미시간대 MBA를 거쳐 영국 런던 비즈니스 스쿨 객원 교수로 있다. 한마디로 어지간한 프로필의 소유자가 아니면 명함을 내밀기 어려운 분야다.

여기에 비해 브라이언 트레이시는 고등학교를 중퇴했다(그는 나중에 캐나다 앨버타대에서 MBA를 받기는 했지만 이는 그가 성공하고 나서의 일이다). 그는 불우한 가정 형편 때문에 음식점의 접시닦이, 호텔 주방 보조원을 전전하다가 목재소, 주유소, 화물선의 일용직 노동자로 일했다. 그런데 그는 이 분야에서 잘나간다. 브라이언 트레이시가 빛을 보는 이유는 그가 자신의 밑바닥 인생을 오히려 자산화했기 때문이다. 그는 강연장에서 자신의 어려웠던 시절을 적극적으로 드러낸다.

"저는 불우한 가정환경과 저조한 학업 성적으로 인해 고등학교를 중퇴했습니다. 고등학교 중퇴 후 저는 접시닦이, 벌목공, 주유소 주유원, 화물선 잡역부 등을 전전하면서 낡은 중고차를 보금자리 삼아 추운 겨울을 보내곤 했습니다. 그런데 이런 환경에서도 저는 지금의 자리에 이르렀습니다. 어떻게 이런 일이 가능했을까요?"

이런 방식의 화법과 내용은 다른 '고학력'의 다른 경영 컨설턴트들로부터 접할 수 없는 것들이다. 이는 청중들에게 공감을 불러일으킨다. 그의 강연을 들어본 청중들은 그의 강연을 들으면서 생생한 자극을 받게 된다.

만약 그가 고학력 경영 컨설턴트와 판에 박힌 내용을 전달하려고 했다면 그는 지금의 자리에 도달하기 못했을 것이다. 그는 화려한 프로필을 갖고 있는 것도, 뛰어난 재능을 갖고 있는 것도 아니다. 다만 대중이 필요로 하는 것을 제공하는 데 집중했고 그것이 통했다.

한국에서든 해외에서든 모바일과 소셜 미디어 시대에는 뛰어난 프로필과 화려한 경력을 가진 사람만이 성공하는 것은 아니라는 사실을 김태광과 브라이언 트레이시는 보여준다.

Must be different, 단 투지를 갖고

'다른 것'들의 전성시대

창작자가 성공하기 위해서는 '이 세상에 딱 하나뿐'이어야 한다. 이것이 고용 사회에 길들여진 사람들이 극복하기 힘든 부분이다. 고용 사회는 다른 사람과 똑같이 행동하고, 동일하게 보이는 것이 미덕이었다. 그렇지만 새로운 시대의 나는 남과 달라야 한다. 스타 창작자들은 이것이 중요하다는 사실을 직감적으로 알고 있다.

스타 방송인 오프라 윈프리는 이 사실을 잘 알고 있었다. 오프라 윈프리의 재산은 29억 달러(3조 원)으로 추산된다. 1954년생인 그녀는 잡지, 케이블 TV, 인터넷까지 거느린 미디어 기업인 하포Harpo의 설립자이자 회장이기도 하다(하포Harpo는 오프라Oprah를 거꾸로 한 것이다).

윈프리는 현재 미국 연예계에서 가장 강력한 브랜드 가치를 지니고 있다. 그녀가 1986년부터 2011년 5월까지 25년 동안 미국 CBS TV에서 진행한 '오프라 윈프리 쇼'는 미국 시청자만 2,200만 명에 달하다.

윈프리는 고교 시절 라디오 프로에서 파트타임으로 일하면서 처음 방송계에 접했고, 이후 차츰 알려지기 시작해 1976년 볼티모어의 WJZ-TV와 계약을 했다. 하지만 방송국의 고위 임원진은 윈프리에게 "목소리를 좀 더 진지하고 차분하게 바꿔 보는 게 어떻겠어요." "머리 스타일을 좀 더 표준적으로 바꿔보는 건 어때요."라며 그녀의 스타일을 표준에 맞추려 했다. 오프라 윈프리 특유의 자유분방하고 당당하고 솔직한 스타일이 마뜩잖았던 것이다. 윈프리가 이를 거부하자 이들은 오프라를 저녁 뉴스에서 제외하고 새벽 뉴스를 맡겼다. 고위 임원진은 "당신의 밝은 이미지는 새벽 시간에 더 어울릴 겁니다."라는 조롱 섞인 말을 던졌다. 윈프리가 맡은 새벽 뉴스의 진행 시간은 불과 5분이었다.

사람이 바보가 되는 것은 순식간이다. 윈프리는 주눅이 들었고 정말로 자신만의 색깔을 바꿔야 하는지를 놓고 고민에 빠졌다. 주변 사람들도 "방송국 간부들이 좀 더 형식을 갖추어서 전문적인 진행을 하는 것을 원한다면 그렇게 해야 하지 않겠어요."라는 의견을 피력했다. 그녀는 친분 있는 화술 코치로부터 카운슬링을 받았다. 그런데 이 카운슬러는 확고한 표정으로 윈프리에게 이렇게 말했다.

"오프라, 당신의 말투에는 아무런 문제가 없습니다. 아주 좋아요. 오히려 지금 당신에게 필요한 건 다른 사람들이 당신을 두고 함부로 말하지 못하도록 당신의 주장을 당당히 펼치는 겁니다. 당신만의 개성을 살리고 지키세요. 당신이 최고라는 사실을 잊지 마세요."

이 말은 그녀의 운명을 바꾸었다. 윈프리는 카메라맨이나 방송국 고위 임원을 의식하지 않고 자신의 색깔을 드러냈다. 방청객들과 편안하게 이야기를 나누고, 감동적인 이야기가 나올 때는 그들과 함께 손뼉을 치며 웃었다. 슬픈 이야기가 나오면 함께 소리 내어 울고 눈물을 흘리기도 했다. 그러자 이변이 일어났다. 시청률이 급상승한 것이다. 윈프리는 시청자들의 뜨거운 사랑을 받게 됐다. 이것이 힘이 돼 그녀는 1985년 시카고의 WLS TV 방송국에서 자신의 이름을 건 '오프라 윈프리 쇼'를 진행하게 됐다. 이 토크쇼는 오프라를 세계적인 스타로 만들었다.

윈프리의 케이스는 창작자의 성공이 남과 다른 자신만의 색깔과 개성을 보여주는 것에서 나온다는 사실을 보여준다. 쉽게 말해 이 세상에서 딱 하나뿐인 내가 돼야 하는 것이다. 이것이 고용 사회에 익숙한 사람에게는 실천하기 어려운 부분이다. 고용 사회에서는 남과 똑같은 정형화된 태도나 행동이 장려받는다. 그런데 이것을 벗어나야 한다. 의도적으로 남과 다른 사람이 되기 위해 노력하는 것이 다가오는 새로운 시대에 성공하는 지름길이다.

스타 창작자는 어떤 과정을 거쳐 스타 반열에 오르는 걸까?

이 질문에 대한 해답으로 재능만을 제시하는 것은 적절치 않다. 재능은 분명 필수 조건이지만 노력이 뒷받침되지 않으면 그것은 신기루일 뿐이다.

모바일과 소셜 미디어의 등장으로 예전보다 창작자가 되기 위한 관문은 낮아졌다. 과거에는 뮤지션이라면 스튜디오 음반을, 작가라면 책을, 사업가라면 자본과 설비를 갖춰야 하는 시대였다면 이제는 사정이 달라졌다. 쓸 만한 컴퓨터만 있으면 누구나 나만의 음악을 제작하고, 글을 쓰고, 아이디어를 내고 소셜 미디어를 활용해 확신시킬 수 있게 됐다. 하지만 이는 더없이 경쟁이 치열해졌음을 의미하는 것이기도 하다.

최고 경영자,
그리고 창업가들

국가든 기업이든 개인이든 성공의 절정 단계에 이르면 새로운 것을 받아들이기를 거부하고 현실에 안주하는 성향을 갖는 것을 보게 된다. 내 과거의 성공 방정식이 지금도 유효한지를 따져 보는 것이 변화의 시대를 헤쳐 나가기 위해 필요하다.

'최고 경영자'는 최고의 유망 직업이다

경쟁과 CEO 몸값의 상관관계

최근 들어 기업의 불확실성은 더욱 증폭되고 있다. 말 그대로 경영학의 기본 가정인 기업이 '계속 기업going concern'이라는 말도 의심받는 시대다. 2014년 재벌닷컴이 자산 100억 원 이상의 국내 기업 3만 827곳을 모집단으로 조사한 결과 이들 기업의 평균 업력은 16.9년에 불과했다. 반면에 창업 50년이 넘은 기업은 658개로 전체의 2.13%에 불과했다. 40~49년 된 기업은 1,203개(3.9%), 30~39년 된 기업은 2,141개(6.9%), 20~29년 된 기업은 5,553개(18%), 10~19년 된 기업은 1만 2,451개(40.3%)로 집계됐고, 창업 10년 미만인 신생 기업은 8,821개(28.6%)로 나타났다. 기업이 장기적으로 존속한다는 게 얼마나 어려운지를 이 조사는 증명하고 있다.

국내에서 창업 100년이 넘는 장수 기업은 두산, 신한은행(옛 조흥은행),

동화약품, 우리은행, 몽고식품, 광장, 보진재 등 모두 7곳에 불과하다. 기업의 수명은 앞으로 더 짧아질 것이다. 모바일과 소셜 미디어가 비즈니스 환경의 격변을 몰고 오고 있고, 기업의 불확실성을 증폭시키고 있기 때문이다.

이런 상황에서 기업의 생존과 번영을 책임지는 CEO의 보수는 많아질 수밖에 없다. 유능한 CEO에게 지급되는 보수를 늘려서 기업이 생존과 번영을 누릴 수만 있다면 주주 입장에서 아까울 게 없다. 이런 현실을 잘 보여주는 증거가 바로 CEO들의 몸값이다. 자본주의 종주국 미국에서 기업 CEO의 보수는 해마다 신기록을 갈아치우고 있다. 한국 기업 CEO의 몸값도 급격히 증가하는 추세다.

미국 기업 가운데 보수를 가장 많이 받는 CEO는 소프트웨어 기업 오라클의 래리 앨리슨Larry Elllison이다. 그가 2014년에 수령한 연봉은 6,730만 달러(약 670억 원)였다. 이 금액은 2013년의 7,800만 달러(약 780억 원)에 비해 감소한 것인데, 이것을 제외하면 그의 보수는 해마다 증가하고 있다. 그의 연봉은 중남미 카리브 해 섬나라의 국민소득과 맞먹는다. 1944년생으로 미혼모의 아들로 태어난 그는 일리노이대를 중퇴하고 컴퓨터 프로그래머로 일하다 오라클을 창업했다.

래리 앨리슨은 연봉 7,800만 달러를 받아 이 분야 1위를 기록했다. 2, 3위는 월트 디즈니의 CEO인 로버트 아이거Robert Iger(3,430만 달러, 약 350억 원)와 21세기 폭스 사의 루퍼트 머독Rupert Murdoch(2,610만 달러, 약 260억 원)이었다. 2013년 미국경제정책연구소EPI 조사에 따르면 미국 대기업의 CEO들이 보수는 1,520만 달러(약 155억 원)로 집계됐다.

　미국 기업의 CEO 보수가 원래부터 이렇게 많지는 않았다. 고용 사회가 안정적으로 유지됐던 1950년대만 해도 미국 기업의 CEO의 보수는 직원 평균 임금의 10배가량에 머물렀다. 그러던 CEO의 보수가 급격히 높아지기 시작한 것은 1970년대였다. 미국의 경제정책연구소 조사에 따르면 1970년대 중반 미국의 대표적 기업 102개사 CEO의 연봉은 그 기업에 일하는 임직원 평균 급여의 25배로 뛰었다. 당시 〈뉴욕 타임스〉는 "기업 CEO의 연봉이 직원들의 평균 임금보다 지나치게 높아 연대 의식을 무너지게 하고 있다."는 우려의 기사를 내보냈다. 하지만 미국 기업 CEO의 연봉 상승은 여기서 그치지 않았다. 그것은 시작일 뿐이었다.

　1990년대 중반이 되자 미국 대기업의 CEO 연봉과 직원 평균 급여의 차이는 105배로 확대됐다. 2000년 초반이 되자 그 수치는 383배가 됐다. 이 기간에 소득세의 최고 세율이 크게 인하됐으므로 실제로 CEO가 받는 기본 급여의 실제 소득 격차는 더 벌어진다. 눈에 띄는 점은 미국 CEO 보수가 고소득자들 가운데서도 가장 빠르게 증가하고 있다는 사실이다. 현재 CEO 보수는 지구촌의 현안으로 등장하고 있는 극소수 부호의 소득 증가 속도를 추월하고 있다.

　2013년 현재 미국 대기업의 CEO의 연봉은 미국인 최상위 급여자 0.1%의 연봉보다도 4.7배나 높고, 미국의 최상위 소득자 0.1%의 소득보다

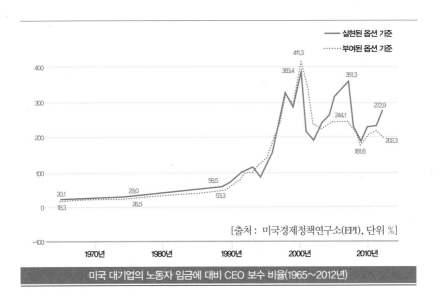

미국 대기업의 노동자 임금에 대비 CEO 보수 비율(1965~2012년)

2.06배 높다. 한마디로 미국에서 CEO만큼 보수를 빠르게 늘려가는 집단
은 없다고 봐도 된다.

왜 1970년대부터 미국 CEO의 몸값이 급등했을까?

우리는 이미 이 질문에 대한 해답을 알고 있다. 이 시기는 미국의 대
기업들이 생존을 위한 경쟁을 처음으로 절감하던 시기였다. 인터넷, 컴퓨
터, 소프트웨어, 전자기술 같은 신기술의 등장으로 신생 기업이 시장에
진입했고, 일본, 한국 등 개도국의 제품들이 미국 시장에 진출하자 미국
의 기업들은 경쟁에 나서야 했다. 경쟁이 치열해지면서 CEO가 내리는
의사 결정이 중요해졌고, 이에 따라 자연스럽게 그들의 연봉이 급증한 것
이다. 이것은 간단한 경제학의 논리기도 하다. 이런 상황을 감안하면 앞

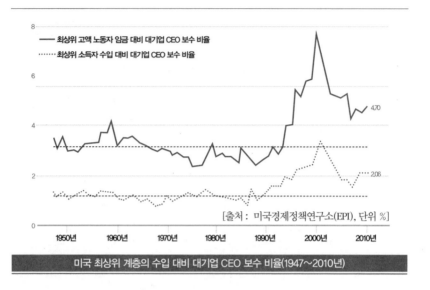

[출처 : 미국경제정책연구소(EPI), 단위 %]

미국 최상위 계층의 수입 대비 대기업 CEO 보수 비율(1947~2010년)

으로도 미국 기업의 CEO 보수는 증가할 수밖에 없다.

기업 CEO가 뜨는 또 다른 이유는 모바일과 소셜 미디어 시대에 기업을 알리는 데 CEO만 한 게 없다는 사실 때문이다. 모바일과 소셜 미디어 시대는 관계의 시대이자 연결의 시대다. 과거의 기계적인 PR이나 홍보는 이제 더 이상 먹히지 않는다. 소비자들은 자신들에게 친밀하게, 그리고 인간적으로 다가오는 기업에 반응한다. 이런 시대에 기업을 알리는 가장 효과적인 방법은 CEO라는 '연기자'이자 '모델'을 등장시키는 것이다.

최근에 스타 CEO가 등장하는 것은 이런 배경이 깔려 있다. 스티브 잡스는 단지 한 시대를 풍미한 경영자가 아니다. 그는 두터운 팬을 확보한 스타 CEO였다. 그가 타계했을 때 어지간한 연예인 못지않은 애도의 물결이 지구촌 차원에서 이어졌다. 페이스북의 마크 저커버그, 전기차 기업 테슬라TESLA의 엘론 머스크Elon Musk, 버크셔 해서웨이의 워렌 버핏 등 많은 기업의 대표가 연예인처럼 대중의 관심사에 오른 지 오래다. 그들의 개인적 취향, 결혼과 이혼 등 사생활에 대중은 민감하게 반응한다. 이것이 연예인이 아니고 뭔가?

CEO의 홍보 효과는 강력하다. 경영인이 대중에게 어필할수록, 그 기업이 내놓는 제품에 대한 관심과 애정이 커지는 것은 당연한 결과다. 스타 CEO는 하나의 제품에 대해 알리는 것을 넘어 그 기업의 모든 것에 대한 대중의 관심을 불러일으킨다. 이제 CEO는 그 기업의 가장 강력한 홍보 툴이 되고 있다.

이에 반해 한국 대기업의 CEO가 받는 보수는 미국에 비하면 아직은 '약소한' 편이다. 전문 경영인으로서 보수를 가장 많이 받고 있는 CEO는 신종균 삼성전자 대표이사(IT&모바일 부문)다. 전자공시시스템을 바탕으로 하면 2014년 한 해 동안 신 대표는 145억 7,000만 원을 받아 전문 경영인 연봉 1위에 올랐다. 미국 연봉 1위인 오라클의 래리 앨리슨이 받은 6,730만 달러(약 670억 원)의 5분의 1 수준이다. 신 대표의 연봉 내역을 살펴보면 급여 17억 2,000만 원, 상여금 37억 3,000만 원, 기타 근로소득 91억 1,000만 원으로 이뤄져 있다. 신 대표의 2014년 보수는 2013년의 62억 1,000만 원에 비해 두 배 이상 뛴 것이다.

2위는 삼성전자 DS(전자 부품) 부문장인 권오현 대표이사 부회장으로

이름	직책	연봉(퇴직금)
신종균	삼성전자 사장	145.7
권오현	삼성전자 부회장	93.9
윤부근	삼성전자 사장	55
이봉관	유성티엔에스 이사	52.4(47)
조성철	제로투세븐 사장	50.8*
경청호	전 현대백화점 대표	49.9(47.5)
김반석	LG화학 이사회 의장	48.7(41.9)
이석우	다음카카오 대표	42.5
정준양	전 포스코 회장	40(32)
김인권	현대홈쇼핑 대표	38.8(25.4)
이상훈	삼성전자 사장	38.6
이재성	전 현대중공업 회장	37(24.4)
박상진	전 삼성SDI 대표	34.4(8.4)
이희상	엔씨소프트 부사장	32.9
강대관	현대HCN 대표	32.5(17.4)
하영봉	LG상사 사장	30.5(28.4)
신판국	한국특수형강 이사	28.7(10.3)
김창근	SK이노베이션 의장	27.7
김신	삼성물산 대표	24.4
허인철	이마트 대표	24.4(20)
서승화	한국타이어 부회장	23.8
이상철	LG유플러스 부회장	21.8
윤진혁	에스원 대표	20.6(4.9)

*는 스톡옵션 행사이익 48억 1,000만 원 포함.[자료: 금감원 전자공시]

전문경영인 연봉 상위 (단위: 억 원)

93억 9,000만 원이다. 3위는 삼성전자 CE(소비자 가전) 부문장인 윤부근 대표이사 사장으로 55억 원을 수령했다. 국내의 전문 경영인 연봉 상위 1~3위를 삼성전자가 차지했다. 이어 4, 5, 6위는 이봉관 유성티앤에스

이사(52억 4,000만 원), 조성철 제로투세븐 사장(50억 8,000만 원), 경청호 전 현대백화점 대표(49억 9,000만 원)가 차지했다.

이 조사는 2014년 회계 기준 임원 보수 공개 대상 기업을 대상으로 이루어졌다. 여기에 해당하는 법인은 상장사, 비상장사를 포함해 모두 2,306개였고, 이들 기업에서 5억 원 이상의 보수를 받은 등기 임원은 모두 662명이었다.

금융권 기관장의 보수는 이보다 낮은 편이다. 2014년 한 해 동안 금융권 기관장 가운데 가장 많은 보수를 받은 경영자는 하영구 은행연합회 회장으로 전년도 퇴직금을 포함해 소득 71억 6,000만 원을 받아 1위를 차지했다. 46억 2,000만 원가량인 퇴직금을 빼면 하 회장의 연봉은 25억 4,000만 원에 달한다. 2, 3위는 김우진 전 LIG손해보험 부회장(37억 5,000만 원), 정태영 현대카드 사장(23억 4,000만 원)이었다.

국내 대기업 CEO의 연봉은 미국의 그것에 비하면 아직은 약소한 편이고, 기업의 노동자와의 보수 차이도 50배로 미국의 370배에 비하면 아직은 낮은 편이다. 그런데 거꾸로 생각하면 이는 국내 대기업 CEO의 연봉이 앞으로 오를 가능성이 크다는 것을 암시한다. 실제로 한국 기업 CEO의 보수는 빠르게 증가하고 있다. 신종균 삼성전자 대표이사의 연봉은 2006년만 해도 100억 원이 넘지 않았다. 그런데 신 대표의 연봉은 이제 200억 원을 향해 치닫고 있다.

이름	직책	연봉(퇴직금)
하영구	씨티은행장	71.6(46.2)
김우진	전 LIG손해보험 부회장	37.5(34.5)
정태영	현대카드 사장	23.4
최희문	메리츠종금증권 사장	22
김용범	메리츠종금증권 사장	18.3
김정태	하나금융지주 회장	17.4
김창수	삼성생명 대표	15.4
전용배	삼성화재 경영지원실장	15.2
하춘수	전 대구은행장	15.2(10.1)
안민수	삼성화재 대표	14.3
한동우	신한금융지주 회장	12.3
서진원	전 신한은행장	12.1
이순우	전 우리은행장	11(2.7)
윤의국	고려신용정보 전 회장	9.7(3.1)
원종규	코리안리 대표	8.5
신창재	교보생명 회장	8.4
임영록	KB금융지주 전 회장	7.7(퇴직금 없음)

[자료: 금감원 전자공시]

금융권 기관장 연봉 상위 [단위: 억 원]

높아지고 있는 것은 CEO의 보수뿐만이 아니다. 국내 기업의 전문 경영인의 지위도 함께 높아지고 있다. 1970년대만 해도 한국의 CEO는 사주에 가려 목소리를 내지 못했다. 내가 신문 기자로 기업들을 취재하던 1990년대 초반만 해도 국내 기업의 전문 경영인 가운데 자기 목소리를 내는 인물은 많지 않았다. 사주의 의사 결정이 기업 경영에 더 큰 영향을 미쳤다. 그러던 것이 1990년대 중반에 들어서면서 CEO의 지위가 빠르게 개선되기 시작했고, 1997년 IMF 외환위기를 지나자 그 지위가 급격히 높아졌다.

이 같은 변화는 한국에서도 기업 간 경쟁이 심화되기 시작한 시기와 일치한다. 기업 간의 경쟁이 심화되면서 CEO가 기업의 운명에 큰 영향을 미친다는 사실이 받아들여지기 시작한 것이다. CEO의 보수와 직원 평균 임금과의 격차가 갈수록 커지는 것이 적정한가의 논란과는 무관하게 앞으로 CEO의 보수와 지위는 미국이건 한국이건 지금보다 나아질 것이다. 이것은 시대의 거대한 흐름이며, 누구도 거부할 수 없다. 우리가 주목해야 할 부분은 바로 이 지점이다.

'CEO 효과'가 시작됐다

'스타 CEO'의 몸값이 오르는 이유

기업을 살리거나 죽이는 것은 최고 경영자다. 동일한 산업에 속해 있고 경영 여건이 비슷한 기업이라면 누가 CEO를 맡느냐에 따라 기업 운명이 바뀌는 경우가 적지 않다.

미국 자동차 업계의 GM과 포드가 그런 사례다. 미국에서 똑같이 자동차 산업에 속해 있는 GM과 포드는 CEO의 능력 차이로 기업 운명이 갈렸다. 한때 '미국의 빛나는 영광'이었던 GM은 2000~2009년 8년 동안 릭 왜고너Rick Wagoner가 CEO로 재임하는 동안 파탄으로 치달았다.

하버드 MBA 출신의 릭 왜고너는 2000년 GM에 취임할 당시 일본 도요타의 공세로 위기에 빠진 GM을 구원할 것이라는 기대를 모았다. 그러나 그는 GM의 보수적인 스타일에서 벗어나지 못했고, 아무것도 이뤄내지 못했다. 그는 직원들이 해야 할 일을 일일이 지시하고 잘못된 과정을 일일이 따졌다. 점입가경으로 그는 백인 우월주의자였다. 그런 그가 버락 오바마 대통령의 눈밖에 벗어난 것은 당연한 일이었다.

글로벌 금융위기가 절정에 달했던 2009년 3월 그는 GM의 구제 금융을 다루는 의회 청문회에 참석하기 위해 호화 전용 비행기를 동원했다는 빈축을 샀다. 게다가 오바마 대통령을 만나지도 못했다. 그는 결국 그해 3월 30일 사임을 발표했고, 다음날 오바마 정부는 GM을 포함한 미국 자동차 업계의 지원 방안을 발표했다. 릭 왜고너는 GM의 구태의연한 기업 문화를 혁신해야 할 사명을 갖고 있었지만 실은 그 자신이 청산돼야 할 기업 문화였다. 그가 취임하기 직전 60달러였던 GM의 주가는 글로벌 금융위기가 닥친 2009년 1달러 미만의 동전주penny stock로 추락했다. 60분의 1의 폭락이었다. 2008년 GM은 309억 달러(약 31조 원)의 당기 순손실을 기록했고, 자동차 판매량도 835만 대로 전년도보다 11% 감소했다.

반면에 앨런 멀러리Alan Mulally는 포드 자동차의 CEO를 맡아 이 회사를 턴어라운드시키는 데 성공했다. 앨런 멀러리는 2006년 9월 포드 자동차의 대표이사에 취임했다. 앞서 그는 항공기 업체 보잉 사의 부사장으로 재임하면서 9·11 사태로 적자에 빠진 이 회사를 혁신과 대규모 구조조정을 통해 턴어라운드한 바 있었다. 이를 눈여겨본 포드 자동차 빌 포드Bill Ford 회장이 대대손손 이어오던 집안 경영을 접고 2006년 그를 영입했다.

앨런 멀러리는 자동차 사업에는 경험이 없었지만 오히려 이로 인해 발상의 전환이 가능했다. 그는 포드에 오자마자 수익성이 없는 브랜드를 청산했다. 연비가 낮거나 생산성이 높지 않은 SUV 차량을 포기하고 미국 내의 손실이 나는 공장 설비는 줄였으며, 대규모 구조조정도 실시했다(이제 미국에서 CEO의 대규모 구조조정은 칭송받는 일이 됐다!).

포드는 턴어라운드에 성공했다. 포드는 GM, 크라이슬러를 포함한 '자동차 빅3' 가운데 유일하게 구제 금융을 받지 않았다. 2008년 1달러까지 내려갔던 주가는 2015년 1월 현재 16달러로 16배까지 뛰었다. 비슷한 시기에 비슷한 어려움에 처한 미국의 두 기업이 CEO의 의사 결정에 따라 운명이 갈리는 사례를 보면 CEO가 중요하다는 사실이 입증된다.

한국에도 'CEO 효과'는 이미 등장하고 있다. LG생활건강의 경영을 맡고 있는 차석용 부회장이 그런 사례다. 차석용 부회장은 2005년 1월 LG생활건강 사장에 입문했다. 그는 1985년 미국 P&G 사원으로 사회생활을 시작해 한국P&G 대표이사, 해태제과 대표이사를 거쳤다. 취임 당시 LG생활건강은 주요 비즈니스인 비누, 세제 등의 생활용품이 성숙기에 진입하면서 실적 정체 상태에 있었다. 차석용 부회장은 인수합병을 통해 이 회사의 실적을 지속적으로 개선시켰다. 2007년 코카콜라음료 인수를 시작으로 2010년 더페이스샵과 한국음료, 이어 2011년 해태음료를 인수했다. 2012년에는 바이올렛드림 및 일본 화장품 업체 긴자스테파니 등을 순차적으로 인수했다. 인수한 기업의 실적은 예외 없이 개선됐다. 2005년 취임 당시 3만 원이 채 되지 않던 LG생활건강의 주가는 2015년 4월 80만 원으로 27배나 뛰었다. 이런 성과 덕분에 그의 보수는 후한 편이다. 2013년 차석용 부회장은 연봉 15억 4,400만 원을 수령했다.

현재 LG생활건강의 주가는 차석용 부회장의 거취에 따라 연동되는 모습을 보이고 있다. 2014년 중순 LG생활건강의 주가는 53만 7,000원에서 43만 원으로 20% 급락했다. 급락의 이유라는 것이 차석용 부회장이 퇴진할 가능성이 높다는 보도 때문이었다. 이 무렵 차석용 부회장은 자신이 보유 중이던 LG생활건강 주식 2만 2,000주를 전량 매도했고, 계열사인 더페이스샵과 코카콜라음료 대표이사직에서 물러났다. 그러나 그해 11월 LG그룹 정기임원인사에서 유임이 확정되면서 LG생활건강의 주가는 반전했다. 시장이 차석용 부회장의 거취에 민감하게 반응한 이유는 그가 LG생활건강의 경영 능력을 입증했기 때문이다.

기업의 주가에 CEO가 영향을 미치는 현상을 'CEO 효과'라고 한다면, 여기에 해당하는 국내 CEO로는 박성칠(동원F&B), 김기석(로만손), 이채윤(리노공업), 이경수(코스맥스), 이정웅(선데이토즈), 성기학(영원무역), 신승영(에이텍), 이해진(NHN), 장복만(동원개발) 등이 있다.

이처럼 CEO는 해외는 물론이고 국내에서도 유망 직업이다. 기업의 운명이 갈수록 CEO에 의해 좌우되고 있기 때문이다. 그런데 경영 능력이 입증된 CEO는 언제나 공급 부족의 상태일 수밖에 없고, 그래서 CEO의 몸값은 치솟게 된다. 직장인이라면 CEO를 유망 직업으로 상정해볼 만하다.

CEO는 마냥 선망의 직업인인가? 그렇지 않다.

CEO의 재임 기간은 갈수록 짧아지고 있다. 2002년 미국 500대 기업의 CEO들의 평균 재임 기간은 9.5년이었다. 10년이 지난 2012년 그 수치는 3.5년으로 대폭 줄었다. 이는 CEO가 성과를 내지 못할 경우 언제든지 자리를 내놓아야 한다는 것을 보여준다. 선망의 대상으로 떠오른 만큼 평가가 냉정해지고 경쟁이 격심해지고 있음을 보여준다.

스타 CEO가 되고 싶다면 치밀한 훈련이 필요하다. 자신의 경력을 철저하게 관리해야 하고, 개인의 브랜드를 높이는 일에도 신경 써야 한다. 이 점에서 한국의 일부 CEO들이 대중 매체에 등장하는 모습에는 아쉬운 점이 적지 않다. 어느 CEO는 인터뷰를 할 때 교과서에 나올법한 원론적인 답변을 되풀이하기도 한다. 표정도 굳어 있다. 그러나 대중은 CEO와의 인터뷰 행사라면 원론적인 이야기보다는 그만이 할 수 있는 이야기를 듣고 싶어 한다. 또한 그의 표정의 미묘한 변화까지 대중은 주목한다. 능력도 있고, 자기를 효과적으로 알리는 CEO에 대한 수요는 갈수록 커질 것이다.

국내 대기업 임직원의 평균 연봉

기업	근속 연수	1인 급여
삼성전자	9.6	102
SK텔레콤	12.8	102
현대차	16.9	97
기아차	18.7	97
삼성화재	10.8	91
현대모비스	12.6	90
SK	9.4	90
삼성물산	8.9	89
에쓰오일	15.2	89
NH투자증권	-	89
한라비스테온공조	15.3	88
현대제철	11.1	87
삼성생명	11.2	86
한화생명	15.8	86
LG	-	85
포스코	18.1	82
현대해상	12.9	82
삼성SDS	9.5	81
한국항공우주	13.4	81
삼성증권	8.4	80
제일기획	5.7	79
KT&G	17	78
우리은행	15.9	77
CJ	-	77
대림산업	9.9	77
대우증권	10	76

시가 총액 상위 100위 기준 연봉 상위 순. 금융지주는 제외. [자료: 금감원 전자공시]

코스피 대형주 평균 연봉 상위 (단위: 백만 원)

삼성전자와 SK텔레콤이 주요 대기업중 평균 연봉이 가장 높은 곳으로 나타났다. 〈매일경제신문〉이 금감원 전자공시에 공시된 2014년 사업보고서를 기준으로 코스피 시가 총액 상위 100개 사의 평균연봉을 조사한 결과 삼성전자(1억 200만 원)와 SK텔 레콤(1억 200만 원)이 1위를 기록했다. 하지만 평균 근속 연수가 각각 9.6년, 12.8년 임을 감안하면 SK텔레콤에 비해 삼성전자 임직원이 연차에 비해 더 받는다는 것으로 분석된다.

삼성전자의 경쟁사인 LG전자(6,800만 원)의 경우 삼성전자보다 3,400만 원 이나 평균연봉이 낮았다. 근속 연수는 9년으로 삼성전자와 큰 차이가 없었다. SK 텔레콤과 통신 경쟁사인 LG유플러스(6,600만 원)의 경우도 SK텔레콤보다 3,600 만 원의 큰 차이를 보였다.

현대차와 기아차는 나란히 9,700만 원의 평균 연봉을 기록했다. 하지만 평균 근속 연수는 현대차(16.9년)가 기아차(18.7년)보다 조금 더 짧았다. 같은 그룹 계열사인 현 대모비스는 비교적 짧은 근속 연수(12.6년)에도 불구하고 평균 연봉(9,000만 원)이 높 은 편이다. 실적·주가가 급성장하고 있는 아모레퍼시픽도 7,200만 원으로 근속 연수 (8.5년)에 비해 적지 않은 연봉을 과시했다.

2013년(5,600만 원)에 비해서는 1,600만 원이나 오른 액수다. 인터넷·게임 대형주 인 엔씨소프트와 네이버는 근속 연수는(4.9년) 같지만 평균 연봉은 각각 6,400만 원, 5,400만 원으로 1,000만 원이나 차이가 났다. 반면 유통·식품회사들이 상대적으로 평 균 연봉이 낮았다. 롯데제과(4,200만 원)의 경우 삼성전자의 40% 수준이고, 오리온 (4,300만 원), 롯데쇼핑(3,300만 원), 이마트(2,800만 원) 등도 다른 업종들에 비해 초 라한 모습을 보였다.

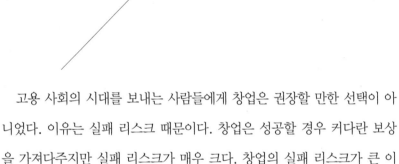

위기가 창업가를 만든다

신기술에 대한 접근권과 '스타트업'

고용 사회의 시대를 보내는 사람들에게 창업은 권장할 만한 선택이 아니었다. 이유는 실패 리스크 때문이다. 창업은 성공할 경우 커다란 보상을 가져다주지만 실패 리스크가 매우 크다. 창업의 실패 리스크가 큰 이유는 변수가 너무 많기 때문이다. 변수가 많으면 예측은 빗나갈 가능성이 크다.

창업가는 고객의 욕구가 무엇인지를 확신하지 못하는 상태에서 상품이나 서비스를 내놓는다. 아무리 사전에 치밀하게 조사를 해도 '조사'는 '조사'일 뿐이다. 만약 사업이 예측대로 결과가 명확하게 나오는 것이라면 가장 성공하는 창업가는 대학의 경영학, 경제학 교수일 것이다. 그러나 현실은 그렇지 않다.

성공한 창업가인 알리바바닷컴의 마윈은 창업에 대해 이렇게 말한다

"아무리 뛰어난 창업가더라도 어디로 가야 할지를 결정하는 데 언제나 어려움을 느낀다. 창업가는 스스로를 호랑이 위에 앉아 있는 맹인 같다는 생각을 하게 되며, 이것이 때로는 숨이 막힐 정도로 무서운 느낌으로 다가온다."

비즈니스의 역사를 돌이켜보면 탁월한 능력을 가졌음에도 실패한 창업가들의 무덤이 널려 있다. 이들은 반드시 성공해야 했으나 때를 만나지 못해 성공에 이르지 못했으며, 사업의 기반을 닦았지만 예상치 않은 위기를 극복하지 못해 거리로 나앉았으며, 천신만고 끝에 성공에 이르렀지만 신성장 동력을 잘못 선택해 추락했다. 창업은 명백하게 '우리의 기대를 배반한 것'으로 보인다. 식은 죽 먹기처럼 쉬운 창업은 지금까지 없었고, 앞으로도 영원히 그럴 것이다.

여기에 비하면 취업은 고용 사회의 시대에 안전하면서도 투자 대비 수익ROI이 높은 선택이었다. 취업은 모든 사람들이 가는 넓은 길이었고, 안정적이면서도 풍족한 생활을 보장해주었다. 이런 시기에는 공부를 열심히 해서 좋은 학교를 졸업하고 좋은 직장에 취업하는 것이 현명한 선택이었다. 그것은 사회적으로도 장려됐다. 대기업에 취직하면 사회에 봉사하고, 부모님에게 효도하는 것으로 인식됐다. 반면에 창업은 바람직하지

않게 여겨졌다. 고용 사회의 시기에 유행했던 '사농공상'이란 사자성어에서 '상商'이 맨 말단을 차지하고 있었던 것이 이를 암시한다. 이 시기의 대중은 사업가들이 자신의 잇속을 차리기 위해 거짓말을 하지 않는지 의심의 눈초리로 바라봤다. 그러나 이제 시대가 바뀌었다. 직장인, 대학 졸업자는 향후 자신의 인생의 진로로 창업을 진지하게 선택해볼 필요가 있다. 이유는 두 가지다.

첫째, 고용 사회가 막을 내리면서 직장 생활의 리스크는 높아진 반면 창업의 리스크는 상대적으로 낮아졌다. 직장 생활이 더 이상 안전하거나 실패율이 낮은 선택 사항이 아니라는 점은 굳이 설명할 필요가 없을 것이다. 직장인은 불안하다. 언제 해고 통보를 받을지, 언제 구조조정의 시작될지를 노심초사하며 직장생활을 보내고 있는 것이 현실이다. 직장생활의 리스크가 예전에 비해 갑절로 커진 것이다. 반면에 창업 리스크는 예전보다 현격히 줄었다. 실제로 창업을 해본 사람이라면 실감할 것이다. 예를 들어 법인 설립의 모든 과정이 온라인으로 가능하고, 자본금도 100만 원이면 가능하다. 예전에는 법인 설립을 위해 50여 곳의 기관에 들러 도장을 받아야 했고 설립 자본금도 5,000만 원이 넘어야 했다. 또한 사실상 법인 설립을 혼자서 해내는 것이 불가능했다.

둘째, 창업에 성공할 경우 보상이 극대화되는 시기를 보내고 있다. 모든 일에는 때가 있는 법이다. 다시 말해 때를 놓치지 않는 것이 창업 성

공의 핵심인데, 자본주의의 패러다임이 바뀌면서 새로운 기회가 속속 등
장하고 있는 지금이야말로 창업하기에 좋은 시기이다.

자본주의 역사를 돌이켜보면 기술 혁명으로 새로운 시대가 막 열렸을
때가 기회의 시기였다. 이런 시기에는 변화를 받아들이고 기회를 붙잡은
혁신가들이 새로운 부의 대부분을 차지했다. 18세기 증기기관이라는 신
기술이 등장하자 리처드 아크라이트Richard Arkwright를 비롯한 일군의 창업
가들이 도전에 나서 새로운 부유층으로 진입했다. 1900년대 자동차라는
새로운 기계가 등장하자 헨리 포드는 이것을 포디즘을 활용해 대량생산
해 당대의 자본가 계급에 진입했다.

주지하다시피 지금은 모바일과 소셜 미디어 혁명의 시기다. 모바일이
세상의 모든 것을 혁명적으로 바꾸고 있다. 이는 위기이기도 하지만 한편
으로는 기회기도 하다. 모바일 혁명은 새로운 사업 기회를 속속 등장시키
고 있다. 모바일과 소셜 미디어가 가져오는 변화는 우리가 피하고 싶다
고 해서 피할 수 있는 것이 아니다.

비즈니스 전문 소셜 미디어인 링크드인LinkedIn의 창업자 리드 호프먼
Reid Hoffman은 모든 일에는 때가 있으며, 그것을 놓치지 않는 것이 사업
성공의 관건이라는 사실을 보여주는 인물이다. 2002년 그는 미국 실리콘
밸리 인근에 있던 자신의 집에서 링크드인을 창업했다. 당시 이미 그는

백만장자였다. 앞서 2000년 그가 창업 이사회 멤버로 있던 페이팔이 이
베이에 인수되면서 순식간에 백만장자가 된 터였다. 호프먼은 여기에 만
족할 수도 있었지만 기회가 더 남아 있다고 생각했다.

"편하게 지낼 수도 있었다. 그렇지만 가능한 한 빨리 실리콘밸리로 돌
아가서 인터넷 회사를 차려야겠다는 생각이 들었다. 놓쳐서는 안 될
기회가 보였기 때문이다. 무엇보다 시장이 충분히 무르익은 상태였다.
인터넷 기술을 바탕으로 하는 혁신적인 비즈니스 기회들이 여전히 많
이 남아 있었다. 그럼에도 당시 많은 경쟁 업체들이 닷컴 몰락의 아픈
기억 때문에 겁을 먹고 섣불리 뛰어들지 못하고 있었다. 나는 계속해
서 그렇게 바라볼 수만은 없었다. 게다가 나는 페이팔의 성공으로 한
층 강화된 인맥이 있었고, 새로운 비즈니스를 시작하는 데 필요한 자
원을 더 빨리 끌어 모을 수 있었다."(리드 호프먼, 《어떻게 나를 최고로 만
드는가The start-up of you》)

결국 링크드인이 2011년 미 나스닥에 성공적으로 상장함으로써 호프
먼은 억만장자의 반열에 올라섰다. 링크인 창업 9년 만의 성과였다. 또한
1997년 안정적인 인생 대신에 창업했던 온라인 만남 사이트 소셜넷
Socielnet.com의 참담한 실패에 대한 보상이었다. 스탠퍼드대와 옥스퍼드대
출신의 재원이었던 그로서는 월스트리트에서 안정적인 고소득 전문직으
로 취업할 수도 있었지만 창업의 길을 걸은 것이다. 호프먼은 당시 창업

을 선택한 것이 최선의 선택이었다고 회고한다. 창업을 선택했기에 시행착오를 거쳐 지금의 큰 성취를 이뤘다는 것이다. 호프먼은 "세상의 모든 일이 그렇지만 성공 창업에는 시기가 중요하다."라고 말한다. 더욱이 창업을 격려하고 있다.

"모든 사람들이 급격한 변화에 대처하는 비결을 알고 있다면, 다시 말해 스타트업 기업을 운영하기 위한 방법을 알고 있다면 우리 사회는 더욱 풍요로워질 것이다. 올바른 태도와 기술을 갖고 있는 사람이라면 누구나 오늘날 혁신의 시대에 성공을 쟁취할 수 있을 것이다."(리드 호프먼, 앞에 책)

그는 변화에 무관심한 것이 지금 같은 시대에 치명적인 결과를 가져올 수 있다고 조언하고 있다. 명백하게 새로운 변화를 감지한 상태에서, 게다가 글로벌 경제의 신기술에 대한 접근권이 용이해진 상황에서 기존의 사고방식에서 벗어나지 못한다면 변화를 읽고 적극적으로 대응하는 사람과 격차가 심각해질 것이라는 점이다.

아마존의 제프 베조스Jeff Bezos도 '성공 창업에는 때가 있다'는 원칙에 충실한 사람이다. 1993년 말, 제프 베조스는 온라인 서점 사업을 하기로 마음먹고 당시 다니고 있던 D. E. 쇼앤컴퍼니에 사표를 던졌다. D. E. 쇼앤컴퍼니는 컴퓨터 기반 금융 거래사로 제프 베조스는 당시 이 회사의 부사장으로 일하면서 연봉 100만 달러를 받고 있었다. 프린스턴대에서 전자공학과 컴퓨터공학을 최우수 성적으로 졸업하고, 월스트리트의 촉망받는 인재로 활약하던 그가 사표를 던진 것은 무모한 도전으로 여겨졌다. 가만히 지내기만 하면 '7자리 단위의 연봉'과 더불어 수천만 달러의 연말 보너스를 받다가 40대 이전에 거액의 퇴직금을 받고 은퇴해도 휴양지에서 여생을 즐기는 길이 보장돼 있었기 때문이다.

그렇지만 베조스는 "온라인 서점에 미래가 보였다."고 회고한다. 그는 웹을 연구하는 프로젝트를 진행하면서 인터넷 전자 상거래의 성장성을 알게 됐고, 바야흐로 인터넷의 시대가 개화하기 직전이 기회라는 사실을 깨달았다. D. E. 쇼앤컴퍼니의 사장이 다시 한 번 만류하자 베조스는 "80세가 됐을 때 내가 이 순간을 어떻게 되돌아볼 것인가를 충분히 생각해 보고 내린 결정입니다."라고 응답했다. 1995년 7월 16일, 베조스는 '지구촌 최대 서점Earth's Biggest Bookstore'이라는 슬로건을 내걸고 아마존을 오픈했다. 1997년 5월 아마존은 주당 18달러로 나스닥에 상장됐고, 베조스는 33세의 나이에 1억 7,780달러를 거머쥐며 억만장자로 떠올랐다.

창업은 실로 위대한 것이다.

당신은 돈을 벌기 위해 기업을 창업하겠지만 알고 보면 창업은 돈벌이 개념을 뛰어넘는다. 위대한 창업은 세상을 바꾸고 인류 역사를 바꾼다. 자본주의의 역사가 시작된 이래 인류의 삶을 진정으로 바꾼 사람은 창업가였다. 야반도주한 농노가 만든 자본주의는 그간 주도권이 상업 자본가,

금융 자본가, 산업 자본가, 유통 자본가로 이전돼 왔는데, 이들은 한결같이 창업가들이었다.

상업 자본가 시대의 베네치아 상인, 금융 자본가 시대의 야코프 푸거 Jakob Fugger, 산업 자본가 시대의 리처드 아크라이트와 헨리 포드, 유통 자본가 시대의 샘 월튼Sam Walton, 서비스 자본가 시대의 래리 페이지Larry Page 도 여기에 해당한다. 고용 사회의 막을 올린 사람은 헨리 포드라는 창업가였고, 그것의 막을 내린 사람도 스티브 잡스라는 창업가였다.

역사가들이 즐겨 인류 역사의 주인공으로 등장시키는 직업인은 정치인, 장군, 사상가, 이론가 들이다. 이들의 영웅적 업적, 탁월한 사상, 승리한 전투가 인류 역사를 바꾸었다고 역사가들은 서술한다. 그러나 실은 정치인, 장군, 사상가, 이론가 들은 창업가가 만들어놓은 '구조물'이라는 교도소에 갇혀 있는 '수인'이다. 이들은 발버둥치지만 창업가가 만들어놓은 구조에서 한 발짝도 벗어나지 못한다. 이들이 이룩한 업적이란 겉모습이며, 먼지에 불과하다. 그것은 기껏해야 그림자이다. 미래의 교과서는 자본주의 중심의 교과서가 될 수밖에 없고, 주인공은 창업가일 수밖에 없다. 이 교과서에 나오는 최초의 시조는 제임스 와트고, 헨리 포드는 고용 사회의 문을 연 시조로, 스티브 잡스는 고용 사회의 막을 걷어치우고 새로운 시대를 연 또 다른 시조로 기록될 것이다. 창업이야말로 세상의 진실이다. 창업을 해보지 않고 세상을 논하지 말라. 창업은 당신의 친구가 누구인지, 진정으로 당신을 위해주는 사람이 누구인지, 인간이란 과연 어떤 존재인지를 절감하게 해준다.

창업은 영원불멸의 생명체를 만들어보려는 인간의 노력의 소산이기도 하다. 당신이 창업에 성공한다면 인간처럼 생명을 갖고 활동하는 하나의 법적 인격체를 만든 셈이다. 적어도 상법과 민법에서 기업은 법적 권리와 의무를 수행하는 하나의 인격체다. 기업이 법인法人으로 불리는 이유가 여기에 있다. 폐업을 하지 않는 한 기업은 법적 실체로 생명력을 부여받는다. 창업가는 죽지만 기업은 수익을 내는 한 영원히 존속한다. 창업가는 기업 내부의 깊숙한 곳에 내재화된다. 기업은 인간의 유한성을 극복하는 수단이자, 인간의 불멸의 욕구에 대한 해법이다. 그래서 앞서 말한 대로 법인이다. 오늘날 창업의 가장 보편적인 형태인 주식회사는 근대사에 있어 가장 뛰어난 걸작품이라고 경영 학자 피터 드러커는 말한다.

"주식회사(기업)는 인류가 만들어낸 가장 뛰어난 걸작품 중 하나다. 19세기 미국의 철도 사업은 주식회사의 지원이 없었다면 아무런 성과를 내지 못했을 것이다. 끝없이 소요되는 철도회사의 설비 자금을 감당할 수 있는 수단은 주식회사였다. 주식회사는 자본금을 거의 임의로 늘릴 수 있기 때문이다. 주식회사는 근대 사회에서 급속도로 경제의 주도적 요소로 부상했던 진정한 혁신이었다. 사회에서 권력의 구심점을 형성하면서도 민족 국가나 중앙 정부로부터는 독립된 최초의 기관이 바로 주식회사였다. 주식회사는 인간 불멸의 욕구에 대한 해법이기도 하다.

주식회사는 법인, 즉 법적으로 하나의 살아 있는 인격체다."(피터 드러커, 《프로페셔널의 조건》)

인류 최초의 주식회사인 네덜란드 동인도 회사는 지구상에서 가장 막강하고 원숙한 경지에 다다른 상인들의 연합체였다. 동인도 회사는 세계 최강국의 업무대행기관으로서 무력을 바탕으로 방대한 지역을 통치했다. 그것은 하나의 국가와 맞먹었다. 《기업의 역사》를 쓴 존 미클스웨이트John Micklethwait에 따르면 네덜란드 동인도 회사는 새로운 시장 개척에도 열심이어서 홍해에서 동인도 제도에 여러 군도까지로 활동 무대를 넓혀갔다.

이 과정에서 체계적인 관리가 필요했다. 동인도 회사는 규정을 마련하고 자금 모집과 상거래 내용을 철저히 감독하는 이중 감독 체제를 유지하고 있었다. 의결권을 가진 주주들이 모두 참석하는 총회와 총회가 선출한 24명의 이사들로 구성된 이사회가 실무 감독을 맡았다. 이사회 의장과 부의장은 7개의 소위원회를 통해서 관리 업무를 수행하였고 현지 공장과 판매 조직을 통제하는 해외 조직망의 관리도 게을리하지 않았다.

창업가는 일자리를 창출하는 보람을 느낄 수도 있다. 지금의 고용 사회를 만든 주인공은 바로 헨리 포드라는 창업가였다. 헨리 포드야말로 인류의 절대 다수에게 안정적인 일자리를 만들어준 주인공이다. 창업을 애초부터 위험한 일로 보거나, 자신의 미래를 위한 여러 가지 선택지 가운데에서 배제하지 말라. 스티브 잡스, 헨리 포드, 존 D. 록펠러는 인류 역사에 뚜렷한 족적을 남긴 창업가였다. 위대한 혁신을 이룬 창업가는 미래의 교과서에 주인공으로 기록될 것이다.

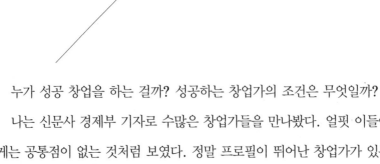

누가 창업에 성공하는가

스타트업, 성공의 8가지 조건

누가 성공 창업을 하는 걸까? 성공하는 창업가의 조건은 무엇일까?

나는 신문사 경제부 기자로 수많은 창업가들을 만나봤다. 얼핏 이들에게는 공통점이 없는 것처럼 보였다. 정말 프로필이 뛰어난 창업가가 있는가 하면, 초등학교조차 졸업하지 못한 성공한 창업가도 있었다. 사교성이 뛰어난 창업가가 있는가 하면 내향적이고 수줍음을 타는 창업가도 있었다. 외모가 출중한 창업가가 있는가 하면, 정말이지 소박한 외모를 가진 창업가도 있었다. 단 한 번의 창업으로 성공한 창업가가 있는가 하면, 숱한 실패를 이겨내고 성공에 이른 창업가도 있었다. 남성 창업가들이 많았지만 여성 창업가도 적지 않았다. 이는 앞서 언급한 대로 성공 창업에 이르기까지에는 변수가 다양하다는 것을 의미한다. 그렇지만 어느 정도의 공통점은 발견됐다. 자, 성공 창업의 조건을 살펴보도록 하자.

스타트업의 조건 ① : 준비된 창업이 성공 가능성이 높다

흔히 "창업은 누구나 할 수 있고, 일단 창업을 해놓고 보면 길이 열린다."라고 말을 하는 사람들이 있다. 결론부터 말하자면 이는 사실이 아니다. 세상의 모든 일이 그렇듯이 창업도 준비돼 있는 것이 그렇지 않은 것보다 성공 가능성이 명백하게 높다. 이것은 너무나 상식적인 이야기다. 준비된 자가 성공 가능성이 높다. 다만 성공 창업에는 의외의 변수와 행운이 크게 영향을 미치다 보니 준비의 중요성이 간과되고 있을 뿐이다.

빌 게이츠는 하버드대를 중퇴하고 곧바로 마이크로 소프트MS를 창업해 성공했다고 알려져 있다. 그런데 이는 사실과 다르다. 빌 게이츠는 철저하게 준비된 창업가였다. 그는 MS를 창업하기 전에 이미 트랩오데이터TRAP-O-DATA라는 스타트업 기업을 창업했다. 트랩오데이터는 지금의 SI[시스템 통합] 비즈니스를 수행했고, 인텔의 CPU[중앙처리장치]를 이용해 교통 상황을 점검하는 소프트웨어를 개발하기도 했다. 당시로서는 첨단 기술이었다.

트랩오데이터 창업 당시 그는 이미 PC와 소프트웨어 분야의 전문가였다. 1955년생인 빌 게이츠는 고등학교 2학년(레이크사이드 스쿨 8학년) 때 처음으로 컴퓨터를 접하고 곧바로 여기에 몰입했다. 그의 나이 16세의 일이었다. 당시 이 학교에서 들여온 컴퓨터는 지금처럼 개인이 별도로 쓸 수 있는 방식이 아니라 공유 터미널을 통해 컴퓨팅을 하는 방식이었다. 지금 기준으로는 '구닥다리'지만 당시에 이런 컴퓨터를 들여놓은 학교는 레이크사이드 스쿨이 유일했다. 덕분에 빌 게이츠는 남보다 일찍 컴퓨터를 알게 됐다. 빌 게이츠는 이 시절에 인포메이션 서비스라는 회사의 의뢰로 급여 관리 프로그램을 제작해주는 대가로 당시로서는 거액인 1만 달러를 벌기도 했다.

이런 경험과 노하우를 바탕으로 그는 1975년 고교 선배인 폴 앨런Paul Allen과 함께 MS를 창업한 것이다. 나이는 19세였지만 그는 이미 '준비된 창업가'였다. 심지어 빌 게이츠는 하버드대를 중퇴하지도 않았다. 그는 혹시라도 사업이 잘 진행되지 않을 경우를 대비해 휴학계를 냈고, 이후 복학을 하지 않았을 뿐이다(그로부터 30여 년이 훌쩍 지난 2007년 그는 하버드 대 법대 졸업장을 받았다).

빌 게이츠의 부모도 사업의 든든한 우군이었다. 빌 게이츠는 은행 임원 이던 어머니로부터 비즈니스 업계의 다양한 인사들을 소개받았는데, 그중 한 사람이 IBM의 전 CEO 존 오펠John Opel이었다. 빌 게이츠의 어머니와 존 오펠은 친분이 돈독했다. 이를 계기로 1980년 빌 게이츠는 IBM으로부 터 "우리 회사의 신형 컴퓨터에서 실행될 운영체제를 공급할 수 있느냐?" 는 제안을 받았다. 빌 게이츠는 이것이 황금알을 낳는 거위가 될 수 있음 을 간파했다. 그렇지만 그는 운영체제를 개발하지 못한 상태였다. 여기 에서 그는 준비된 창업가로서의 역량을 발휘했다.

큐도스Q-DOS라는 회사가 운영체제를 갖고 있음을 알아내고, 이 회사 사장을 만나 "2만 5,000달러를 줄 테니 판권을 달라."고 제안해 계약을 성사시켰다. 빌 게이츠는 이를 MS-DOS라는 이름으로 바꿔 IBM에 첫 계약금으로만 43만 달러를 받고 제공했다. 고객이 요구하는 상품을 갖고 있지 않았지만 비즈니스 감각을 발휘해 큰 수익을 낸 것이다(빌 게이츠 하면 떠오르는 MS-DOS가 실은 빌 게이츠가 만든 것이 아니다!).

빌 게이츠는 여기서 한걸음 더 나아갔다. 그는 IBM과 계약을 체결하면서 'MS-DOS의 저작권은 MS가 보유하고, 카피당 라이선스를 받는다.'는 조건을 넣었다. 이는 변호사였던 빌 게이츠의 아버지의 조언에 따른 것이다. 빌 게이츠는 아버지로부터는 사업에 필요한 각종 법률 자문을 받고 있었다. 빌 게이츠의 아버지는 MS-DOS를 카피당 라이선스를 받고 제공하는 것이 '황금알을 낳는 거위'가 될 것이라는 사실을 잘 알고 있었던 것이다.

만약 당시 이 조항이 없었다면 빌 게이츠는 MS-DOS의 권리를 확보하지 못했을 것이다. 소프트웨어 기업인 오라클의 래리 앨리슨 회장은 IBM이 MS-DOS 판권을 직접 사지 않고 MS가 갖도록 내버려둔 것에 대해 "1,000억 달러짜리 실수"라고 땅을 치며 후회하기도 했다. 당시 PC 소프트웨어 기업으로는 MS 말고도 앞서 언급한 큐도스 등 숱하게 많았다. 그렇지만 지금까지 살아남은 기업은 사업가적 기질이 탁월한 빌 게이츠의 MS뿐이다.

빌 게이츠는 사업가적 마인드로 무장돼 있었다. 당시 빌 게이츠와 협상을 진행했던 IBM의 한 간부는 "빌은 만날 때마다 IBM을 가장 중요한 고객으로 생각한다는 인상을 강하게 심어주었다. 때때로 그는 무료 조언을 해주기도 했다."고 회고하고 있다.

미디어에 의해 비즈니스의 성공이 창업가의 우연이나 행운에 의한 것처럼 종종 묘사되지만 실제로는 그렇지 않다는 사례는 빌 게이츠 말고도 많다.

유튜브를 창업한 스티브 첸Steve Chen은 디너 파티를 촬영한 동영상을 친구에게 보낼 방법이 마땅치 않다는 사실을 발견하고 즉흥적으로 동영상 서비스를 하는 사이트를 창업했다고 알려져 있다. 그리고 유튜브 사이트가 개설되자마자 폭발적인 인기를 누렸다고 알려져 있다. 그렇지만 이는 사실이 아니다.

스티브 첸은 오랜 준비를 거쳐 창업했다. 그는 초등학교 6학년이던 11세에 이미 컴퓨터 프로그램을 짤 수 있을 정도로 컴퓨터 전문가였다. 당시 스티브 첸은 베이직이라는 컴퓨터 프로그래밍 언어를 우연히 접했는데, 명령어만 입력하면 컴퓨터 화면에 나타나는 도형을 마음대로 바꿀 수 있다는 점에 매력을 느껴 이 언어를 독학으로 마스터했다. 당시 그의 집에 있는 컴퓨터는 하드디스크가 없는 애플II여서 컴퓨터를 끄면 프로그램도 사라졌다. 스티브 첸은 부모님과 동생에게 자신이 만든 프로그램을 자랑하기 위해서는 그야말로 '빛의 속도'로 프로그램을 짜야 했다. 이 결과 그의 타이핑 실력과 프로그래밍 실력은 눈에 띄게 향상됐다.

대학을 졸업하고 곧바로 창업에 나선 것도 아니었다. 그는 창업에 앞서 페이팔에 근무하면서 조직의 운영 방식을 경험했고 종잣돈도 모았다. 이런 과정을 거쳐 2005년 그는 친구 두 명과 함께 실리콘밸리에서 유튜브를 창업했다. 그가 창업 아이템을 동영상 사이트로 정한 이유는 당시 동영상 촬영 장비와 기술이 막 대중화되기 시작하면서 누구나 스스로 동영상을 제작할 수 있고, 인터넷이 보급돼 기술적 뒷받침이 됐다는 사실을 관찰했기 때문이다. 유튜브Youtube란 '진정한 당신[You]'과 'TV[Tube]'의 합성어로 누구나 자신의 동영상을 올릴 수 있다는 의미가 담겨 있다.

이베이의 설립자인 피에르 오미다이어Pierre Omidyar의 성공담도 마찬가지다. 여자 친구의 호감을 사기 위해 전자 상거래 웹사이트인 이베이를 오픈했고, 이것이 이른바 '대박'을 치자 얼떨결에 창업을 했다고 알려져 있다. 그러나 이 역시 사실과 다르다. 그는 이베이를 오픈하기 전에 이미 한 차례 창업을 했던 경험이 있었다. 1967년생인 그는 미국 터프대 컴퓨터공학과를 다니면서 컴퓨터 프로그래밍을 하고 코드를 짜는 법을 이미 터득한 상태였다.

대학 졸업 후 애플 컴퓨터의 자회사인 클라리스에서 프로그래머로 일하면서 조직 생활을 경험했다. 그러고 나서 24세에 이숍e-Shop이라는 전자 상거래 기업을 공동 창업했다. 이숍은 이 비즈니스의 가능성을 발견한 MS에 인수됐다. 이 과정에서 오미다이어는 전자 상거래 비즈니스가 성장 가능성이 높다는 사실을 알게 됐다.

이 경험을 바탕으로 그는 결국 많은 시간을 들여 이베이의 전신인 옥

선웹이라는 전자 상거래 사이트를 오픈했다. 그의 나이 28세의 일이었다. 프로그램을 짜는 것은 아주 많은 노력이 필요하다. 단지 여자 친구의 관심을 끌기 위해서 호기심 차원에서 이런 일을 하기는 쉽지 않다. 그리고 그는 옥션웹 운영 초기에는 다니던 회사를 그만두지도 않았다. 옥션웹의 이용자가 증가하고 여기서 발생하는 수입이 회사 급여를 넘자 그때서야 회사를 그만두고 옥션웹 비즈니스에 전념하게 된다.

이처럼 이들의 성공 창업의 이면에는 치밀한 준비가 있다. 빌 게이츠, 스티브 첸, 피에르 오미다이어의 케이스는 모두 준비된 창업이 그렇지 않은 창업보다 성공 가능성이 더 크다는 사실을 보여준다. 어떤 분야에 창업하기로 마음먹었다면 사전에 충분히 준비하고 경험을 쌓아야 한다. 이것이 성공 창업의 첫 단계다.

스타트업의 조건 ②: 당신의 예상보다 두 배 이상의 시간이 필요하다

창업은 예상하지 못했던 일들의 연속이다. 사업은 본질적으로 불확실하며, 이것을 극복하기 위해 노력하는 과정에서 시간은 당초 예상보다 두 배 이상이 소요되는 경우가 태반이다. 이 사실을 미리 감안하지 않으면 시행착오를 겪을 수밖에 없다.

우선, 법인 설립 절차가 예전보다 훨씬 간소화됐지만 지금도 여전히 법인을 설립하기까지 아주 많은 문서와 증빙 절차가 필요하다. 법인 설립의 과정을 외부 전문가에게 맡기더라도 기본적인 서류와 자료는 직접 준비해야 한다. 또한 법인 설립을 마쳤다고 그것으로 끝나는 것이 아니다. 웹사이트를 제작한다고 해보자. 웹사이트 구축은 어느 비즈니스를 하던지 필수적인데, 이 과정은 생각보다 훨씬 복잡하고 어렵다.

웹 에이전시의 담당자가 와서 기획안을 보여주면서 1개월 만에 사이트를 구축할 수 있다고 자신 있게 말할 것이다. 그러면 이 수치에 정확히 '곱하기 2'를 하라. 그것이 실제의 소요 기간이라고 생각하면 틀림없다. 일단 웹 에이전시가 보여주는 최초의 디자인이 창업가의 마음에 드는 경우가 거의 없다. 그래서 창업가는 화면 디자인의 수정을 요구해야 한다. 그러면 웹 에이전시는 수정된 디자인을 보내오고, 당신은 이것을 다시 수정 요청해야 할 것이다.

이 과정에서 의외로 많은 시간이 소요된다. 웹 에이전시의 담당자가 개인 사정으로 자리를 비우는 일도 생기고, 담당자가 회의 중이거나 다른 업무를 하면 창업가는 또다시 기다려야 한다. 이래저래 시간은 훌쩍 지나간다. 커피숍 같은 오프라인 매장이나 사무실을 오픈하는 것도 쉽지 않다. 입지 선정, 자재 구매, 임직원 채용은 창업가를 지치게 만든다. 그렇다고 이런 절차를 대충 진행할 수도 없는 일이다.

이런 과정을 거쳐 드디어 정식으로 사업을 시작하다고 해보자. 그러면 그것으로 모든 번거로움은 끝인가? 그렇지 않다. 창업가는 이제 사업의 최종 목적인 '이익 창출'이라는 거대한 산을 마주하게 된다. 이 산을 정복하기까지 진짜 시간이 소요된다. 제품(서비스)을 만들고, 그것을 시장에 선보여 고객에게 판매하고 이익을 내는 것은 어마어마하게 어려운 일이다. 사업 개시 후 곧바로 매출을 일으킬 수 있다고 기대한다면 곧바로 실망할 것이다.

운 좋게 사업을 개시하자마자 곧바로 매출과 이익이 발생하는 경우도 있다. 이런 초기의 행운에 안심하는 것은 금물이다. 사업 초기의 매출은 반짝 매출일 가능성이 높다. 이 기간에는 초기 마케팅에 의해 소비자들이 호기심을 갖고 몰려들기도 하고, 당신의 지인들이 구매자가 되기도 한다. 당연하게도 이 소비자들은 충성 고객이 아니다. 이들은 단지 궁금할 뿐이다. 만약 제품이나 서비스가 자신들의 기대를 충족시키지 못한다면 소비자들은 두 번 다시 찾아오지 않는다. 소비자는 냉정하다. 초기의 반짝 매출을 경험하는 창업가는 그나마 나은 편일 수도 있다. 어떤 사업은 허니문의 단계조차 없이 소비자의 선택을 받기까지 길고도 험난한 시기를 견뎌야 한다. 이 기간은 창업가를 심리적으로, 감정적으로 힘들게 만든다.

요컨대, 사업을 구축하는 일은 매우 고통스러울 뿐만 아니라 당초 예상했던 것보다 훨씬 느리게 진행된다는 사실을 창업가 혹은 예비 창업가는 새겨둘 필요가 있다. 창업을 희망에 찬 꽃길이라고 착각해서는 곤란하다. 제대로 된 가치를 사업으로 만들어내려면 오랜 헌신과 집중이 필요하다. 창업가는 사업이 당초 계획보다 두 배 이상의 시간이 소요된다고 생각하면서 사업 계획서를 작성할 필요가 있다. 그러면 시행착오를 줄이고, 여유를 갖고 일을 진행할 수 있을 것이다.

스타트업의 조건 ③: 마케팅 포인트가 관건이다

초보 창업가가 가장 빈번하게 저지르는 실수의 하나는 '제품 혹은 서비스만 잘 만들면 고객은 저절로 몰려든다'라고 생각하는 것이다. 이는 어마어마한 착각이다. 단언컨대 제품은 절대로 저절로 팔리지 않는다. 사업의 세계는 본질적으로 모호하기 때문에 '절대'라는 표현을 사용하는 것은 위험하지만 이것만큼은 확실하다.

시장에는 제품이나 서비스가 언제나 쏟아져 나온다. 이들 제품이나 서비스 가운데 어떤 것이 차별성과 경쟁력을 갖고 있는지를 소비자가 알아내기란 대단히 어렵다. 생각해보라. 시장에 숱하게 많은 동종의 제품들이 널려 있는데 소비자 입장에서 어떤 것이 장점이 있는지를 어떻게 알겠는가? 그래서 중요한 것이 마케팅이다. 수많은 제품 가운데 고객이 당신의 제품을 구매하기 위해서는 마케팅이 필수적으로 작동돼야 한다.

그러나 무수히 떠들어대는 마케팅의 중요성에도 이 사실을 몸으로 인지하는 사람은 의외로 많지 않다. 심지어 기업 임원진 가운데서도 상당수는 마케팅을 '루틴'한 일로 여긴다. 기업 대상으로 강연을 자주하는 나는 강의를 하면서 이 사실을 자주 목격하고 있다. 대기업일수록 재무 회계나 생산 관리operation management 임원들의 목소리가 높고 마케팅이나 세일즈는 뒤로 밀려나 있는 경우가 적지 않다. 나는 오랜 경험을 통해 이런 기업은 시간이 흐를수록 어려움을 겪게 될 것이라는 사실을 알고 있다.

MBA에서도 사정은 비슷하다. MBA에서는 마케팅 과목에 학생들이 몰리는데, 그 이유는 이 과목이 인기가 있어서가 아니라 회계나 재무에 비해 학점을 쉽게 받을 수 있기 때문이다. 마케팅을 수강하는 학생들은 이 과목을 수강하면서도 '내가 만약 회계 재무를 잘한다면 회계 재무를 수강했을 텐데'라고 생각한다. 그리고 회계 재무를 수강하는 친구들을 내심 부러워한다.

마케팅이 소비자의 제품 선택에 미치는 영향력은 상상 이상이다. 다만 소비자는 이 사실을 실감하지 못할 뿐이다. 소비자는 누구나 자신이 마케팅의 영향을 받지 않고 합리적 판단에 따라 제품을 고른다고 생각한다. 스스로를 지식인이나 인텔리라고 생각하는 소비자일수록 이런 생각을 갖고 있다. 그런데 이는 착각이다.

자본주의 세상에 살고 있는 한 당신은 집요하고 정교하게 진행되고 있는 마케팅의 영향력에서 절대 벗어나지 못한다. 만약 당신이 어떤 제품이나 서비스를 구매하면서 '나는 광고의 영향을 절대 받지 않았다'라고 생각하고 있다면 당신은 속고 있는 것이다.

《나는 왜 루이비통을 불 태웠는가》의 영국 작가 닐 부어맨Neil Boorman에 따르면 선진국의 성인이 하루에 접하는 광고의 수는 3,000개에 이른다. 이들은 65세까지 200만 개의 광고를 접한다. 당신이 네이버나 구글에서 특정 단어를 검색하면 이미 당신은 무의식적으로 수십, 수백 개의 광고에 노출돼 있는 것이다. 무의식적인 인지가 실제적인 구매를 유발한다는 것은 이미 마케팅 영역에서 검증된 법칙 중 하나다.

이것은 그나마 직접적인 마케팅이다. 진정으로 정교한 마케팅은 소비자가 뻔히 눈뜨고 있으면서도 그것이 마케팅이라는 사실을 인지하지 못하게 한다. 예를 들어보자. TV를 켜면 대담 프로그램에서 학자, 정치인, 경제인이 등장해 자신의 지식을 전달하고 인생을 논한다. 이들은 우리를 바라보면서 진실로 유익한 무언가를 전해주고 있다는 뉘앙스를 풍긴다. 그것은 실제로 유익한 정보일 수 있다.

그렇지만 실은 이들은 자신을 '마케팅'하고 있을 뿐이다. 그런데 우리는 그들을 '마케팅'하는 사람이 아니라 전문가로만 바라본다. 이것이 최고의 마케팅이다. 이런 마케팅은 워낙 자연스럽게 진행되기 때문에 우리는 그것이 마케팅이라는 사실조차 인지하지 못한다.

정리해보자. 창업가가 제품이나 서비스를 잘 만드는 것은 기본이다. 창업가가 리스크를 감수하고 창업에 나서는 이유는 자신의 제품이 자신이 있기 때문이다. 모든 창업가들이 제품이 자신이 있다면 그것은 경쟁력이 될 수 없다. 마케팅을 고민하라. 당신이 만든 제품의 장점을 소비자에게 알리는 방법을 찾아낼 때 성공 창업의 문은 열린다.

스타트업의 조건 ④: 협업을 즐겨라

창업가는 회사가 1인에 의해 움직이지 않는다는 사실을 유념해야 한다. 회사는 2인 이상이 공동의 목표를 향해 움직이는 조직이다. 현대적 의미의 기업은 1862년 영국에서 기업법companies act이 제정되면서 등장했는데, 기업의 어원인 '콤파니아compania'라는 라틴어는 '빵을 같이 나누어 먹는다'라는 어원을 갖는다. '같이 일을 하면서 이익을 공유한다'는 의미와 다르지 않다. 하지만 적지 않은 초보 창업가들이 이 사실을 간과한다.

무슨 일이든 혼자 해결해야 직성이 풀리고, 유능한 직원들을 채용했지만 그들이 스스로 알아서 업무를 해결하도록 지켜보지 못하는 창업가들이 적지 않다. 이런 '나 홀로 창업가'는 업무를 위임하거나 자동화하는 방법을 알지 못한다. 업무 위임이야말로 기업이 스스로 움직이도록 하는 핵심이라는 사실을 간과하는 것이다. 남을 믿지 못하는 리더는 일에 치여 한 걸음도 나아가지 못하고, 사업은 쳇바퀴 돌듯이 한 치도 앞으로 나아가지 못할 것이다.

홀로 똑똑한 창업가가 의외로 사업에서 실패하고, 재능은 비록 떨어지지만 업무를 위임할 줄 아는 창업가가 성공하는 이유가 여기에 있다. '나 홀로 창업가'보다는 비록 능력이 부족해도 업무와 권한을 위임할 줄 아는 창업가가 성공 가능성이 높다. 이런 사람은 능력의 한계를 알기 때문에 위임하는 법을 알고 있고, 다른 사람을 어떻게 관리해야 원하지 않는 일을 하게 만드는지도 안다. 리더십은 거저 얻어지지 않는다. 내가 임직원에게 무엇을 할 수 있도록 만드는 대가로 그들에게 무엇을 줄 수 있는지를 생각해보라. 그것은 보상일 수도 있고, 처벌일 수도 있고, 인간적인 매력일 수도 있고, 전문적 지식일 수도 있다. 이런 것들을 많이 갖고 있을수록 당신의 리더십은 힘을 발휘하고 기업은 역동적으로 전진할 것이다.

스타트업의 조건 ⑤: 투자 유치에 적극적으로 임하라

투자 유치를 하는 것이 창업에 도움이 되는가? 아니면 오히려 해가 되는가? 이는 막상 창업의 길에 들어설 때면 피할 수 없는 질문이다. 얼핏 생각해보면 정답이 없는 것처럼 보인다.

흔히 투자 유치를 하지 않는 것이 낫다는 의견의 요지는 창업가들이 투자를 받으면 경영 간섭을 많이 받게 되고, 그러다 보면 '배가 산으로 간다'는 것이다. 또한 투자 유치에 사업 계획서 작성, 프리젠테이션 등으로 상당한 시간이 소요되는데, 차라리 그 시간에 제품 개발 같은 핵심 역량에 집중하는 것이 효과적이라는 점도 지적된다.

결론부터 말하자면, 투자 유치는 하는 것이 여러모로 유리하다. 가장 큰 이유는 사업이 궤도에 오르기 위해서는 자금이 필요하기 때문이다. 실제로 창업에 실패하는 가장 큰 이유는 제품이나 마케팅의 문제가 아니라 자금 부족이라는 조사가 있다. 대부분의 창업가는 혼자 힘으로 창업 자금을 마련하는 데 한계가 있다. 투자 유치는 그래서 필요하다. 또한 투자 유치를 받았다는 것은 외부의 전문가들이 창업 기업의 비즈니스 모델의 가능성, 창업 멤버와 설득 능력을 인정했다는 의미기도 하다.

투자를 유치하고 나면 경영 간섭이 많아지지 않느냐고 생각할 수도 있다. 그러나 창업가는 '간섭'이 왜 벌어지는지를 생각해볼 필요가 있다. 투자 유치 이후에 경영 간섭이 많아지는 가장 큰 이유는 창업가가 외부 투자자와 맺은 내용대로 이행하지 않았기 때문인 경우가 많다. 외부 투자자 입장에서 창업가가 원래 계약대로 사업을 이행한다면 굳이 시시콜콜 간섭할 이유가 없다. 물론 원래부터 간섭을 하지 않으면 못 견디는 엔젤 투자자나 벤처 캐피털이 있지만 그런 부류는 세상의 어디에나 있다. 다만 그런 부류로부터 자금을 조달받지 않도록 주의하면 된다.

그렇다면 투자 유치는 어떻게 성사시켜야 할까? 스타트업 기업이 자금을 유치하기는 쉽지 않다. 특히 사업 규모가 작을수록, 그리고 필요한 돈이 많을수록 자금 조달은 용이치 않다. 스타트업 기업은 리스크가 높고 생존 자체가 불확실하기 때문이다. 엔젤 투자자나 벤처 캐피털은 스타트업의 대부분이 실패로 돌아가거나 만족할 만한 성공을 거두지 못한다는 사실을 잘 알고 있다. 따라서 이들은 자신들에게 쏟아지는 수백 개, 수천 개의 사업 계획서를 대부분 폐기한다. 이들은 3~5년 후에 사업이 충분히 성장해 매각되거나, 주식 시장에 상장되기를 바라는데 이런 요건에 부합하는 기업은 많지 않다.

대안이 있을까?

여유 자금이 있는 친지나 지인이라면 당신에게 투자할 가능성이 높다. 그들은 당신을 잘 알고 있기 때문이다. 그러나 이들로부터 자금을 유치하면 예전의 친밀하고 전면적이던 인간관계를 기대하기 어렵다. 투자가 맺어지면 당신과 그 사람과의 관계는 사업 파트너 관계로 달라지기 때문이다. 사업을 하다 보면 종종 친구나 가족의 의사와는 다른 의사 결정을 내릴 수밖에 없는데, 이 때문에 서로의 관계가 불편해지는 상황이 발생한다. 특히 가까운 사이라면 돈 문제로 얽히는 것이 불편할 수밖에 없다.

투자 유치에 정답은 없다. 당신이 투자 유치를 원한다면 당신을 찾아오는 기회에 최선을 다하는 수밖에 없다. 사업의 시장 전망과 성공 가능성을 적극적으로 알려야 한다. 이런 과정을 거쳤는데도 투자 유치에 실패했다고 해서 아쉬워할 필요는 없다. 미래를 확실히 아는 사람은 아무도 없다. 사업이 성공할지 그렇지 않을지는 오직 시간이 말해줄 뿐이다. 노련한 벤처 캐피털리스트들도 미래에 사업이 어떻게 전개될지를 예측하는 데 실수하기는 마찬가지다.

오늘날의 구글은 세계 최대의 인터넷 기업이지만 창업한 지 3년째였던 2000년만 해도 적자투성이 기업이었다. 획기적 검색 기술은 있었지만 수익 모델이 변변치 않았기 때문이다. 그러다 보니 이들은 실리콘밸리의 고전적인 창업 형태인 '차고 창업'에서 벗어나지 못하고 있었다. 이 회사의 진정한 가치를 알아보는 투자자도 없었다.

그해 미국의 유명 투자 회사인 A 캐피털 회장은 우연히 친구 집에 들렀다가 친구로부터 "바로 옆 차고에서 스탠퍼드대 출신의 두 젊은이가 벤처를 운영하고 있는데, 잠시 만나보라."는 제안을 받았다. A 캐피털 회장은 친구에게 구글의 비즈니스 모델이 뭔지를 질문했다. 설명을 잠시 듣던 A 캐피털 회장은 "차고를 거치지 않고 나가는 통로를 알려 달라."라고 대답했다. 물론 그것으로 끝이었다. 그는 래리 페이지와 세르게이 브린Sergey Brin을 만나지 않았다. 스타트업 기업 분석에 평생을 바친 그도 눈앞의 '황금알을 낳게 될 거위'를 제대로 알아보지 못한 것이다.

반면에 똑같은 시기임에도 구글의 가능성을 발견하고 대박을 터뜨린 사람이 있다. 구글의 최고 경영자인 에릭 슈미트Eric Schmidt가 여기에 해당한다. 당시 미국 굴지의 소프트웨어 회사 노벨의 최고 경영자로 있던 에릭 슈미트는 2000년 말 구글을 방문했다. A 캐피털 회장이 '구글 차고'를 방문하지 않고 친구 집을 나선 때와 비슷한 무렵이었다. 슈미트도 처음에는 구글을 방문하고 싶은 생각이 없었다. 그 역시도 구글을 방문하는 것이 시간 낭비일 뿐이라고 생각했지만 주변의 지인들의 적극적인 권유에 못 이겨 마지못해 구글을 방문했다.

다만 엔지니어 출신이었던 슈미트는 구글을 방문하자마자 두 젊은이가 '큰일'을 저지를 것임을 직관적으로 이해했다. 슈미트는 프린스턴대에서 전기공학을 전공하고 캘리포니아대에서 전기공학 박사 학위를 받았다. 슈미트는 두 젊은이가 만드는 기술이 세상을 바꿀 것이라는 사실을 곧 알아차렸다. 그는 처음 구글을 방문했던 이후로 사비를 들여 10억 원가량을 구글에 투자하고, 이듬해에는 아예 구글 CEO로 자리를 옮겼다.

우리 모두가 알다시피 이 선택이 그 유명한 '에릭 슈미트'를 만들었다.

슈미트는 구글 CEO 재임 10년 동안 연봉과 스톡옵션 등으로 8조 원 넘는 재산을 끌어모았다. 미래를 내다보는 눈 덕분에 대성공을 거둔 것이다. 반대로 A 캐피털 회장은 눈앞에서 천문학적인 수익을 거둘 수 있는 투자처를 놓쳐버리고 말았다.

스티브 잡스가 애플을 창업한 초기에도 상황은 비슷했다. 1976년 말, 애플의 스티브 잡스는 투자자를 찾고 있었다. 그해 초 애플을 창업한 그는 개인용 컴퓨터인 애플1과 애플2를 출시해 기반을 마련한 터였다. 그렇지만 신제품 개발과 직원 채용 등 기업의 성장을 위해 자금이 필요했다. 그러나 그 어떤 투자자도 스티브 잡스를 주목하지 않았다. 청바지 차림에 지저분한 수염을 기른 '히피족'이 뭔가를 해낼 것 같지 않았기 때문이다.

스티브 잡스는 알음알음으로 실리콘밸리의 벤처 캐피탈 회사인 세콰이어를 창업한 돈 밸런타인Don Valentine을 찾아갔다. 돈 밸런타인은 게임 회사 아탈리에 투자해 큰 수익을 내면서 혜안과 식견을 인정받고 있었다. 그런데 그런 그도 스티브 잡스의 사업성에 점수를 주지 않았다. 심지어 그는 스티브 잡스를 자신에게 소개해준 지인에게 왜 그런 미치광이를 보냈느냐며 버럭 화를 내기까지 했다. 스티브 잡스가 하도 자신에게 전화를 걸어 귀찮게 굴자 돈 밸런타인은 이 젊은이를 떼어내고 싶은 마음에 평소 알고 지내던 인텔 출신의 마이크 마쿨라Mike Macula를 소개해주었다.

행운의 여신은 마이크 마쿨라에게 미소를 지었다. 당시 33세였던 마쿨라는 인텔에 몸담았다가 인텔이 상장하자 스톡옵션을 행사해 백만장자가 된 상태였다. 마쿨라는 친구와 함께 스티브 잡스의 차고를 방문해 스티브 잡스로부터 사업에 관해 설명을 들었다. 당시 스티브 잡스는 실리콘밸리 인근의 차고를 사무실로 쓰고 있었다. 스티브 잡스는 마쿨라에게 "일반 가정과 회사가 모두 컴퓨터를 갖게 되는 세상이 올 것이며, 우리는 컴퓨터를 팔아 세상을 바꿀 수 있다."고 열변을 토했다. "회사가 주식 시장에 상장되면 10억 달러의 기업 가치를 갖게 될 것"이라고 설득했다.

마쿨라와 동행했던 친구는 중얼거렸다. "미쳤군. 10억 달러면 인텔보다 규모가 크지 않나? 저, 친구 정말 돌았군."

그러나 이미 마쿨라의 귀에는 친구의 말이 들리지 않았다. 그는 직관적으로 잡스가 말한 그림을 머릿속에 그려보고 있었다. 짜릿한 기능이 구현되는 컴퓨터가 불티나게 팔리고, 이 회사가 주식 시장에 상장해 자신이 돈방석에 앉아 있는 모습이 선명하게 눈에 들어왔다. 스티브 잡스라는 젊은이에게 묘한 매력을 느꼈다. 마쿨라는 자신의 직감에 충실하기로 결심했다. 그는 9만 1,000달러를 현금으로 투자해 애플 창업 초기에 가장 많은 금액을 투자한 벤처 캐피털리스트가 됐다. 그는 여기에 만족하지 않고 애플 지분의 3분의 1을 받는 대신에 은행신용보증으로 25만 달러를 추가 투자했다. 결국엔 어떻게 됐냐고? 알다시피 애플은 창업 4년째였던 1980년 미 나스닥에 성공적으로 상장했고 마쿨라는 억만장자가 됐다. 스티브 잡스를 내쫓은 세콰이어 캐피탈의 돈 밸런타인은 훗날 "애플에 투자하지 않은 것이 내 인생에서 가장 큰 실수 중 하나"라고 후회하기도 했다.

투자에 관한 구글과 애플의 케이스는 투자 유치에 정답이랄 것은 없으며, 투자자의 개인적 안목과 취향에 따라 결과는 천차만별이라는 사실을 보여준다. 단, 확실한 것은 있다. 사업이 실제로 수익을 낼수록, 그래서 사업 성공의 가능성이 높아질수록 투자자는 몰려든다는 것이다.

차량 예약 서비스 기업인 리모스닷컴limos.com의 케이스가 여기에 해당한다. 이 회사 설립자인 엠제이 드마코MJ DeMarco는 리무진 기사로 일하다가 차량 예약 서비스를 제공하는 리모스닷컴을 설립해 30대에 백만장자가 됐다. 《부의 추월차선》의 저자이기도 한 그는 투자 유치가 어떻게 이뤄지는지에 대한 해답의 실마리를 보여준다.

그는 900달러(약 90만원)로 창업을 할 당시만 해도 투자 유치는 꿈도 꾸지 못했다. 알고 지내는 엔젤 투자자나 벤처 캐피털 관계자가 없었을 뿐만 아니라 무엇보다도 사업상 업무가 워낙 많다 보니 여기에 집중할 시간이 부족했다. 그는 "사업 실행을 위해 모든 노력을 투입해도 하루 24시간이 모자랐다. 다른 생각을 할 수 없었기 때문에 미친 듯이 사업에 매진할 수밖에 없었다."고 말한다. 물론 그에게 투자하겠다고 연락하는 엔젤 투자자나 벤처 캐피털도 없었다. 하지만 사업이 어느 정도 결실을 맺자 신기하게도 투자를 하겠다는 사람들이 연락을 해왔다고 말한다. 자신이 전화를 걸기도 전에 이들은 먼저 자신에게 연락해 사업 계획서를 요청했

다는 것이다. 그는 이 경험을 바탕으로 《부의 추월차선》에서 다음과 같은
결론을 내리고 있다.

"만약 창업 당시 내가 95페이지짜리 사업 계획서를 만드느라 150시간
을 사용했다고 하더라도, 내가 숙련가가 아니기 때문에 이 사업 계획
서를 전달받은 누구도 이것을 읽지 않았을 것이다. 나는 돈도, 실적도
없었고, 새로 시작한 일도, 끝맺은 일도, 성과를 거둔 일도 없기 때문
이다. 그런데 그것이 숫자로 나타나면 사정은 달라진다. ⟨…⟩ 많은 창
업가들이 '내 아이디어에 투자할 투자자를 어떻게 찾을 것인가?'를 고
민한다. 그런데 투자받고 싶다면 우선 실행하라고 말하고 싶다. 시제
품을 만들라. 브랜드를 만들라. 다른 사람들이 보고 만질 수 있는 결과
물을 만들라. 당신의 아이디어가 물리적인 모습을 드러낼 때 투자자는
기꺼이 지갑을 연다. 당신이 충분히 잘만 하면 투자자들은 앞다퉈 자
금을 대줄 것이다. 투자자들은 지겹도록 분석만 해놓은 사업 계획서가
아니라 만질 수 있고 실제로 존재하는 것에 투자하고 싶어한다."(엠제
이 드마코, 《부의 추월차선》)

드마코의 사례는 투자 유치의 관건이 사업 아이템의 성공 가능성에
비례한다는 점을 보여준다. 그것은 뛰어난 아이디어일 수도 있고, 시장
의 성장성일 수도 있다. 여기에다 당신이 신뢰할 만한 사람이라는 것을
투자자들에게 확신시키는 것은 필수다. 엔젤 투자자나 벤처 캐피털 업계

종사자는 스타트업의 성패가 결국 창업가에 의해 결정된다는 사실을 잘 알고 있다. 당신이 경력 관리에 신경을 써야 하는 이유다.

스타트업의 조건 ⑥: 작게 시작해서 독점하라

아마존은 세계 최대의 전자 상거래 기업이다. 아마존은 이제 글로벌 유통 거대 기업인 월마트와 경쟁하고 있다. 아마존이 판매하는 물품을 살펴보면 음반, DVD, 기저귀는 물론이고 TV, 컴퓨터 등 가전제품에 이르기까지 수천 가지에 이른다. 하지만 아마존이 처음부터 '만물상'은 아니었다. 1995년 7월 16일, 제프 베조스가 아마존 홈페이지를 오픈할 당시만 해도 판매 물품은 딱 한 가지, 바로 책이었다.

명문 프린스턴대를 졸업하고 26세에 금융사 부사장까지 올랐던 그가 책이라는 단 한 가지 품목으로 시작한 것은 치밀한 계산의 결과였다. 그는 자원과 인력이 한정돼 있는 창업 단계에서 가장 효과적인 물품에 집중하는 것이 승산이 높다고 봤다. 결국 규격화돼 있고, 품질이 동일하고, 배송이 간편한 책을 주목했다.

아마존은 온라인 서점 사업이 성공하자 그때서야 CD, 비디오, 소프트웨어 등으로 품목을 확장하기 시작했다. 설립 20여 년이 지난 현재 아마존은 이 세상에 존재하는 모든 상품을 취급하는 만물상으로 성장했다. 그러다 보니 자연스럽게 월마트와 경쟁하는 수준에 이르렀다. 아마존이 처음부터 종합 쇼핑몰이 되기로 마음먹었다면 자금과 인력의 한계로 무너졌을 가능성이 크다. 아마존의 성공 사례는 스타트업 기업이 어떤 모습으로 시작해야 하는지에 대한 시사점을 준다. 스타트업 기업은 작은 시장에서 시작하는 것이 성공 가능성이 크다.

페이팔을 이베이에 매각해 억만장자가 된 피터 틸은 《제로 투 원》에서 "스타트업 기업은 너무 작다 싶을 만큼 작게 시작해야 한다."라고 조언한다.

"스타트업 기업이 아주 작은 시장에서 시작해야 하는 이유는 큰 시장보다는 작은 시장을 지배하기가 쉽기 때문이다. 초기 시장이 너무 클 수도 있겠다는 생각이 든다면 분명히 너무 큰 것이다. 스타트업 기업에서 완벽한 표적 시장은 경쟁자가 없거나 아주 적으면서도 특정한 사람들이 적은 규모로 모여 있는 시장이다."

그는 "뭐가 됐든 큰 시장은 좋은 선택이 아니며, 이미 여러 회사가 경쟁하고 있는 큰 시장이라면 더욱더 나쁜 선택"이라고 말한다. 창업가가 흔히 범하는 오류다. 예를 들어 13억 중국 인구를 감안해 중국인 1명당 이쑤시개를 한 개씩만 팔아도 13억 개라는 셈법은 잘못된 것이다. 큰 시장에는 이미 많은 경쟁자가 진입해 있어 레드 오션인 경우가 대부분이다. 경쟁이 치열하면 이윤은 제로 수준으로 하락한다. 무엇보다 신생 창업 기업이 무슨 방법으로 이렇게 큰 시장의 고객들에게 자신의 제품을 알린다는 말인가? 창업가는 자금과 인력이 한정돼 있다는 사실을 잊지 말아야 한다.

피터 틸은 자신이 페이팔에서 초기에 저지른 실수가 바로 이 부분이었다고 고백한다. 애초 페이팔은 초창기 PDA(개인 휴대 단말기)의 하나인 팜파일럿Palm Pilot을 이용해 이용자들이 서로 돈을 송금할 수 있게 하는 서비스를 내놓았다. 이는 혁신적이었고 세계 최초였다. 하지만 문제는 전 세계의 수백만 명의 팜파일럿 사용자들에게 페이팔의 서비스를 알리는 것이 사실상 불가능했다는 점이었다. 팜파일럿 사용자들은 개별적으로 행동했고, 게다가 자신들끼리 모여 의견을 교환하는 사이트도 없었다. 이런 문제에 돌파구가 된 것이 바로 이베이였다.

대량 거래를 주도하는 파워 셀러 수천 명이 활동하고 있던 이베이에 집중했다. 이들에게 노력을 기울인 결과 3개월 후 이들 중 25퍼센트에게 서비스를 제공할 수 있었다. 페이팔은 전 세계의 곳곳에서 개별적으로 움직이는 수백만 명을 과감하게 포기하고 자신들의 서비스를 필요로 하는 수천 명에게 집중함으로써 거대 유료 결제 회사로 성장할 수 있었다. 이처럼 스타트업 기업은 일단 작은 시장부터 지배하고 나서 안정적일 때 넓은 시장으로 진입해야 성공 확률이 커진다.

스타트업의 조건 ⑦: 다른 것이 이긴다

성공적인 스타트업을 위해서는 무엇보다 발상의 전환, 창의적인 해결이 중요하다. 성공적인 창업과 경영이 어려운 이유가 여기에 있다. 세상

사람들이 이미 다 알고 있는 방식으로 문제를 해결하려 하면 그 문제는 여간해서는 풀리지 않는다. 반대로 문제를 다른 시각에서 정의하고 새로운 해결책을 창조하면 그것은 소비자를 끌어들이고, 기업을 바꾼다.

오스템 임플란트는 국내 임플란트implant 시장 1위 기업이다. 임플란트란 자연 치아가 빠졌을 경우, 이를 대체하는 인공 치근을 말하는데, 여기에 기둥을 박고 인공 치아를 넣으면 임플란트 치아가 된다. 임플란트 치아를 이식하면 자연 치아와 거의 유사하게 단단한 음식도 잘 씹을 수 있고, 반영구적으로 사용할 수 있으며, 미관상으로도 우수하다. 이런 장점으로 임플란트는 이제 보편적인 인공 치아 시술법으로 자리 잡았다. 2015년 7월 기준 오스템 임플란트는 국내 임플란트 시장과 중국 시장에서 각각 45%, 35%를 차지하면서 부동의 1위를 기록하고 있다.

이 회사가 처음부터 성과를 냈던 것은 아니다. 이 회사 창업자인 최규옥 대표는 서울대 치대를 졸업하고 치과 병원을 운영하다가 새로운 치아 시술법인 임플란트를 알게 됐다. 기존의 틀니(의치) 혹은 브리지보다 월등하게 우수하다는 면에서 임플란트 사업에 대한 관심을 가졌다고 한다. 잇몸 위에 얹는 인공 치아인 틀니나, 손상된 치아와 인접한 두 개의 치아에 걸쳐 연결하는 브리지보다 사용자 입장에서 이물감이 느껴지지 않고 자연 치아처럼 씹을 수 있다는 강점이 눈에 들어온 것이다. 임플란트는 말 그대로 획기적인 인공 치아였다.

그는 임플란트의 성공 가능성을 높게 보고 1997년 1월 오스템 임플란트를 설립했다. 그리고 그해 12월 임플란트 제품을 시장에 내놓았다. 제품에 대한 자신감 때문에 판매도 어느 정도 될 것으로 예측했다. 그러나 이것이 잘못된 생각이라는 사실을 깨닫는 데 오랜 시간이 걸리지 않았다. 초보 창업가의 전형적인 실수였다. 그의 예상과 달리 임플란트의 판매 실적은 극도로 저조했다. 시장의 반응은 무관심 그 자체였다.

원인을 조사해보니 문제가 한둘이 아니었다. 가장 큰 문제는 제품에 대한 신뢰가 부족했다. 치과 의사나 환자들은 임플란트라는 새로운 보철물이 치아에 부착될 경우 부작용이나 문제점이 있지 않겠느냐는 의구심을 버리지 않았다. 당국의 허가를 거쳤음에도 임플란트의 안정성에 대해 의심의 눈길을 거두지 않았다. 게다가 치과 의사들도 극소수만이 임플란트를 알고 있는 것도 문제였다. 임플란트 시술법은 당시로서는 새로운 방법이었기 때문에 국내의 어느 치과 대학에서도 이를 가르치지 않았던 것이다. 제품의 우수성만 믿고 제품이 팔릴 것으로 생각한 최 대표의 실수였다.

최 대표는 이 문제의 해법에 골몰했다. 처음에는 대규모의 광고를 떠올렸다. 사업가라면 누구나 떠올리는 문제 해결법이었다. 그렇지만 이것은 창업 기업에게는 자금 문제로 실행하기가 어려웠다. 최 대표는 오랜 고민 끝에 창의적인 아이디어를 생각해냈다. 그것은 교육이었다. 그는 치과 의사와 업계 종사자들에게 임플란트 시술법을 교육하기로 했다. 그는 강의장을 임대하고 교재를 만든 다음에 치과 의사들을 수강생으로 모집해 임플란트 시술법을 가르쳤다. 물론 처음부터 이 방법이 통했던 것은 아니다. 하지만 3년가량이 지나자 그 효과가 확실히 나타나기 시작했다.

치과 의사들이 오스템 임플란트의 교육 프로그램을 이수하자 이 회사의 제품만을 찾았다. 교육하는 과정에서 오스템 임플란트의 제품을 교구로 사용한 터라 손에 익었기 때문이다. 오스템 임플란트의 제품을 사용한 치과 의사들은 그 우수성을 동료 치과 의사들에게 알리기 시작했다. 임플란트 시술을 받은 환자들도 기존의 틀니나 브리지보다 편리하다는 사실을 주위에 알린 것이다. 그러자 임플란트 판매가 눈에 띄게 증가했다.

더욱이 임플란트 제품이 대중화되자 이 회사는 판매 가격도 낮출 수 있었다. 실적은 빠르게 개선됐다. 이 회사의 매출액은 2003년 183억 원, 2004년 348억 원, 2005년 722억 원, 2006년 1,097억 원으로 연평균 87%씩 매출액이 증가했고, 코스닥에 등록한 2007년에는 1,000억 원을 넘게 됐다. 오스템 임플란트는 스스로를 제조 기업이 아니라 교육 회사로 재정의함으로써 문제를 해결했다. 이처럼 발상을 전환하면 문제의 해결의 실마리가 보이는 것이 비즈니스다.

1997년, 애플의 스티브 잡스는 '미친 자들에게 건배를Here's to the crazy ones'이라는 슬로건을 TV 광고를 통해 내보냈다. 당시 그는 애플의 최고 경영자로 이제 막 복귀한 상태였다. 앞서 그는 1985년 애플을 설립하고 성장시켰지만 자신이 최고 경영자로 고용한 존 스컬리John Sculley와의 갈등 끝에 해임돼 애플을 떠났고, 이후 애플이 파국 직전에 이르자 이 회사에 '구원 투수'로 막 복귀한 터였다.

당시 회사는 파국으로 치닫고 있었다. 적자는 천문학적으로 쌓여가고 있었다. 훗날 스티브 잡스는 당시를 회고하면서 "그대로 가면 회사가 한 달도 버티기 어려운 상태였다."고 회고했다. 직원들은 패배감과 무기력감에 휩싸여 있었다. 스티브 잡스는 이런 애플이 살아남기 위해서는 임직원들의 생각을 바꾸는 것이 핵심이라는 사실을 간파했다. 그래서 제작한 CF가 바로 '미친 자들'이었다. '다르게 생각하라Think different'라는 슬로건을 달고 나온 이 CF는 아인슈타인, 마틴 루터 킹, 피카소, 존 레넌, 마하트마 간디 등 세상을 바꾼 사람들의 영상을 차례로 보여주며 다음과 같은 구절을 낭독한다.

"여기 미친 사람들이 있다. 부적응자, 반항아, 문제아, 정해진 틀에 맞지 않는 사람들, 사물을 다르게 보는 사람들, 그들은 규칙을 좋아하지 않는다. 그리고 그들은 현재에 안주하는 것을 좋아하지 않는다. 우리는 그들의 이야기를 인용하거나, 그들을 부정하거나, 찬양하거나, 비난할 수 있다. 하지만 단 하나, 우리가 할 수 없는 것은 그들을 무시하는 것이다. 그들은 세상을 바꾸기 때문이다. 그들은 인류를 진보시킨다. 어떤 사람들은 그들을 미쳤다고 하지만 우리는 그들에게서 천재성을 본다. 자기들이 세상을 바꿀 수 있다고 생각할 정도로 미친 사람들이야말로 세상을 바꾸는 사람들이기 때문이다."

회사에 현금이 메말라가는 상황에서 당장의 현금이 아쉬운 터였지만 스티브 잡스는 광고를 강행했다. 그는 애플의 임직원들에게 새로운 비전을 제시하고 애플의 정체성을 제대로 확립하기 위해 제품 광고가 아닌 브랜드 광고를 선택했다. 이듬해 애플은 아이맥iMAC이라는 혁신적인 데스크톱 PC를 내놓으면서 턴어라운드에 성공한다. 이 제품은 당시로서는 혁신적인 방식인 본체와 모니터의 일체형이었고, 투명한 소재를 사용해 산뜻하고 미려한 느낌을 주었다. 이 회사가 내놓은 혁신적인 제품에 소비자들이 반응했고, 이를 계기로 애플은 제2의 전성기를 맞이했다. 스티브 잡스의 창의적인 생각과 혁신은 이후에도 계속됐다. 애플TV, 아이팟에 이어 세상을 바꾼 아이폰으로 이어졌다. 이와 같은 애플의 케이스는 남과 다른 해법이 사업 성공의 관건이라는 사실을 다시 한 번 상기시켜준다.

스타트업의 조건 ⑧: 흔들리지 않는 열정을 가져라

기업을 경영한다는 것은 불확실성과의 싸움이다. 아무리 준비를 하더라도 기업이 성공에 도달하는 과정에서 실패는 불가피하다. 그래서 중요한 것이 간절함과 열정이다. '나는 여기에 굴복하지 않고 결국에는 성공할 것이다'라는 자기 확신을 가져야 한다. 사업이 계획대로 진행되지 않을 때, 위기가 닥쳤을 때 두려워하거나 낙담하지 말라. 당신만이 아니라 창업가라면 누구나 겪는 일이다. 그때에 어떻게 대응하느냐가 당신과 사업의 미래를 가른다. 간절함을 마음에 품고 해결책을 찾아라. 간절함은 고통스러움과 지루함을 견디게 만들며, 위기와 시행착오를 극복하게 해준다.

성공 창업은 고통스럽고, 지루하며, 그래서 인내심을 필요로 한다. 아무리 뛰어난 아이디어일지라도 누군가가 실행하지 않으면 그것은 결실을 맺지 못한다. 반대로 설령 아이디어가 진부할지라도 누군가에 의해 열정적으로 수행되면 그것은 결실을 맺을 가능성이 크다. 일류 아이디어에 삼류의 실행을 더하는 것과 삼류 아이디어에 일류 실행을 더하는 것 가운데 하나를 선택해야 한다면 그것은 단연 후자다.

창업가의 성격이나 능력, 가치관은 천차만별이다. 애플의 스티브 잡스는 독선적인 성격에다 말을 함부로 내뱉어 임직원들의 불만을 샀다. 글로벌 가구 기업인 이케아의 창업자 잉그바르 캄프라드Ingvar Kamprad는 젊은 시절 독일 나치에 발을 깊게 내디딘 적이 있다. 헨리 포드는 노동 운동을 탄압하기 위해 포드 자동차 내부에 '비밀경찰'에 해당하는 부서를 운영했다. 많은 결함을 가진 이들이었지만 이들에게는 한 가지의 공통점이 있다. 그것은 간절함과 열정이다. 간절함과 열정이 지나치게 강조되는 오늘날 이 말들에 피로감을 느끼는 이가 적지 않지만 그래도 이 요소는 매우 중요한 덕목이다. 성공한 창업가는 예외 없이 간절함과 열정을 갖고 있다. 이것이 없으면 성공 창업은 절대 불가능하다.

알리바바닷컴의 마윈은 "나의 성공의 8할은 열정"이라고 말한다. 그는 모두 3차례 창업을 했는데, 쉬웠던 적은 단 한 번도 없었다고 말한다.

마윈의 첫 번째 사업은 28세이던 1992년에 창업한 하이보 번역회사였다. 당시 마윈은 항저우 전자과학기술대학의 햇병아리 강사였고, 매달 받는 급여도 100위안이 채 되지 않았다. 창업 초기에는 고난의 연속이었다. 첫째 달에는 회사의 수입이 고작 200위안(약 3만 5,000원)에 불과했는데, 당시 사무실의 월세가 700위안이었다. 이런 열악한 상황을 마윈은 열정으로 버텼다. 그는 마대자루를 짊어지고 이우와 광저우에서 도매로 물건을 실어 날랐다. 이후 3년간 보따리 장사를 하면서 꽃과 소품, 옷을 팔면서 회사를 유지했다. 이 결과 하이보 번역회사는 항저우 최대의 번역회사로 성장할 수 있었다.

두 번째 사업으로 인터넷을 정하고 이를 시작한 것이 1995년이었다. 그의 나이 서른 살이었다. 마윈은 미국 시애틀에서 친구가 운영하는 인터넷 회사를 둘러보다가 인터넷이라는 신기한 세상을 접하고는 창업을 결심했다. 하이보 번역회사의 사무실 가구를 팔고 여기저기서 8만 위안(약 1,400만 원)을 모았다. 거기에 두 친구의 투자금까지 보태어 총 자본금은 10만 위안을 만들었다. 이 시기에도 지출은 많고 수입은 쥐꼬리만 해서 회사 계좌에 달랑 200위안이 전부일 때도 있었다. 그러나 마윈은 불굴의 의지로 어려움을 극복하고 회사 매출을 제로에서 수백만 위안까지 끌어올렸다.

세 번째로 창업한 회사가 우리가 잘 알고 있는 전자 상거래 기업 알리바바닷컴이다. 1999년 그의 나이 서른네 살의 일이었다. 당시 중국은 물론이고 전 세계에 닷컴 붐이 불어닥친 상태였다. 닷컴 회사에 자금이

물밀듯이 밀려왔지만 마윈을 주목하는 사람은 많지 않았다. 마윈은 자신의 충실한 지지자를 자처했던 이른바 '십팔나한十八羅漢'을 모아 자본금 50만 위안으로 알리바바를 창업했다. 당시 중국 인터넷 업계에서 50만 위안으로 회사를 창업한다는 것은 불가능하다고 여겨졌다. 그러나 마윈에게는 자신의 회사를 세계 최대 전자 상거래 기업으로 키우겠다는 야망이 있었다.

알리바바닷컴의 임직원들은 비좁은 아파트에 모여 일했다. 당시 직원 월급여가 500위안이었다. 돈이 넉넉지 않았던 회사는 10원 한 장도 아껴썼다. 외근을 나가도 가급적 걸어다니며 돈을 절약했다.

이런 고난을 겪고 중국 최대 부호 반열에 오른 마윈은 "창업은 해볼 만한 것"이라고 창업을 독려하고 있다. "오늘 힘들고 내일이 더 고통스러울지라도 모레에는 아름다운 성과를 거둘 수 있는 것이 창업"이라고 그는 말한다.

당신은 창업에
적합한가

창업가가 성공 창업을 위해 갖춰야 할 할 조건은 뭘까?

《하버드 창업가 바이블》의 저자인 다니엘 아이젠버그Daniel Isenberg 하버드대 경영대학원 교수는 다음의 20가지 질문을 스스로에게 던져보고 이 가운데 17개 이상에서 '그렇다'고 나오면 창업을 생각해보라고 권하고 있다. 아이젠버그 교수가 공개한 창업가 자격 테스트는 다음과 같다.

□ 스스로에게 도전하길 좋아한다.

□ 이기는 걸 좋아한다.

□ 누구의 지시도 받고 싶지 않다.

□ 가만히 앉아 있지 못한다.

□ 뭔가 팔면 아드레날린이 솟구친다.

□ 결과를 달성하면 아주 신난다.

□ 사람들이 내 아이디어에 열광한다.

□ 사업을 하는 친구가 있다.

□ 일을 하기 위해 새롭고 더 나은 방법을 항상 찾는다.

□ 관습적인 지혜에 의문을 제기하길 좋아한다.

□ 무슨 일을 하기 위해 사람들을 모으는 걸 좋아한다.

□ 거의 만족하는 법이 없고 현실에 안주하지 않는다.

□ 어려운 상황이 닥치면 끝까지 노력해 타개할 수 있다.

□ 다른 사람 일을 성공하게 하기보다 나 자신 일을 실패하는 게 낫다.

□문제가 생기면 바로 뛰어들 준비가 되어 있다.

□늙은 개도 새로운 재주를 배울 수 있다고 생각한다.

□가족 중 기업을 운영하는 사람이 있다.

□어렸을 때 방과 후나 방학을 이용해 돈을 번 적이 있다.

□나보다 능력 없는 사람들로부터 해야 할 일에 대해 듣는 걸 좋아하지 않는다.

□이 테스트 항목보다 더 좋은 항목을 만들어낼 수 있다.

- 모바일, 증기기관 같은 신기술은 자본주의의 변화를 이끄는 원동력이다. 신기술을 개발하는 사람에게 보상이 주어지면서 신기술은 속속 등장하고 있고, 세상을 더욱더 요동치게 만들고 있다.

- 모바일과 소셜 미디어가 다가오는 새로운 세상의 변화를 주도하고 있다. 모바일은 뛰어난 확장성 때문에 이전의 어떤 신기술보다 혁명적이다.

- 다가오는 새로운 시대에는 창작자, CEO, 창업가에게 기회가 주어진다. 모바일은 창작자에게 시장을 지구촌 단위로 확장시켰다. 또한 모바일은 기업에게 급격한 변화를 초래하고 있고, 현명한 의사결정을 내려야 하는 CEO의 몸값을 높여주고 있다. 모바일은 변화를 만들어내면서 창업가에게 기회를 제공하고 있기도 하다.

무리에서 벗어나
생존하는 법

생각의 차이가 인생의 차이를 만든다. 나의 인생을 변화시키는 출발점은 결국 나의 생각일 수밖에 없다. 생각이 바뀌면 행동이 바뀌고, 행동이 바뀌면 습관이 바뀌고, 습관이 바뀌면 인생이 바뀐다.

'직장'을 잃는 것 ≠ '모든 것'을 잃는 것

선입견에서 벗어나기

변화 경영 전문가 세스 고딘은 '안전지대safety zone'와 '안락지대comfort zone'라는 개념으로 지금의 세상을 바라본다. 안전지대란 객관적인 기준에서 사람들의 삶이 안정적이고 풍요로운 곳을 말한다. 보수가 규칙적으로 지급되고, 안정적인 삶에 필요한 여건이 구비돼 있으면 그곳은 안전지대다.

고용 사회 시대의 직장이 여기에 해당한다. 고용 사회 시대의 직장은 직원들에게 정기적인 보수를 지급한다. 또한 직장은 직장인에게 정서적 안정감을 주고 자아실현과 성취를 도왔다. 직장 동료와 선후배들은 서로 어울려 한잔 소주로 세상사는 애환을 견뎌냈고, 업무 스트레스를 이겨냈다. 고용 사회의 직장은 명실상부한 안전지대였다.

여기에 비해 안락지대란 실제적인 안정성과 무관하게 당신이 감정적으로 편안하게 느끼는 곳을 말한다. 다시 말해 내가 여기에 있으면 안전하고 풍요로움을 얻을 수 있을 것이라고 주관적으로 판단하는 곳이 안락지대이다. 안락지대에 있으면 인간은 기분이 느긋해지고 긴장감이 해소된다. 실제적인 안정성과는 무관하게 자신에게 익숙하기 때문이다.

고용 사회에서 직장은 실제적인 안전지대였고, 시간이 흐르면서 구성원들에게 안락지대로도 자리 잡았다. 다시 말해 고용 사회에서는 '안전지대=안락지대=직장'이었다. 고용 사회 시대의 구성원들이 직장을 안전지대이자 안락지대로 여기는 것은 무리가 아니었다.

이런 시대에 직장을 잃는다는 것은 모든 것을 잃는 것이나 다름없었다. 실직은 고정적인 수입이 끊기는 것은 물론이고 사회적 존재로서의 '나'를 상실하는 것을 의미하기 때문이다. 실직자가 고통스러운 이유가 여기에 있다. 실직이 고통스러운 이유는 단지 경제적 어려움 때문이 아니라 직장에서 맺어진 관계가 단절되면서 생겨난 고립감 때문이다. 고용 사회의 시대에 직장은 단순한 경제적 문제의 해결 수단이 아니라 문화적 행위이자 삶의 욕구를 해결하는 공간이었다. 오랜 기간의 경험과 관찰을 통해 고용 사회의 구성원들은 직장을 안전지대이자 안락지대로 받아들였다.

그런데 세상이 바뀌었다. 고용 사회가 무너지면서 직장이 안전지대의 영역에서 슬그머니 사라진 것이다. 그럼에도 사람들은 여전히 사실을 제대로 파악하지 못하고, 직장을 안락지대로 여기고 있다.

현대인의 이런 속성은 충분히 이해할 만하다. 원래 인간을 포함한 동물이란 자신이 태어나서 익숙하게 봐왔던 것을 편하게 느낀다. 안나 파킨Anna Paquin 주연의 영화 '아름다운 비행Fly Away Home'에서는 13세 소녀 에이미가 동력 행글라이더를 타고 하늘을 비행하는데, 그 주위에 거위 16마리가 무리를 지어 동행하는 장관이 펼쳐진다. 거위가 이렇게 인간에게 친숙한 행동을 보이는 것은 일반적인 현상은 아니다. 이런 장면 촬영이 가능했던 것은 영화 제작진이 거위, 오리, 백조 같은 조류들이 본능적으로 갖고 있는 '각인 효과'를 적절히 활용했기 때문이다. 갓 부화한 새끼 새가 처음으로 본 대상을 어미로 알고 추종하는 현상이 각인 효과다.

제작진은 거위가 막 부화했을 때 각인 현상을 통해 에이미를 어미로 느끼도록 유도했다. 알에서 막 깨어 나온 새끼 거위 16마리는 에이미의 사랑스런 눈길과 마주쳤고, 그 순간 에이미를 어미로 인식한 것이다. 그러자 거위 16마리는 에이미의 행글라이더 비행에 기꺼이 동행해 장관을 연출했다.

이러한 각인 현상은 인간에게도 적용된다. 인간은 일반적으로 두 차례의 각인 현상을 경험한다. 한 번은 인지 능력이 최초로 형성되는 유년 시절에 접하는 세상의 질서고, 또 한 번은 사회에 처음 진입할 때 접하는 세상 질서다. 특히 인간은 사회적 동물이기에 사회생활 혹은 직장생활을 처음 시작할 때 접하게 되는 세상을 고정된 질서로 인식하는 경우가 많다. 당신이 오랜 기간의 공교육 기간을 마치고 직장 생활을 막 시작했을 때 접한 세상을 떠올려보라. 그것은 신기했고 영원히 변하지 않을 것처럼 여겨졌을 것이다. 회사에서의 나이 지긋한 부장, 차장이 내가 앞으로 걸어가야 할 길처럼 보였다.

그러나 이제 세상이 바뀌었다. 그런데도 우리는 예전의 질서를 안락지대로 받아들이고 편하게 느낀다. 이제 각인 현상에서 벗어나야 할 때다. 당신이 진정으로 평안해지고 풍요를 얻기 위해서는 직장을 안락지대로 상정하고 있는 당신의 생각 자체를 바꿔야 한다. 직장은 이제 더 이상 안전지대가 아니다. 생각을 바꿔라. 이게 쉽지는 않을 것이다. 인간의 본성을 거스르는 일이기도 하고, 고용 사회가 공교육을 통해 고용 사회를 벗어나는 것은 위험하다고 가르쳐왔기 때문이다.

세스 고딘은 말한다.

"고용 사회는 공교육 제도와 미디어를 통해 직장 바깥의 세상은 위험한 곳이고 직장을 벗어나면 모든 것을 잃고 생존하기 어려울 것이라는 공포감을 주입해왔다. 한편으로는 이런저런 보상 시스템을 통해 직장이 안전하고 편안한 곳이라는 인식을 심어주었다. 수십 년에 걸쳐 너무나 지속적이고 집요하게 이 가치 체계가 주입돼왔기에 당신은 거의 완벽하게 길들여지고 말았다. 상황은 심각하다. 고용 사회는 지금 우리가 빠져 없는 덫을 만들었다. 이 덫은 단번에 만들어진 게 아니다.

완성되기까지 수백 년이 걸렸다. 고용 사회는 그 세월 동안 우리를 유혹했다. 풍족한 급여와 보너스, 부자가 될 가능성이라는 미끼로…. 그리고 결국 우리 등 뒤에서 문을 닫아 걸었다."(세스 고딘, 《이카루스 이야기The Icarus Decption》)

세스 고딘은 자신의 책 곳곳에서 직장 생활과 고용 사회에 대해 강렬한 적개심을 드러내는데, 이는 자신의 경험의 소산이다. 《세스 고딘, 생존을 이야기하다》에서는 자신의 첫 직장 경험을 사례로 고용 사회의 문제점을 지적하고 있다.

"나의 첫 번째 직장은 뉴욕 인근 버펄로 집 근처에 있던 스낵바였다. 그 당시 내가 담당했던 일은 핫도그 굽는 기계를 매일 청소하고, 커피를 내리며, 스낵바의 바닥을 걸레질하는 것이었다. 나는 이 경험을 하면서 요식업에서는 핑크빛 미래를 만들 수 없다는 확신을 하게 됐다. 내가 수행하는 업무임에도 불구하고 스스로 의사결정을 할 수 있는 것은 아무것도 없었다. 나의 매니저는 여성이었는데, 그녀는 내가 하는 일의 어떤 부분에도 새로운 변화를 하는 것을 원하지 않았다. 사실 그녀는 누구라도 변화를 만드는 것을 원하지 않았다. 왜냐하면 그녀는 새로운 변화를 리스크로 간주하고 있었기 때문이다. 만약 어떤 혁신이 이뤄진다면 그로 인해 그녀 자신이 끔찍한 결과 — 예를 들어 해고당하는 — 를 겪게 될 것이라고 그녀는 믿고 있었다."

세스 고딘의 주장이 과장된 측면이 있다고 하더라도 직장 생활을 해 본 사람이라면 고딘의 주장에 어느 정도 공감할 것이다. 고용 사회의 직장은 구성원들에게 지시하고, 명령하며, 그것을 수행하는지를 끊임없이 체크한다. 지시나 명령을 어겼거나 거부하는 조직원에게는 공개적으로 굴욕감을 준다. 수치심은 인간의 행동을 바꿀 만큼 강력하다. 고용 사회의 직장은 구성원들을 수동적으로 만드는 경향이 있다.

안전지대로서의 직장이 사라졌는데도 여전히 이를 안락지대에 매달렸다가 위험에 처한 케이스를 접하는 것은 어렵지 않다.

1770년 설립된 백과사전 출판 기업 브리태니커는 한때 정규직 편집자만 100여 명이 넘었다. 한때 브리태니커는 세계 최고 권위를 인정받는 지식 기업이었고, 여기에서 근무한다는 것은 당대의 지식인으로 인정받는 것이기도 했다. 250여 년 동안 백과사전을 만들고 편집하는 데 쏟은 돈만 해도 10억 달러(약 1조 원)가 넘는다. 그러나 브리태니커는 인터넷의 등장으로 한순간에 날아갔다. 2012년 브리태니커는 역사와 전통이 깃든 인쇄본 백과사전의 생산을 중단했다. 인터넷 위키피디아가 브리태니커보다 훨씬 방대하고 최신의 내용을 수시로 업데이트하는 것을 당해낼 수 없었던 것이다.

인쇄본 백과사전의 중단으로 브리태니커 직원들은 위기를 직감했다. 인터넷의 등장으로 자신의 지위가 한순간에 허물어지고 있다는 사실을 발견했다. 그러나 이곳의 임직원들 가운데 변화를 선택한 사람은 극소수였

다. 새로운 일자리를 알아보기보다는 그저 무의식적으로 출퇴근을 반복했
다. 오랫동안의 관성이 변화를 남의 일처럼 여기게 만든 것이다. 그러다
가 순식간에 일자리를 잃었다. 인간이란 원래 그런 존재다.

고용 사회는 영구적인 제도가 아니다. 자본주의의 역사를 돌이켜보면
고용 사회는 미국에서는 100여 년, 한국에서는 50여 년에 불과하다. 고
용 사회가 극도로 짧은 기간 동안 스쳐 지나가는 그 무엇임을 알 수 있
다. 이제 당신이 근본적으로 달라져야 할 순간이 왔다. 이것은 싫고 좋고
의 문제가 아니다.

지금의 변화는 정부가 나서서 해결할 수 있는 사안도 아니다. 100여 년
전 헨리 포드가 미국을 고용 사회로 막 이행시키기 시작했을 때 미국인의
90％는 농업과 농업 관련 분야에 종사하고 있었다. 그 시절 만약 미국 정
부가 농업인을 보호한다며 농업인들에게 보조금을 지급하면서 고용 사회
의 개막을 저지하고 나섰다면 어떻게 됐을까? 그것은 가능하지도 않았을
뿐만 아니라 농업인에게도 불행한 일이었을 것이다. 쟁기질을 멈추고 기
업과 공장의 시대에 적응하려는 노력을 하는 것이 최선의 선택이었다.

법과 제도의 등장은 언제나 늦는 법이다. 미국 정부는 고용 사회가 완
성된 지 한참이 지나서야 교육 제도를 만들고 이 체제에 적합한 인간을
양성하기 시작했다. 지금도 동일한 현상이 반복되고 있다.

이제 산업 자본주의 시대가 저물고 모바일과 소셜 미디어의 확산으로

세상이 근본적으로 바뀌고 있다. 그렇지만 아직도 경제 활동 인구의 대다수는 직장인이다. 그래서 한국 정부는 물론이고 각국 정부는 고전적인 일자리 창출에 총력을 기울이고 있다. 이런 노력이 얼마나 효과를 거둘 수 있을까? 여기에다 교육 제도는 여전히 고용 사회에 적합한 가치관을 가르치고 있다. 변화하는 시대를 반영하지 못하는 제도와 법, 가치관의 시대를 우리는 보내고 있다. 그간 당연하게 생각해왔던 가정과 전제가 지금도 유효한지를 점검해볼 때다. 우리 모두 발상의 전환이 필요하다.

세컨드 무버에게 기회가 있다

구글, 페이스북도 선구자가 아니다

　최근의 자본주의 세상의 특징 가운데 하나는 세컨드 무버second mover의 1등으로의 등극이다. 오늘날 시장을 주도하고 있는 구글, 페이스북, 알리바바닷컴, 네이버, 샤오미는 모두가 해당 분야에서 선점자first mover가 아니었다는 공통점을 갖고 있다. 이들은 선점자가 있는 시장에 나중에 뛰어들었지만 선점자가 가진 한계를 극복하면서 1위로 올라섰다. 이는 오늘날 세상이 기술의 급격한 변화로 선점자의 이점이 줄어들고 있는 반면, 세컨드 무버가 숨어 있는 기회를 발견할 경우 큰 발전이 가능하다는 사실을 보여준다.

　이것이 다가오는 새로운 세상과 산업화 시대와의 차이점이다. 산업화 시대에 선점자의 이점은 강력했다. 거대 자본이 소요되는 공장, 그리고 여기에서 비롯되는 규모의 경제는 아무나 쉽게 따라할 수 있는 것이 아니었다. 당시 비즈니스의 세계에서 기존 질서의 관성은 강력하게 작용했고, 변화는 느리게 진행됐다.

그러나 이제는 사정이 달라졌다. 모바일과 소셜 미디어가 하루가 다르게 세상을 변화시키면서 선점자의 이점은 예전보다 훨씬 줄었다. 다가오는 새로운 시대에는 선점자가 아니어도 기회가 있다. 오히려 가장 먼저 뛰어들지 않더라도 선점자의 한계를 극복하는 후발주자가 오히려 유리하다는 것을 구글, 페이스북, 알리바바닷컴, 네이버, 샤오미는 보여준다.

1998년 래리 페이지와 세르게이 브린이 구글을 창업할 당시 검색 업계에는 야후, 라이코스 같은 선점자들이 시장을 장악하고 있었다. 선점자가 있다는 사실에 두 사람이 창업을 포기했다면 지금의 구글은 존재하지 않았을 것이다. 구글의 설립 계기는 생활 속 불편함에서 시작됐다. 세르게이 브린은 미 스탠퍼드대 재학 중 자신의 전공인 컴퓨터공학에 관련된 학업을 진행하다가 야후, 라이코스 같은 기존의 검색 포털이 제공하는 서비스가 정확하지 않아 애를 먹었다. 브린이 관련 정보를 얻고자 하는 검색어를 입력하면 자신의 의도와 부합하지 않는 엉뚱한 정보가 검색됐다.

러시아 모스크바대를 졸업한 유대인 부부 가정에서 태어나 6세에 미국 땅을 밟은 세르게이 브린은 메릴랜드대 수학과 교수로 근무한 아버지 덕분에 수학에 흥미를 갖고 있었고, 수학과 컴퓨터 과학을 전공하다가 스탠퍼드 대학원에 입학한 상태였다. 브린이 주변을 둘러보니 친구들도 이런 문제로 불편함을 느끼고 있었고, 심지어 친구 몇몇은 도서관을 직접 방문해 책을 뒤지고 있었다.

브린은 단짝 친구이자 학과 동창인 래리 페이지를 찾아가 이 문제를 의논했다. 두 사람은 앞서 1995년 3월 박사과정 신입생 오리엔테이션 때 처음 만나 좋은 친구가 된 상태였다. 처음에는 서먹하기도 했지만 얼마 지나지 않아 두 사람은 친밀감을 느꼈다. 두 사람 모두 1973년 동갑내기 인 데다 유대계라는 점도 작용했다. 미국 미시건 주 이스트랜싱 출생으로 어렸을 적부터 컴퓨터와 인터넷광이었던 래리 페이지도 이 문제를 인식하고 있었고, 해결 방법을 찾는 중이었다. 두 사람은 기존의 검색 엔진이 단순 검색어에만 의존하면서 이런 문제가 발생하고 있다는 사실을 발견하고, 웹페이지를 중요도에 따라 순서를 매겨 보여주는 방식을 생각했다. 예를 들어 A라는 페이지가 B라는 페이지에 비해 더 많은 링크와 연결돼 있다면 A 페이지의 중요도가 더 높다고 보는 것이다. 이런 방식으로 배열했을 때 단순한 단어 검색보다 이용자들이 원하는 정보를 더 정확하게 가져올 수 있다고 생각했다.

두 사람은 결국 검색 툴을 개발하고 1996년 구글의 최초 버전을 스탠퍼드대 웹사이트에 올렸다. 인기는 폭발적이었다. 1년이 지나자 이 검색 엔진이 너무 많은 용량을 차지함으로써, 결국 1997년 구글 도메인 www.google.com으로 독립했다. 여기에 자신감을 얻은 두 사람은 1999년 구글을 창업했다. 구글의 이후 이야기는 우리가 잘 안다. 2001년 3월 에릭 슈미트가 이사회 의장으로 영입되면서 회사는 발전을 거듭했다. 2004년

8월 구글은 나스닥에 상장됐고, 두 사람은 억만장자가 됐다.

세계 1위 소셜 미디어 기업인 페이스북도 마찬가지다. 마크 저커버그가 2004년 페이스북을 창업할 당시 소셜 미디어 업계에는 마이스페이스Myspace라는 선점자가 있었다. 마이스페이스를 공동 창업한 사람은 미국 서던 캘리포니아대USC에서 MBA를 공부하고 인터넷 마케팅 업계 근무 경력이 있던 크리스 디울프Chris DeWolf와 전직 인디 밴드 뮤지션 톰 앤더슨Tom Anderson이다. 두 사람은 2003년 7월 마이스페이스를 공동 창업했다.

인디 밴드 뮤지션 출신인 톰 앤더슨의 의견에 따라 실리콘밸리가 아닌 연예계의 중심지인 로스앤젤레스 베벌리힐스에서 설립된 것이 마이스페이스의 특징이다. 덕분에 뮤지션, 아티스트들이 대거 마이스페이스에 가입하면서 젊은 층의 폭발적인 관심을 끌었다.

마이스페이스는 온라인상에 자유롭게 자신을 표현하는 신세대의 트렌드에 맞춘 것으로 회원들은 돈을 내지 않고 이 안에서 개인 홈페이지를 꾸밀 수 있게 함으로써 선풍적인 인기를 끌었다. 2006년 초 가입자 1억 명을 돌파했고, 그해 6월 구글을 제치고 미국 사이트 가운데 방문자 1위를 기록할 정도로 전성기를 누렸다.

마크 저커버그가 마이스페이스라는 선점자가 있다는 사실에 창업을 포기했다면 지금의 페이스북은 존재하지 않았을 것이다. 페이스북은 2003년 10월 23일 당시 하버드대 생이던 마크 저커버그가 대학 기숙사에서 페이스매시facemash.com라는 사이트를 개설한 것이 계기가 됐다. 이 사이트는 두 명의 하버드대생을 놓고 '핫hot'한지 그렇지 않은지를 투표할 수 있게 해주는 사이트였는데, 학생들의 신상 정보는 저커버그가 하버드대의 데이터베이스를 해킹해 만들었다.

하버드대 측은 며칠뒤 해킹 사실을 발견하고 이 사이트를 폐쇄했고 저커버그에게 징계 처분을 내렸다. 그렇지만 저커버그는 페이스매시를 둘러싼 폭발적인 관심을 목격하고 사람들이 인터넷을 통해 친구 사진을 보는 것에 열광한다는 사실을 발견했다. 이것이 페이스북 구상의 시작이었다.

2004년 1월 11일 저커버그는 페이스북www.thefacebook.cm 도메인을 정식 등록하고 1개월이 지난 2월 4일에 사이트를 오픈했다. 사이트 오픈 당일에 1,200명이 가입했을 정도로 페이스북은 인기를 끌었고, 가능성을 확인한 저커버그는 그해 중순 대학을 중퇴하고 캘리포니아 팰로앨토로 건너가 페이스북에 전적으로 매달렸다.

이때 저커버그는 마이스페이스를 분석했다. 이 결과 저커버그는 마이스페이스가 유년 세대 사용자에 집중해 디자인을 화려하고 복잡하게 꾸몄는데, 이것이 속도를 느리게 만들고 이용자가 콘텐츠에 집중하지 못하게 만드는 문제를 발생시키고 있다는 사실을 발견했다. 한걸음 나아가 저커버그는 마이스페이스 이전에 명멸했던 소셜 미디어 서비스도 분석했다.

소셜 미디어의 역사는 닷컴 붐 시절인 1997년까지 거슬러 올라갈 정도로 오랜 것이다. 세계 최초의 소셜 미디어는 1997년 문을 연 식스디그리즈닷컴Sixdegrees.com으로 친구, 가족, 지인의 리스트를 이용해 메시지를 주고받고, 자신의 3단계의 친구의 게시판에까지 글을 올릴 수 있으며, 다른 사용자가 관계를 볼 수 있었다. 서비스의 이름에 나오는 '6단계'란 스탠리 밀그램Stanley Milgram 교수의 인간관계의 6단계의 법칙에서 유래했다. 1999년에는 라이브저널과 블로그닷컴 같은 블로그형 소셜 미디어 서비스가 등장했다가 사라졌다.

2002년에는 프렌스터Friendster라는 소셜 미디어 기업이 오픈하기도 했다. 프렌스터는 사람들이 일생의 동반자를 찾도록 지원하는 것을 목표로 싱글이나 독신의 데이트와 만남을 주선해주면서 수백만 명의 회원을 확보할 정도로 인기를 끌었다. 저커버그는 프렌스터가 인기를 끌면서 접속이 폭주하자 서버가 다운되고 속도가 떨어지면서 이용자들로부터 외면을 받았다는 것을 발견했다. 최초의 소셜 미디어격인 식스디그리즈닷컴은 시기적으로 너무 앞선 서비스였던 데다가, 회원의 대부분이 낯선 사람을 친구로 맺는 것을 거부했고, 회원들은 친구 맺기 이후 별로 할 기능이 없다는 불평을 얻으면서 사라졌다는 사실을 발견했다.

저커버그는 이런 한계를 극복하고 새로운 기능을 제공하면서 페이스북을 소셜 미디어 1위 기업으로 만들 수 있었다. 페이스북은 화면을 화려하게 만들기보다는 기능 업그레이드에 주력했다. 페이스북의 기능 차별화로 가장 큰 것은 2004년 9월 도입된 담벼락Wall이다. 담벼락은 일종의 공공 게시판으로, 이용자가 올린 글에는 누구나 코멘트를 달 수 있다. 담벼락은 페이스북 이용팀이 이용자들의 행동을 분석해 얻어낸 데이터를 근간으로 도입됐다. 담벼락 덕분에 이용자들은 다수의 친구들을 대상으로 간편하게 공개 메시지를 작성할 수 있게 됐다.

뉴스피드도 페이스북의 성공 비결로 꼽힌다. 이전까지 대부분의 소셜 미디어는 친구의 상태 변화나 새로운 포스팅을 보려면 친구의 메인 페이지를 일일이 방문해야 했다. 국내 싸이월드의 경우에도 이용자는 일촌이 사진을 올리거나 새로운 글을 썼다는 것을 알 수 있지만 구체적인 내용을 확인하기 위해서는 일일이 해당 미니홈피를 방문해야 했다.

2006년 페이스북은 내 담벼락에 친구의 업데이트가 발생한 내용을 모아서 하나의 스트림으로 보여주는 방식을 선보였다. 사용자들은 친구의 홈을 방문하지 않았는데도 글을 보여주는 것을 처음에는 부담스러워했으나 얼마 지나지 않아 그 편리성과 효용성을 인정했다.

플랫폼 전략도 이전의 소셜 미디어에서는 없는 방법이었다. 2007년 5월 페이스북은 누구나 페이스북 위에 새로운 응용 프로그램을 동작시킬 수 있는 플랫폼화를 선언했다. 소셜 로그인을 지원하는 사이트에는 별도의 회원 가입 없이 페이스북 아이디로 로그인이 가능해졌다. 이는 사용자에게는 편리성을 주고, 협력 사이트에는 자연스럽게 페이스북에 있는 사용자 정보에 접근할 수 있는 기회를 제공했다.

이런 차별화에 힘입어 페이스북은 소셜 미디어 1위 기업이 됐다. 2015년 1월 현재 페이스북의 사용자는 13억 9,000만 명에 이르고 있다. 지구상에 존재하는 인구 72억 명 중 19.3%가 사용하는 서비스는 아직까지 없었

다. 페이스북이 만약 특정 국가라면 중국, 인도에 이어 세계 3위 인구 대
국이다. 전 세계 인터넷 사용자들이 온라인에서 보내는 시간의 7분 가운
데 1분은 페이스북이 차지하고 있다. 범위를 소셜 미디어로 좁히면 이용
자들은 인터넷에 접속하는 4분 가운데 1분을 페이스북에서 보낸다. 이제
페이스북을 넘보는 소셜 미디어 기업은 없다.

　당연하게도 저커버그는 억만장자가 됐다. 1984년생인 저커버스의 개
인 재산은 38억 달러(약 3조 3,000억 원)로 전 세계 42위를 기록하고 있다.
만약 마크 저커버그가 마이스페이스의 인기를 주눅이 들어 주저않았다면
지금의 페이스북은 불가능했을 것이다. 하지만 저커버그는 이들 선점자
들의 서비스의 한계와 문제점이 뭔지를 분석하고 사용자에게 더 나은 가
치를 제공하면서 지금의 페이스북을 일구었다.

　스마트폰으로 돌풍을 불러일으키고 있는 중국 샤오미의 창업자 레이
쥔도 스마트폰 시장에 뒤늦게 뛰어들었지만 선점자가 제공하지 못하던 가
치를 소비자에게 보여주면서 성공했다. 샤오미의 스마트폰이 정식으로 출
시된 것은 2011년 8월인데, 이 시기에는 삼성전자, 애플 같은 거대 기업
이 이미 시장을 장악하고 있었다. 삼성전자, 애플이 워낙 막강한 선점자
여서 다른 기업이 더 이상의 혁신적인 제품을 내기는 어렵다고 여겨졌다.
　샤오미는 삼성전자나 애플이 하지 않던 전략으로 성공을 거두었다. 레
이쥔의 차별화 전략의 핵심은 인터넷 판매였다. 현재까지 샤오미는 스마
트폰을 인터넷을 통해서만 판매하고 있다. 물론 인터넷 방식의 판매가 처

음은 아니었다. 구글은 첫 번째 자체 브랜드 스마트폰인 넥서스원Nexus one을 온라인에서만 판매했다가 실패한 적이 있었다.

레이쥔은 구글의 온라인 판매 실패의 원인을 분석했다. 이 결과 구글은 경험 부족으로 인해 넘쳐나는 고객의 불만 사항을 제대로 처리하지 못했다는 사실을 발견했다. 고객들은 직접 만져보지도 못한 휴대폰의 구입을 쉽게 결정하지 못했다. 구글은 애프터서비스도 온라인에서만 진행했는데, 이는 고객의 불편을 초래했고, 구글 스스로도 시간과 수리비용 면에서 어려움을 겪었다. 결국 넥서스원은 출시 두 달이 지나서도 몇만 대밖에 팔지 못하다가 결국 6개월 만에 생산을 중단했다. 레이쥔은 이러한 구글의 온라인 판매 방식에서 발생한 문제를 해결하면 성공할 수 있다고 봤다.

첫째, 마케팅을 잘해 지명도를 쌓으면 인터넷에서 소비자들이 찾을 것이라고 봤다. 우선 샤오미 스마트폰의 브랜드를 높이기 위해 마니아 집단을 육성했다. 샤오미가 자체 개발한 안드로이드 운영 체제인 미유아이MIUI 전자게시판을 통해 인터넷 활동이 많은 30만 명의 마니아를 육성하고 이들의 입소문을 유도했다.

둘째, 애프터서비스는 외부 전문 기업에 맡겼다. 레이쥔은 전자 상거래 경험이 풍부한 중국 온라인 의류 쇼핑몰인 판커와 제휴를 맺고 이들이 제품의 보관과 배송, 심지어 애프터서비스까지 책임지도록 했다. 스마트폰을 출시한 뒤에는 중국 전국의 주요 도시에 '샤오미의 집'을 세워 고객의 방문 수리를 해결했다. 또한 온라인 판매의 약점을 극복하기 위해 레이쥔은 강력한 애프터서비스 전략을 수립했다. 샤오미 직원들은 기본적으로 모두 고객 서비스 업무를 담당해야 한다. 심지어 레이쥔과 경영진도 창업 초반에는 매일같이 온라인에서 고객들의 질문에 응답했다.

레이쥔의 전략은 대성공이었다.

2013년 11월 11일, 중국에서 '독신자의 날'로 불리는 쌍십일에 샤오미는 알리바바 계열의 인터넷 쇼핑몰 톈마오에서 판매 개시 3분 만에 1억 위안(약 168억 원) 돌파라는 신기록을 수립했다. 일일 판매액 5억 5,000위안(약 928억 원)의 대기록도 함께 세웠다. 덕분에 톈마오 2013년 쌍십일 판매액 순위 리스트 중 점포 거래 순위와 제품 판매량 순위에서 모두 1등을 차지했다.

창업 4년째였던 2014년 샤오미는 삼성을 제치고 중국 스마트폰 시장 1위에 올랐다. 글로벌 스마트폰 시장에서는 5위를 차지했다. 2015년에는 연간 판매량이 1억 대를 돌파할 전망이다. 스마트폰 연간 판매량 1억 대를 넘는 기업은 삼성, 애플, 그리고 샤오미가 전부다. 게다가 레이쥔은 그 흔한 길거리 광고 하나 없이 이런 기록을 수립했다. 현재 샤오미의 마케팅 비용은 매출액 대비 1%에 불과하다. 온라인 판매 방식이 잘만 활용하면 저비용 고효율을 발휘할 수 있음을 보여준다.

레이쥔은 1969년 후베이성에서 태어나 이 지역의 우한대 컴퓨터학과를 졸업했다. 소문난 수재였던 그는 대학 입학 2년 만에 모든 학점을 이수했다. 그는 대학 1학년에 《실리콘의 불》이라는 책을 읽고 스티브 잡스의 애플 창업 스토리에 감동해 창업가의 길을 걷기로 결심했다. 1990년에는 친구들과 산써三色라는 기업을 설립해 PC에서 중국어를 구현하는 프로그램을 개발했지만 경쟁사가 더 저렴한 가격의 제품을 내놓으면서 첫 번째 사업은 실패했다. 1992년 상경한 레이쥔은 킹 소프트에 합류했고, 고속 승진 끝에 29세에 킹소프트의 CEO가 됐다. 이 회사에서 퇴사해 백만장자가 된 그는 나이 마흔에 스마트폰 사업에 뛰어들었다. 그가 불혹의 나이에 창업에 나선 이유를 그는 이렇게 말한다.

"창업은 벼랑 밑으로 뛰어 내리는 것 같아서 5%만 살아남을 수 있다. 창업은 그만큼 위험하다. 그런데 세상을 살면서 꼭 이루고 싶은 꿈이 생기는 경우가 있는데, 그 꿈을 이룰 수 없다면 인생이 너무 재미없을 것 같다는 생각이 들 때가 있다. 스티브 잡스가 아이폰으로 스마트폰의 시대를 열어젖히자 나는 스마트폰을 꼭 해봐야겠다는 꿈을 갖게 됐다. 그래서 나는 과감하게 뛰어내리기로 결심했다."

레이쥔은 사업에 성공하기 위해서 선점자냐 후발주자냐는 중요하지 않다고 말한다. 이보다는 뜨는 산업인지 그렇지 않은 산업인지가 중요하다고 강조한다. 아울러 "태풍의 길목에 서면 돼지도 날 수 있다."는 유명한 말을 남겼다. 레이쥔은 사업에 성공하기 위해서는 영역을 잘 선정해야 하는데, 지금의 그것은 모바일이라고 강조하고 있다.

국내 검색, 포털 시장 1위를 차지하고 있는 네이버도 설립 당시 선점자는 아니었다. 이해진 창업주는 1997년 삼성SDS의 사내 벤처 '네이버 포트'로 출발한 뒤 1999년 6월 네이버닷컴을 창업했는데, 당시 국내 포털 시장은 다음이 장악하고 있었고, 네띠앙, 프리챌 등이 있었다. 네이버는 이들 선점자에 비해 이메일, 검색 같은 사업도 선점자들보다 한발 늦었고, 인적 자원이나 서비스의 품질도 검증되지 않은 상태였다.

앞서 1995년 2월 이재웅 창업주가 다음을 창업했고 한메일(1997), 카페(1999) 등의 서비스로 시장을 장악한 상태였다. 해외 포털 기업인 야후, 라이코스의 기세도 만만치 않았다.

이런 상태에서 네이버는 다른 길을 걸으면서 지금의 자리에 올라섰다. 우선 네이버가 후발 주자에서 도약의 계기를 마련한 것은 2000년 김범수 의장이 이끌던 게임 사이트 한게임과의 합병이었다. 네이버와 한게임이 합쳐지자 기대 이상의 시너지가 발생했다. 네이버는 한게임의 회원 기반으로 탄력을 받았고 한게임은 네이버와의 합병을 통해 자금 조달이 쉬워지는 등 예상을 뛰어넘는 시너지 효과를 만들었다. 합병한 지 얼마 지나지 않아 네이버는 1위 자리에 올랐고, 다음은 오늘날까지 네이버에 밀려 2위를 벗어나지 못하고 있다.

이후 네이버는 상위 기업들이 하지 않던 것을 해내면서 포털 1위로 올라섰다. 2002년 10월 서비스를 시작한 지식인이 대표적이다. 사용자가 올린 질문이나 궁금한 내용, 고민에 대해 다른 사용자들이 자발적으로 답을 달면서 지식을 주고받는 지식인 서비스에 최근 10년간 질문을 올린 이용자는 1,300만 명, 답변을 올린 이용자는 700만 명에 달한다. 2004년 7월에는 책 제목뿐만 아니라 본문 내용까지 검색할 수 있는 도서 본문 검색 서비스를 전자책 전문 기업 북토피아와 제휴해 선보였다.

네이버는 한국에서만큼은 구글도 이겼다. 글로벌 검색 1위 기업 구글이지만 한국 시장에서는 죽을 쑤고 있다. 검색의 지존 구글이 한국에서 네이버를 이기지 못한 가장 큰 이유는 한국의 인터넷 이용자의 독특한 문화적 특징 때문으로 분석된다. 한국인은 문화적, 정서적으로 동질감을 갖고 있고 공유 의식이 강하다. 검색어도 특정 주제에 집중되는 경향이 크다. 이 점을 파악해 네이버는 다수의 이용자들이 검색하고자 하는 내용을 적절히 가공해서 보여줬다. 실시간 검색어, 핫토픽 키워드 등이 여기에 해당한다. 네이버의 실시간 검색어로 떠오른 단어는 순식간에 이용자들의 관심이 집중되면서 동일 시간에 접속이 폭주한다.

이는 미국의 인터넷 문화와 차이를 보이는 부분이다. 미국인들은 자신이 원하는 단어에 대해 있는 그대로의 검색 결과가 나타나는 것을 선호한다. 네이버가 통합 검색으로 맞춤형 검색 결과를 제공하는 것과 다르다. 미국의 인터넷 이용자들이 풍부하면서도 간결한 검색 결과를 원한다면 한국의 인터넷 이용자들은 다양한 검색 결과를 선호한다. 쉽게 말해 네이버가 소비자 중심이라면 구글은 기술 중심이다. 구글이 네이버를 따라 잡기 위해서는 기존의 기술 기반을 바탕으로 하면서 한국에는 없는 새로운 기능을 선보여야 할 것이다.

시장을 선점하는 것에 연연해하지 말라. 지금의 선점자보다 더 나은 서비스를 어떻게 제공할 수 있느냐에 집중하라.

대체 불가능한 '핵심 역량'

굿 컴퍼니와 지속 가능한 고용

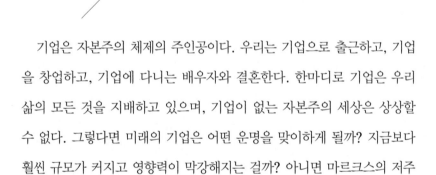

기업은 자본주의 체제의 주인공이다. 우리는 기업으로 출근하고, 기업을 창업하고, 기업에 다니는 배우자와 결혼한다. 한마디로 기업은 우리 삶의 모든 것을 지배하고 있으며, 기업이 없는 자본주의 세상은 상상할 수 없다. 그렇다면 미래의 기업은 어떤 운명을 맞이하게 될까? 지금보다 훨씬 규모가 커지고 영향력이 막강해지는 걸까? 아니면 마르크스의 저주처럼 스스로의 모순에 의해 소멸할까?

전자를 '기업 확장론'이라고 하고, 후자를 '기업 축소론'이라고 한다.

기업 확장론을 주장하는 영국 케임브리지대의 노리나 허츠Noreena Hertz 교수는 "미래에는 소수의 거대 기업이 세계를 좌지우지하는 세상이 펼쳐질 것."이라고 내다보고 있다. 지난 20년간 기업 간 합종연횡이 활발하게 일어났는데, 그 과정에서 계속 살아남은 기업이 웬만한 민족 국가보다 규모가 커지고 있는 것이 이를 암시한다는 것이다.

여기에 반해 기업 축소론은 미래 학자인 자크 아탈리Jacques Attali가 주장하고 있다. 그는 자신의 저서 《미래의 물결》에서 미래의 기업은 개인들이 임시로 모여 프로젝트 단위로 업무를 수행하는 임시 조직체로 변모할 가능성이 적지 않다고 말한다.

그는 이런 형태의 기업을 연극 공연을 수행하는 극단에 비유한다. 아탈리에 따르면 이 극단(기업)은 무대(시장)에서 공연(마케팅)을 벌이는데, 관람객(소비자)이 있는 한 계속된다. 흡사 연극 공연을 위해 극단이 여러 분야의 사람들을 모으듯이, 미래의 기업은 정해진 하나의 임무에 적합한 사람들을 선발해 업무를 진행하는 방식으로 전환된다. 이 극단은 하나 또는 여러 개의 작품(제품)을 무대에 올린 후 해체된다.

기업 노동자는 당연히 임시직이다. 기업은 정규직으로 채용하기보다는 프로젝트 단위로 고용했다가 프로젝트가 완료되면 해체한다. 하지만 고용이 불안정한 것과는 반대로 업무 강도는 높다. 수익성과 데드라인에 맞춰 작업이 진행돼야 하기 때문이다. 아탈리는 미래에는 이 같은 소규모 기업들이 다수 존재하는 세상이 될 것이라고 말하고 있다.

실제로 아탈리가 제시하는 형태의 기업은 이미 존재한다. 미국의 컴퓨터 판매 기업인 모노레일Monorail 사가 여기에 해당하다. 이 회사는 전통적인 기업이라기보다는 자크 아탈리가 말하는 '연극 극단'에 가깝다. 공장을 갖고 있지 않고, 물류 창고도 없다. 다시 말해 물적 자산이 하나도 없다. 이 회사에는 소수의 정규직만 존재하며 나머지는 임시직이다. 제품 디자인이 필요할 경우 프리랜서를 임시로 채용한다. 그리고 디자인 업무가 끝나면 계약은 종료된다. 정규직이 거의 없다 보니 사무실도 단출하다. 이 회사는 애틀랜타에 있는 오피스 빌딩의 한 층을 사무실로 쓰고 있을 뿐이다. 고객이 무료전화를 걸면 바로 페덱스로 연결되고 페덱스에서는 컴퓨터 조립 회사에 연락을 한다. 페덱스는 완성된 물건을 배달하고 모노레일의 주거래 은행인 선트러스트 뱅크에 대금청구서를 보낸다. 모노레일 사는 직원 몇 사람이 모여 있는 기획 회사에 가깝다.

그렇지만 이런 기업이 장기적 경쟁력을 갖기에는 한계가 있다. 기업은 경쟁에서 이기기 위해 지속적인 핵심 경쟁력을 가져야 하는데 노동자의 일시 채용 같은 임시적인 방편으로는 이를 확보하기가 쉽지 않기 때문이다. 런던 비즈니스 스쿨의 게리 하멜 교수는 "회사는 돈 주고 살 수 없는 특정한 '핵심 역량'을 갖고 있어야 하며, 보통 이는 '문화적 성격'을 띤다. 기업은 자신의 존립에 꼭 필요한 핵심 역량이라면 어떤 대가를 치르고서라도 이를 끌어들일 수밖에 없다."고 말한다.

결론부터 말하면 거대 기업 이론과 기업 축소론 가운데 현재까지는 전자가 설득력을 얻고 있다. 우리 주변을 둘러보면 이 사실을 쉽게 확인할 수 있다. 글로벌 검색 엔진 1위 기업인 구글은 인구를 기준으로 하면 중국, 인도에 이른 세계 3위의 '거대 국가'다. 구글의 창업주나 경영진은 세계 주요국의 국가수반과도 자리를 함께한다. '같은 급'이라는 이야기다.

애플이나 페이스북도 마찬가지다. 애플, 페이스북의 매출액은 지속적으로 증가하고 있다. 국가의 역할과 개념이 사라지고 지구촌 단위로 물품이 오가는 현실을 감안하면 미래에는 거대 기업의 최고 경영자가 권력을 쥐고 세상을 지배할지도 모른다.

어쩌면 거대 기업 이론이 더 지지를 얻고 있다는 사실에 직장인이라면 안도의 한숨을 내쉴 것 같다. 기업의 역할이 축소돼 업무가 프로젝트 단위로 진행될 경우 장기적이고 안정적인 고용 관계는 설 자리를 잃을 가능성이 크기 때문이다. 그러나 한 가지 생각해볼 중요한 문제가 있다. 기업이 앞으로 더 거대해지고 역할이 확대되더라도 노동자의 고용 안정성이나 지위가 여기에 비례해 확대될 것인가 하는 점이 그것이다. 우리가 원하는 미래의 바람직한 기업은 성장을 계속하고 노동자에게도 안정적인 고용과 임금을 지급하는 '굿 컴퍼니'다.

주변을 둘러보면 기업은 성장하지만 직원의 근로 여건은 갈수록 악화되고, 노동자 숫자도 줄어드는 사례를 흔하게 접하게 된다. 미국의 거대 기업 월마트가 여기에 해당한다. 월마트는 직원들에게 최저 임금을 간신히 넘는 보수를 지급하고 있다. 월마트는 그렇게 할 수밖에 없다. 고객에게 제품을 저렴하게 공급해야 하는데, 그러자면 임직원의 급여를 높게 책정할 수 없는 것이다.

이 회사의 핵심 경쟁력은 임직원의 업무 능력이 아니라 공급사슬망관리SCM에 있다. 공급사슬망관리란 원재료가 공장에 입고돼 제품으로 만들어지고, 이것이 고객에게 전달되기까지 가장 효율적으로 자원을 배치하는 방법이다. 월마트의 입장에서 임직원은 이런 사슬망에서 나사못처럼 일하는 존재일 뿐이다.

미국의 또 다른 거대 기업인 맥도날드도 사정은 유사하다. 맥도날드의 경쟁력은 최적화된 매뉴얼, 기계, 시스템이다. 임직원의 노하우나 업무 능력이 아니다. 맥도날드는 대규모 금액을 투자해 새로운 기계를 도입하면서 매장에 근무하는 작업자의 숫자는 지속적으로 줄이고 있다. 맥도날드는 직원을 채용할 때 품성이나 인성, 자질을 그다지 따지지 않는다. 왜냐하면 매장은 어차피 기계에 의해 움직이기 때문이다. 노동자가 아주 간단한 훈련을 통해 기계를 조작하기만 하면 된다.

이윤을 내야 살아남는 자본주의 체제에서 월마트나 맥도날드의 이런 경영 방식은 자연스러운 현상이다. 다시 말해 직원들의 낮은 보수는 월마트를 비롯한 대기업의 경영진이 특별히 잔인해서 그런 게 아니다. 그들은 정해진 게임의 룰에 따라 자신들이 해야 할 일을 하고 있을 뿐이다. 지금의 자본주의 체제에서 기업이 노동자의 고용 의무까지 수행하는 진정한 '굿 컴퍼니'가 되기는 쉽지 않다.

그렇다면 어떤 기업이 미래의 굿 컴퍼니의 조건을 갖추게 될까? 직장인이라면 관심을 가질 만한 주제다. 이 질문에 해답은 실은 간단하다. 핵심 역량이 임직원의 노하우, 지식, 열정에 의존하는 기업은 어쩔 수 없이 '굿 컴퍼니'가 될 것이다. 이런 기업에 근무하는 종업원은 안정적이고 장기적인 고용 관계를 유지할 수 있을 것이다.

앞서 언급한 구글이 대표적이다. 구글은 여러 경제 전문지가 선정하는 '일하기 좋은 기업' 순위에서 언제나 최 상위권을 기록하고 있다. 구글은 2015년 경제 전문지 〈포춘〉과 취업정보 및 직장평가 사이트 글래스도어가 선정한 '일하기 좋은 기업' 순위에서 1위를 차지했다. 구글이 이런 높은 평가를 받는 비결은 임직원의 복지 제도와 커뮤니케이션의 우수성에 있다.

미국의 온라인 잡화 쇼핑몰 자포스Zappos도 여기에 해당한다. 자포스는 2011년 〈포춘〉이 선정한 '일하기 좋은 100대 기업'에서 6위를 기록했다. 이 회사 곳곳에는 신나는 일터를 만들려는 흔적이 풍겨 나온다. 건물 로비로 들어서면 팝콘 기계, 핀볼 머신, 홀라후프, 너프Nerf 총 등 갖가지 놀이 기구들이 있고, 컨퍼런스룸(회의실)에는 제임스 본드와 앨비스 프레슬리의 얼굴 사진이 내걸려 있다. 로비 한쪽에는 '이름표를 꾸미세요'라는 설명과 함께 놓인 배지가 눈에 들어온다.

자포스는 직원 훈련 프로그램이나 사내 도서관, 다양한 교육 기회를 제공한다. 코치 혹은 드림 매니저를 두고 말 그대로 직원들의 꿈을 관리한다. 코치는 직원들을 개인적으로 만나거나 일대일로 코치해 사내 직원들의 행복 순위를 높이는 데 중점을 둔다.

자포스가 이렇게 직원 복지에 관심을 쏟는 이유는 이 회사의 경쟁력이 임직원의 업무 만족도에서 나오기 때문이다. 자포스는 콘텍트센터로 불리는 콜센터를 통해 고객을 응대한다. 그런데 이 응대 기법이 이 회사의 수익성에 영향을 미친다. 콘택트센터 직원들이 피곤하거나 짜증나는 태도로 고객을 응대하는 것과 진심어린 마음에서 고객을 응대하는 것의 차이가 기업 수익으로 연결된다. 따라서 자포스는 임직원들이 자발적으로 우러나오는 마음가짐으로 고객을 응대하도록 배려하고 있는 것이다.

자포스의 콘택트센터에는 매뉴얼이 없다. 고객의 주문이나 문의에 어떻게 답하고, 어떻게 대응할지는 전화를 받는 콘택트센터 직원이 각자의 판단에 따라 하면 된다. 콜센터 입장에서 '만약 내가 고객이라면 어떤 응대를 받아야 행복하게 전화를 끊을 수 있을까?'를 먼저 고민한다. 그 고민이 결국 고객이 미처 생각지 못한 부분까지 챙기는 디테일로 이어지는 것이다. 그런 디테일로 인해 사람과 상황에 따라 서비스의 내용이 달라지고 고객에게 잊히기 어려운 감동을 제공하게 된다.

이 회사의 CEO인 토니 셰이Tony Hsieh는 1999년 회사 설립하면서부터 회사가 고객을 중요시하는 만큼 직원도 중요시해야 한다고 생각했다. 고객을 친절하게 응대해야 하는 사업의 특성상 임직원의 사기가 핵심 경쟁력이기 때문이다. 이런 노력은 자포스의 실적 개선으로 연결되고 있다. 가볍게 이야기를 나누거나 같이 놀이를 하면서 틀에 박힌 사고에서 벗어나 창의적인 아이디어를 내는 것이다.

직장인이나 취업 예정자라면 '큰 기업big company'을 찾는 것보다 '굿 컴퍼니good company'를 찾는 노력을 게을리하지 말아야 할 것이다. 굿 컴퍼니가 될 가능성이 높은 기업은 핵심 역량이 임직원의 능력과 노하우에 기반하는 경우다. 이런 기업은 임직원의 복지와 사기에 신경을 쓸 수밖에 없다. 반대로 업무가 매뉴얼화돼 있거나 기계, 공장에 의존하는 기업의 직원은 설자리가 없을 것이다.

굿 컴퍼니는 미래에 얼마나 많이 등장할 수 있을까?

굿 컴퍼니가 지금보다 많아질 가능성은 많다. 모바일과 소셜 미디어의 확산으로 임직원의 창의성이 핵심 경쟁력으로 설정해야 하는 기업들이 증가하고 있기 때문이다. 취업을 준비하고 있거나 직장인으로 성공하고 싶다면 생각해볼 부분이다.

국내 사주 기업가의
평균 연령

국내 사주 기업가 중에는 올해 회갑을 맞은 1955년생이 가장 많은 것으로 나타났다. 2015년 5월 기업 분석 전문 업체 한국CXO연구소가 공정거래위원회의 상호 출자 제한 기업과 1개 이상 상장사를 둔 그룹을 포함해 193개 그룹 사주들의 출생 현황을 분석한 결과다.

조사 대상자는 총수급 사주와 경영 승계 대상에 있는 3~4세 기업가를 포함해 총 214명이었다. 조사 결과 사주 기업가가 가장 많이 태어난 해는 1955년으로 13명으로 집계됐다. 평균 연령 60세다. 박용만 두산 회장, 신동빈 롯데 부회장, 조동길 한솔 회장, 정몽원 한라 회장, 담철곤 오리온 회장, 김호연 빙그레 회장 등이 1955년생 동갑내기다. 다음으로는 1953년생이 11명, 1949년생이 10명이다. 최연장자는 신격호 롯데 회장과 박승복 샘표식품 회장으로 1922년생이다. 최연소 사주는 1981년생인 양홍석 대신증권 사장으로 나타났다.

월별로는 1월생이 25명으로 가장 많았고 10월생이 24명이다. 6월생(10명)과 12월생(13명)은 다른 달에 비해 적었다. 1월생 사주 기업가로는 이건희 삼성전자 회장, 현정은 현대 회장, 이중근 부영 회장, 정몽규 현대산업개발 회장 등이 꼽힌다. 계절별로는 겨울(12~2월)에 태어난 사주 기업가가 58명으로 집계됐다. 성씨를 살펴보면 사주들 중에는 김씨 성을 가진 기업인이 40명(18.7%)으로 가장 많았다. 다음으로 이씨(33명), 박씨(16명), 정씨(14명), 조씨(10명) 순이다. 출생지를 살펴보면 서울에서 태어난 사주 기업가가 10명 중 3명꼴인 69명으로 가장 많았다. 그 다음으로는 부산 출신이 18명이다. 부산이 출생지인 기업가로는 구본능 희성 회장, 박문덕 하이트진로 회장, 정몽준 현대중공업 대주주, 박영주 이건산업 회장, 윤재승 대웅 회장 등이 꼽혔다.

당신의 모든 지식을 의심해볼 것

'트루먼 쇼'와 거짓말

미국인 가정에서 막 태어난 아기를 아프리카의 원주민 가정에 입양한다고 해보자. 이 아이는 영어를 한마디도 못하게 되고, 사냥으로 생계를 잇는 아프리카 원주민으로 자랄 것이다. 반대로 아프리카 원주민 가정에서 막 태어난 아이를 미국인 가정에 입양한다고 해보자. 이 아이는 미국의 환경을 접하며 자본주의적 인간으로 성장할 것이다. 두 가지 가운데 무엇이 이 아이에게 더 바람직한지는 시각에 따라 다를 것이다. 지금의 자본주의 문명 질서가 그렇지 않은 곳보다 우월하다고 말하기 어렵다.

내가 말하고 싶은 것은 교육이 무섭다는 사실이다. 미국인 가정에서 태어난 아이가 아프리카 원주민으로 성장하고, 아프리카 원주민 가정에서 태어난 아이가 미국의 성인이 되는 것은 순전히 교육의 힘 때문이다.

교육은 그래서 위력적이다. 교육은 한 사람의 가치관, 삶을 바라보는 태도를 결정한다. 자본주의 사회에서의 교육은 크게 공교육과 가정교육으로 나뉘는데, 공교육의 위력은 특히 막강하다. 문제는 이처럼 중요한 공교육이 제 역할을 하지 못하고 있다는 사실이다.

우리의 공교육을 생각해보자. 우리는 초, 중, 고교, 그리고 대학 과정을 통해 대체로 이런 것들을 배운다.

- 정직하라. 그것이 최선이다.
- 말과 행동을 일치시켜라.
- 다른 사람이 없을 때 그의 험담을 하지 말라.
- 조직에 충성하라. 그러면 보상받으며 당신의 성공도 이뤄진다.
- 사회 질서에 순응하라. 그것이 당신 개인의 행복도 가져온다.
- 선善이 악惡을 이긴다. 그러므로 선하게 살아라.

우리는 10년 넘게 이런 것들을 듣는다. 이런 반복식 주입 교육은 우리의 의식이 이제 막 깨어나는 시기에 시작되어 집요하게 진행되며, 이를 뒷받침하는 케이스도 워낙 풍부하게 제시되기 때문에 우리는 이것이 진짜 사실이라고 믿고 사회에 진출한다. 그런데 사회에 막상 진출하고 보면 사회는 학교에서 배운 내용과 다르게 움직인다는 사실을 발견하게 된다. 마음속의 진실을 말하는 것이 최선은 아니며, 사회 제도와 질서에 순응하는 사람이 성공하는 것이 아니고, 어느 직원이 조직에 충실한다고 해서 그 조직의 상층부로 진입하는 것도 아니다. 사회에서의 성공은 한마디로 설명하기 어려울 만큼 복잡하다. 때로는 합법과 불법의 차이도 모호해질 때가 있다.

우리는 이런 현상을 접하는 초기에는 그 원인이 뭔지를 정확히 모른다. 혼란스러울 따름이다. 이때부터 시행착오가 시작된다. 대다수의 사람들은 자신이 학교에서 배운 고상한 가르침에 충실하지 않아서 이런 일이 생겼다고 결론 내리고 더 열심히 일하는 것으로 문제를 해결하려 한다. 학교에서 배운 교과서를 다시 한 번 펼쳐보고 거기에 쓰여진 '맡은 바 일에 최선을 다하라', '타인을 진심으로 배려하라.'와 같은 내용을 더 충실하게 이행하는 것으로 문제가 해결되기를 기대한다.

그런데 그렇게 해도 문제는 해결되지 않는다. 결국 몇 차례의 고통스러운 탐색 과정을 거치고 나서야 우리는 문제의 원인은 공교육이며, 공교육에서 가르치는 내용이 사회 현실을 적절하게 반영하지 못하기 때문에 문제가 발생하고 있다는 사실을 발견하게 된다. 그제야 우리는 세상의 진실을 대면하게 된다. 공교육에서 가르치는 내용의 최종 목적은 단지 고용 사회에 순응하는 인간을 양성하기 위한 것이었다는 사실을 발견하게 된다. 공교육은 고용 사회에 충실한 조직원 양성 기관이었던 것이다. 현재의 공교육은 학생들이 사회에 나갔을 때 살아남기 위한 지식을 가르치지 않고 있으며, 세상의 진실을 반영하지도 않고 있다. 우리는 뼈아픈 시행착오 끝에 이 사실을 대면하게 된다. 이때의 분노와 좌절감은 겪어본 사람만이 이해할 것이다. 내가 그간 절대 진리라고 믿었던 것들이 알고 보니 영화 '트루먼쇼'에 나오는 것처럼 거대한 허구이자 각본이었던 것이다!

이런 사정은 한국뿐만 아니라 고용 사회를 보낸 서구 각국의 교육 제도에서 공통적으로 나타나는 현상이다.

영국의 경영 컨설턴트 찰스 핸디Charles Handy는 경영 조사 기관인 선탑 미디어가 세계의 경영 사상가를 선정해 발표하는 '2001 씽커스 50'에 피터 드러커에 이어 2위를 차지한 인물이다. 1932년생인 그는 자신이 학교에서 배운 대로 사회생활을 했다가 얼마나 많은 시행착오를 겪었는지를 고백하고 있다.

"나는 학교에서 오직 진실을 말하라고 배웠고, 실제로 그래야 한다고 믿었다. 그런데 사회생활을 하면서 나는 이것이 통하지 않는다는 사실을 발견했다. 사회생활 초기에 상대방이 나처럼 늘 진실만 말할 것이라고 생각하고 대했다. 그런데 인생의 풍상을 겪다 보니 사람들이 생글생글 웃으면서 내 면전에서 거짓말을 한다는 것을 알게 됐다. 범죄자들은 움직일 수 없는 증거가 나타나서 유죄임이 밝혀지기 전까지는 줄곧 자신들이 결백하다고 말한다. 그러니 나 같은 사람은 이런 범죄자들을 상대로 배심원 노릇도 하지 못할 것이다. 나는 이런 진실 결벽증이 커다란 장애가 된다는 것을 안다. 기업의 관리자 시절 아는 부하직원들이 내놓는 약속과 예상 실적을 있는 그대로 받아들였다가, 그들이 나를 '갖고 놀았다'는 것을 알고 낙담한 적이 한두 번이 아니었다. '아니, 제 말을 있는 그대로 다 믿으셨다는 말입니까?' 왜 말이 다르냐고 따지는 내게 한 부동산 개발업자는 깜짝 놀라며 나에게 반문했다. 내가 그의 말을 조금도 의심하지 않았다고 하자 그는 머리를 절레절레 흔들면서 나의 순진함을 놀라워했다. 내 학창 시절의 이런 유산과 내가 타협을 하는 데는 오랜 세월이 걸렸다."(찰스 핸디,《코끼리와 벼룩》)

세상은 합리적이지 않으며, 과학의 원리에 따라 원인과 결과가 명확하게 드러나지도 않는다. 수학의 논리에 치우친 제도권 경제학은 현실 경제를 예측할 수 없다. 지금의 공교육 제도가 다가오는 새로운 세상을 제대로 반영하지 못하고 있는 것은 너무나 명확하다. 지금의 세상은 거대한 패러다임의 변화를 겪고 있으며, 가치관이나 지식도 여기에 맞게 수정돼야 한다. 그렇지만 아쉽게도 역사를 돌이켜보면 제도의 개선은 언제나 늦다. 우리가 지금 공교육에 기대할 수 있는 것은 많지 않다. 우리는 공교육에서 통찰력이 배어나오는 지식, 내 사랑하는 자녀가 미래 세상을 살아남는 데 도움이 되는 지식을 배우는 것을 기대할 수 없다. 그래서 중요한 것이 '가정교육'이다. 다시 말해 공교육에서 기대할 수 있는 부분이 많지 않은 지금 우리가 개선할 수 있는 것은 내가 부모로서 자녀의 손을 잡고 전해주는 교육이다.

우리는 가정에서 사랑하는 자녀에게 무엇을 가르쳐야 할까? 무엇에 관심을 갖도록 이끌어야 할까? 이 질문에 대해 해결의 실마리를 제공하는 케이스가 있다. 페이스북 창업자 마크 저커버그의 아버지인 에드워드 저커버그Edward Zuckerberg의 가정교육이 그것이다.

유대계 치과의사인 에드워드 저커버그는 자신의 아들 마크 저커버그에게 경제란 무엇인가에 대해 토론하고 가르쳤다. 유대계 가정의 자녀 경제 교육은 유명하다. 유태인의 자녀교육은 주로 어머니보다는 아버지가 수행하는 경향이 있는데, 이는 어머니는 뱃속에서 열 달 동안 자기 몸의 일부로 자녀를 길러 무조건적인 애정을 쏟을 수 있지만 아버지는 좀더 객관적으로 아이를 바라볼 수 있다는 점이 고려돼 있다. 마크 저커버그 집안의 가정교육도 주로 아버지 에드워드 저커버그에 의해 수행됐다.

에드워드 저커버그는 아들에게 깨끗한 돈과 더러운 돈의 구별은 없으며, 돈의 가치는 현실적으로 측정돼야 한다고 가르쳤다. 그래서 아들 마크 저커버그는 유년 시절부터 경제관념을 갖고 있었다. 특히 에드워드 저커버그는 미래의 세상을 정보기술이 주도할 것으로 보고 아들이 IT 기기에 친숙해지도록 세심히 배려했다.

스스로가 IT 마니아였던 에드워드 저커버그는 컴퓨터 신형이 출시될 때마다 모두 사들여 아들이 사용해보도록 했다. 페이스북의 마크 저크버그는 자신의 첨단 기술 분야에 관한 깊은 지식을 아버지에서 물려받았다고 밝히고 있다.

에드워드 저커버그는 1978년 아타리 800으로 불리는 개인용 PC를 구입했다. 컴퓨터가 막 세상에 모습을 드러내던 시기에 일반인을 대상으로 개발된 PC였다. 빌 게이츠가 MS를 창업한 지 불과 3년째 되는 해였다. 마크 저커버그는 아타리 800을 조작하면서 프로그램 짜는 법을 처음 배웠다고 밝히고 있다.

그로부터 얼마 지나지 않아 에드워드 저크버그는 최초의 상용 컴퓨터인 IBM의 XT를 구입해 자신의 진료실에 설치했다. 저커버그 역시 그의 아버지만큼이나 IT 기기들을 좋아했다. 에드워드는 아들에게 미래 세상에 필요한 기술을 열정을 갖고 배우라고 격려했다. 아들 마크 저커버그는 아버지의 도움으로 컴퓨터 프로그래머로부터 컴퓨터 짜는 법을 개인 지도를 받기도 했고, 집 근처 머시 칼리지Mercy College의 대학원에서 관련 수업을 청강하기도 했다.

이 과정을 거치면서 마크 저크버그는 자연스럽게 프로그래밍 전문가가 됐다. 이런 환경 덕분에 마크 저커버그는 하버드대에 입학하기 전 이미 소셜 미디어 프로그램을 개발할 수 있었다. 10대였던 1990년대 중반, 마크 저커버그는 처음으로 '저크넷Zucknet'이라는 메신저 프로그램을 개발했는데, 이는 아버지의 치과 진료 업무를 돕기 위해서였다. 당시 아버지 에드워드는 병원 건물을 따로 마련하지 않고 집 한쪽에 치과 진료실을 뒀는데, 환자가 찾아올 때마다 접수 담당 직원이 이쪽 방에서 저쪽 방으로 돌아다니며 "아무개 씨 왔어요."라고 소리 지르는 것에 노이로제가 걸린 상태였다. 에드워드는 소란스럽지 않으면서 효과적으로 일을 처리할 수 있는 방법을 고민했다.

그런 아버지에게 꼭 필요한 것을 마크 저커버그가 저크넷이라는 이름으로 만든 것이다. 현재 우리가 사용하는 메신저처럼 가족들이 집 안의 컴퓨터 네트워크를 이용해 서로 교신할 수 있도록 한 것이었다. 이 메신저는 이듬해 세계 최대 PC통신 서비스 회사인 AOL이 출시한 인스턴트 메신저와 유사했다.

저커버그가 개발한 이 메신저는 아버지의 치과 진료실뿐만 아니라 누이들에게도 대단한 인기를 끌었다. 저커버그의 누나 랜디와 두 여동생 도나, 애리얼은 모두 자신들의 방에서 컴퓨터를 사용할 때 저커버그가 만든 메신저로 이야기를 나눴다. 이 일을 계기로 저커버그는 컴퓨터 프로그램을 짜는 데 대단한 흥미를 느꼈고, 사람들이 의사소통을 할 수 있도록 지원해주는 프로그램에 남다른 애착을 보였다. 저커버그는 한번 일에 몰입하면 시간 가는 줄 모르고 프로그램 개발에 매달리다 자정을 넘기기 일쑤였다. 이런 저커버그가 결국 페이스북을 개발한 것이다. 아버지의 지원과 배려가 없었다면 오늘의 저커버그는 없었을 것이다.

저커버그 부자의 케이스는 자녀를 둔 가장이라면 진지하게 살펴볼 필요가 있다. 자녀의 제도권 교육에 신경 쓰는 것도 중요하지만 자녀가 미래 사회에서 자리 잡기 위해 꼭 필요한 것이 무엇인지를 파악하고, 이를 가정에서 접하도록 배려해야 한다. 공교육이 제 역할을 제대로 수행하지 못하는 현실에서 이것이 내 사랑하는 자녀를 위해 해줄 수 있는 최상의 선물이다.

Inside & Insight ───

• 직장은 더 이상 개인 삶의 안정을 제공하는 안전지대가 아니다. 하지만 적지 않은 사람들이 여전히 직장을 안락지대로 여기고 있다. 직장이 안락지대가 아니라는 사실을 빨리 깨달을수록 안전하다.

• 다가오는 새로운 시대에는 사회 구성원들에게 더 많은 기회를 가져다줄 것이다. 다가오는 새로운 시대에는 누구나 노트북, 스마트폰 같은 생산 수단을 소유할 수 있다.

• 어느 일이든 때가 있는 법이다. 지금은 두려움을 극복하고 변화가 가져다주는 기회에 몸을 내맡겨야 할 때다.

• 다가오는 새로운 시대에는 세컨드 무버에게 오히려 기회가 있다. 선점자의 이점은 산업화 시대에 비해 현저히 줄었다.

빈틈에서 찾는
업業의 전략

치밀한 준비가 서두르는 것보다 성공 확률을 높여주는 것은 사실이다. 그러나 처음부터 일이 잘되는 경우는 많지 않다. 일을 해나가다 보면 시행착오를 겪게 되고, 시행착오를 거치면 길이 보이고 성공이 열린다. 시작이 절반이라는 격언은 언제나 진리다.

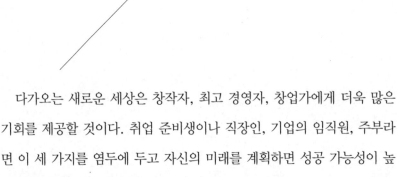

어느 업에 기회가 있는가

절대 망하지 않는 산업

다가오는 새로운 세상은 창작자, 최고 경영자, 창업가에게 더욱 많은 기회를 제공할 것이다. 취업 준비생이나 직장인, 기업의 임직원, 주부라면 이 세 가지를 염두에 두고 자신의 미래를 계획하면 성공 가능성이 높다. 그렇다면 다음과 같은 궁금증이 자연스럽게 생길 것이다. 미래의 성공한 창작자, 최고 경영자, 창업가를 꿈꾸고 있다면 과연 어느 곳에 관심을 둬야 할까? 다시 말해 기회는 구체적으로 어디에 있는 걸까?

이 질문에 대답하자면 우리는 '산업industry'을 알아야 한다. 왜냐하면 산업이야말로 창업 아이템을 선정하거나, 신사업 진출을 생각하거나, 창작 활동을 수행할 때 실제적인 출발점이기 때문이다.

그런데 우리는 산업에 관해 관심을 갖게 될 때 이 분야가 놀라울 정도로 미개척 영역이라는 사실에 놀라게 된다. 예를 들어 한국표준산업분류 KSIC를 들여다보자. 한국표준산업분류는 정부 산하 기관인 통계청이 제정해 발표하고 있다. 정부 산하 기관이 발표하다 보니 이 분류법은 글자 그대로 한국의 산업을 분류하는 공식 분류법으로 받아들여지고 있다. 회계법인, 세무법인, 국세청 등은 기업 분석이나 과세 표준을 할 때 한국표준산업분류를 기초 자료로 사용하고 있다. 이 분류법에 따르면 한국의 산업은 다음의 21가지 대분류로 시작한다.

A : 농업, 임업, 어업

B : 광업

C : 제조업

D : 전기, 가스, 증기 및 수도 사업

E : 하수, 폐기물 처리, 원료 재생, 환경 복원

F : 건설업

G : 도매 및 소매업

H : 운수업

I : 숙박 및 음식점업

J : 출판, 영상, 방송통신, 정보 서비스업

K : 금융, 보험업

L : 부동산업, 임대업

M : 전문, 과학 및 기술 서비스업

N : 사업 시설 관리 및 사업 지원 서비스업

O : 공공 행정, 국방 및 사회보장 행정업

P : 교육 서비스업

Q : 보건업, 사회복지 서비스업

R : 예술, 스포츠 및 여가 관련 서비스업

S : 협회 및 단체, 수리 및 기타 개인 서비스업

T : 자가소비 생산 활동

U : 국제, 외국기관

이처럼 한국의 모든 산업은 21가지로 크게 분류되고, 그 다음으로 중분류, 소분류로 이어진다. 하지만 이 분류법이 현실을 적절히 반영하고 있다고 보기 어렵다. 산업 분류가 지나치게 모호한 데다 업종과 종목이 맞지 않는 경우도 있어 업종 지수가 왜곡될 수 있기 때문이다.

예를 들어 2009년 한국거래소는 코스피 지수가 38.65% 오르는 동안 의료정밀 업종 지수는 189.46%나 급등했다고 발표했다. 하지만 이는 의료정밀 업종에 삼성테크윈과 삼성이미징이 포함된 탓에 발생한 '착시 현상'에 불과했다. 의료정밀 업종에 해당된 6개사 가운데 압도적인 시가총액 비중을 가진 이들 두 회사의 주가가 크게 올랐기 때문이다.

삼성테크윈은 반도체 및 엔진부품을 만드는 회사로 의료정밀 사업과 거의 관련이 없지만 거래소는 통계청의 한국표준산업 분류상 광학기기

매출 비중이 높은 회사는 의료정밀 업종으로 봐야 한다는 입장이다. 또한 건설 부문의 매출이 수년째 상사 부문을 능가하고 있는 삼성물산은 건설 업종이 아닌 유통 업종으로 분류돼 있으며, 플랜트 제조업체인 삼성엔지 니어링은 서비스 업종에 속해 있다. 은행 업종에는 KB나 신한 등 주요 금융지주회사들이 빠져 있다.

통계청의 한국표준산업분류가 이 같은 한계를 갖고 있다는 점 때문에 증권사를 비롯한 일부 금융사에서는 모건 스탠리와 S&P가 제정한 국제 산업분류표준Global Industry Classification Standard를 쓰기도 한다. 이 분류법은 이 세상의 모든 산업을 에너지, 소재, 산업재, 경기 소비재, 비경기 소비 재, 헬스 케어, 금융, 정보기술IT, 텔레콤, 유틸리티 등 10개 섹터로 나누 고, 이를 다시 24개 산업 그룹, 68개 산업, 154개 서브 산업으로 분류하 고 있다. 그렇지만 이 분류법도 한계는 있다.

한국의 모든 산업을 체계적이고 포괄적으로 다루는 그런 분류법은 있 는가? 이 질문에 대한 대답은 '그렇다.'

결론적으로, 한국의 산업은 10개의 '큰 덩어리(섹터)'로 구성돼 있다. 자, 이것이 지금 우리가 살고 있는 한국의 산업 자본주의의 지형도다. 한 국의 모든 기업은 이 10가지 섹터 가운데 하나에 포함된다. 다시 말해 당 신이 다니고 있는 직장, 당신이 영위하고 있는 사업, 다음의 10가지 섹터 가운데 하나에 반드시 포함된다. 이 사실을 아는 것과 모르는 것은 하늘 과 땅 차이다.

금융 / 에너지 / 금속 / 건설 / 조선(및 기계) / 자동차 / 소비재(및 유통) / 정보기술(IT) / 의료(제약) / 서비스(및 기타)

우선 한국의 산업 자본주의 지형도의 상단에는 금융(금융업)이 있다. 금융은 자본주의가 존재하기 위한 선결 조건이다. 당신이 회사를 그만두고, 혹은 대학을 졸업하고 창업을 한다고 해보자. 가장 먼저 어디를 가야 하는가? 두말할 것도 없이 그것은 은행(금융)이다. 은행에서 대출을 받아야 기업을 설립하고, 직원을 고용하고, 공장을 가동할 수 있는 것이다. 그래서 금융은 자본주의의 선결조건이다. 여기에 속하는 산업으로는 (일반) 은행, 증권, 보험(생명보험, 화재보험), 특수 은행, 저축 은행, 지방 은행, 재보험, 대부업체, 캐피탈, 카드, 금융지주사가 있다. 한국의 금융 산업은 역사적으로도 가장 오래됐다.

다음으로, 에너지는 기업의 공장이 가동될 수 있는 연료를 생산하는 분야다. 여기에 속하는 산업으로는 정유, 유화, 유틸리티(전기, 가스), 신재생 에너지(태양광, 풍력, 바이오), 셰일가스, 2차전지 등이 있다. 그 다음으로 금속, 조선, 자동차, 소비재, 정보기술 의료 같은 제조업이 나온다. 금속이란 철강을 비롯한 구리, 아연, 알루미늄, 납, 금, 은 같은 것들을 생산하는 산업을 말한다. 철강 산업은 다시 열연, 냉연, 후판, 강관, 특수강, 합금철의 가치 시설을 갖고 있다.

	섹터	산업	경기변동	유가상승	금리상승	환율하락	재무재표
A	금융	(일반) 은행, 증권, 보험(생명보험, 화재보험), 특수 은행, 저축 은행, 지방 은행, 재보험, 대부업체, 캐피탈, 카드, 금융지주, 신용평가사	●		O		금융
B	에너지	정유, 유화, 유틸리티(전기, 가스), 신재생 에너지(태양광, 풍력, 바이오), 셰일가스, 2차 전지	●	O	×	O	제조
C	금속	철강(열연, 냉연, 후판, 강관, 특수강, 합금철), 구리, 아연, 납, 알루미늄, 금, 은	●		×	O	제조
D	건설	건설, 건자재(시멘트), 플랜트, 설계 및 엔지니어링	●	O	×		수주
E	조선, 기계	조선, 해운, 항만, 육상 운송, 항공, 택배, 기계, 피팅 밸브 단조	●	×	×	O	수주
F	자동차	자동차, 자동차 부품, 타이어, 배터리, 전기차	●	×	×	×	제조
G	소비재	음식료(제당, 제분, 전분당(이상 1차 가공), 음료, 면류, 빙과, 맥주, 소주, 제지, 면방, 의류(내의, 모피), 일반 소비재(부탄가스, 문구, 카지노, 주방기기, 악기, 사무기기, 시계, 줄자, 화장품, 유아용품, 가구, 침대), 농업(비료, 농기구), 육계, 사료, 출판(신문)			×	O	유통, 제조
H	정보기술(IT)	스마트폰, 디스플레이(LED, LCD), 반도체, 인터넷, 통신, 태블릿, PCB, 셋톱박스, 전기전자, 3D프린터, 사물인터넷(IoT)	●		×	×	제조
I	의료	제약, 바이오, 의료기기			×		제조
J	서비스, 기타	게임, 음악, 영화, 방송, 교육(이상 미디어 의존형), 여행, 공연, 테마파크(이상 체험형)			×		서비스

(O)수혜주, (X)손실주

한국의 산업 분류

조선업은 선박 제조업을 말하는데 한국이 세계적인 경쟁력을 갖고 있다. 현대중공업은 국내 1위, 글로벌 1위의 조선사다. 자동차 산업에는 현대기아차가 세계적인 경쟁력을 갖고 있다.

소비재는 인간의 실생활에 필요한 먹을거리, 의류 등의 품목을 생산한다. 정보기술에는 삼성전자라는 국내 1위 기업이 큰 역할을 수행하고 있다. 의료업은 인간의 건강에 관련된 서비스나 기기를 제공하는 산업으로 인구 고령화에 따라 향후 성장이 기대된다.

그리고 마지막으로 인간의 눈에 보이지 않는 비실물 서비스를 제공하는 서비스 산업이 자리 잡고 있다. 여기에는 게임, 음악, 영화가 대표적인 산업이다.

이렇게 한국의 산업은 10가지로 분류된다. 이렇게 보면 한국의 산업은 일목요연해진다. 시간이 흘러도 이 10가지 분류법의 프레임은 바뀌지 않을 것이다. 미래의 업을 고민할 때 가장 먼저 살펴야 할 지도인 셈이다.

2030년, 6대 슈퍼 섹터

개인이 창업을 준비하거나, 기업이 신규 사업을 고려하고 있다면 이들 10개의 섹터 가운데 어디에 관심을 갖는 것이 유리할까? 결론부터 말하자면, 창업을 준비 중인 개인이나 신규 사업을 준비 중인 기업이라면 금융, 자동차, 소비재, 정보기술, 의료, 서비스의 6가지 섹터에 관심을 갖는 것이 성공 가능성이 높다. 그 이유는 다음과 같다.

파워 섹터 ①: 금융, 성장성이 가장 크다

금융은 자본주의 체제의 근간이면서 성장 산업이라는 점에서 앞으로 기회가 많아질 수밖에 없다. 우리가 살고 있는 세상은 '자본주의' 체제인데, 이 단어에 나오는 '자본capital'은 바로 금융을 의미한다. 금융업의 지위는 빠르게 상승해왔다. 금융업의 근간이 되는 은행은 1400년대 중세 유럽에서 탄생할 당시에는 '시장 한구석의 의자에 앉아 상인들의 돈을 바꿔주는 업자'에 불과했고 여기서 말하는 시장이란 정기시fair를 말한다.

정기시란 중세 유럽의 상파뉴, 리옹 등에서 정기적으로 열렸던 대규모 시장을 말하는데, 이곳에서는 동방의 후추, 향신료, 포목 같은 당대의 유럽인들의 눈에는 진기한 품목들이 거래돼 수많은 인파를 끌어 모았다. 이들 품목의 대부분은 상인들이 동방에서 가져온 것들이었다. 상인들은 이들 정기시에서 갖가지 품목을 판매해 큰 이윤을 남겼고 상업 자본가로 성장했다.

이 정기시에서 상인들에게 반드시 필요한 직업인이 환전상이었다. 당시 중세 유럽은 국가별로 돈의 단위가 달라 계산하기가 어려웠다. 당시 프랑스의 화폐 단위는 프랑franc, 이탈리아의 화폐는 피오리노fiorino, 스웨덴 화폐는 달러dollar였다. 예를 들어 이탈리아 베네치아 상인이 후추를 정기시에 가져왔는데, 이것을 다른 상인들에게 얼마에 팔아야 할지를 계산하기 어려웠다.

이 문제를 해결해준 직업인이 환전상이었다. 환전상들은 정기시의 한 구석의 좁은 벤치에 앉아 있다가 상인들이 오면 환전을 해주었다. 덕분에 상인들이 돈의 가치를 걱정하지 않고 손쉽게 거래를 할 수 있었다. 환전상은 거래 당사자들 사이에서 약간의 서비스료를 받았는데, 이것이 오늘날 은행의 수익 모델이 된 것이다. 은행이라는 단어는 당시 환전상들이 앉아 있던 '반카banca'라는 이탈리아어에서 유래했다.

은행 근무자들은 20세기 초반까지만 해도 낮은 보수와 열악한 근무 조건에 시달렸다. 당시의 은행 지점에서는 은행 직원과 고객이 육중한 철제 칸막이를 두고 대화를 나누었다. 범죄나 도난을 방지하기 위해 세워진 이 칸막이의 아래 칸에 뚫린 구멍을 통해 예금 증서나 지폐를 주고받았다. 은행 근무자가 이렇게 낮은 대우를 받았던 이유는 이자를 주고받는 것을 의심의 눈초리로 바라본 서구의 전통과도 관련이 있다. 중세 유럽의 교회는 이자를 주고받는 행위를 고리대금업이라며 죄악시했다. 여기서 말하는 '고리高利'는 높은 이자를 매기는 것이 아니라 이자를 받는 것 자체를 말한다. 중세 유럽의 교회는 이자를 아예 받지 않는 것을 제외한 모든 이자 수취 행위를 고리대금으로 분류했다.

하지만 자본주의가 발전하면서 금융업의 중요성이 부각됐고, 이에 따라 금융업 종사자의 지위는 빠르게 상승했다. 월스트리트는 MBA 졸업자들이 가장 빠르게 돈을 벌 수 있는 곳으로 여겨지고 있고, 한국도 사정은 마찬가지다.

금융업 가운데 구체적으로 어디에 기회가 있는 걸까?

금융업을 다시 세분화하면 일반 금융사, 여신 전문 금융사, 투자 회사, 기타로 나뉜다. 일반 금융사란 일반인으로부터 자금을 조달할 수 있는 권한 — 이를 수신 기능이라고 한다 — 을 정부로부터 부여받은 곳을 말하며, 대표적으로 은행, 증권, 보험사가 있다.

여신 전문 금융사란 일반인으로부터 자금을 조달하는 수신 기능이 없으며, 채권을 발행해 마련한 자금으로 사업을 영위하는 곳을 말한다. 이들은 흔히 '여전사'로 불리며, 카드, 리스, 할부금융, 신기술 금융(창투사)의 4대 금융사가 여기에 해당한다.

투자 회사란 고객으로부터 받은 자금을 주식이나 채권 등에 투자해 수익을 내는 금융사를 말하며, 대표적으로 자산 운용사와 투자 자문사가 있다. 이 가운데 투자 자문사란 고객으로부터 투자 판단을 일임받아 고객을 위해 투자하는 금융사를 말한다. 돈을 모으고 굴린다는 점에서 자산운용사의 펀드투자와 비슷하지만, 자산 운용사가 다수의 투자자를 대상으로 펀드를 개발하는 것에 비해 투자 자문사는 고객별로 개인 계좌를 만들어 일대일 맞춤형으로 투자를 집행한다는 점이 다르다. 고객이 투자 자문사에 돈을 맡기면 자신의 투자 성향, 위험 성향을 반영해 투자할 수 있다.

투자 자문업의 전망은 밝다. 현대 사회는 '시간이 바로 돈'이다. 우리는 직장 업무 때문에 혹은 자영업을 하느라 시간에 쫓기며 지내고 있고, 주식이나 채권을 직접 분석하고 매입할 시간을 내기 어렵다. 실제로 이런 이유로 투자 자문사에 돈을 맡기는 직장인, 자영업자가 늘 수밖에 없다. 2011년 글로벌 금융 위기를 벗어나 증시가 살아나면서 투자 자문사를 찾는 고액 자산가들이 늘었고 계약 금액이 23조 원으로 증가했다. 이후 2012년 19조 원대로 주춤했다가 2015년 3월 말 기준 34조 원을 넘었다. 전년 동기 대비 50.2% 증가한 수치다.

금융 섹터의 생태계

나는 직장인이나 자영업자라면 투자 자문사에 자금을 맡기고 본업에 집중하는 것이 효과적이라고 본다. 다시 말해 주식이나 채권에 직접 투자하는 것도 돈을 굴리는 방법이지만 시간의 효율성을 감안했을 때 투자 자문사에 돈을 맡기는 간접 투자도 훌륭한 대안이라고 생각한다. 투자 자문사에 자금을 맡기면 자신의 계좌 현황을 HTS홈트레이딩시스템을 통해 실시간으로 확인할 수 있고, 투자 철학과 운용 방법을 매달 이메일을 통해 받아볼 수 있다는 장점도 있다.

2014년 한 해 동안 국내 투자 자문사 160여 곳 가운데 일임형 상품을 운용해 가장 높은 수익률 기록한 5곳은 파레토 투자 자문(33.2%), 글랜우드 투자 자문(25.7%), 에셋 디자인 투자 자문(25.5%), 밸류 시스템 투자 자문(23.9%), 이룸 투자 자문(19.3%)이었다. 이들이 높은 수익을 내는 비결로는 주가가 기업 가치의 반영이라는 믿음을 갖고 기업을 직접 탐방해 실적과 현황을 꼼꼼히 체크하는 것에 있다.

예를 들어 에셋 디자인 투자 자문의 경우 1년에 탐방하는 기업만도 400여 곳, 탐방 횟수는 800회 이상이다. 6명의 운용역이 1인당 일주일에 2~3번은 탐방을 다니는 셈이다. 최정용 대표는 "탐방을 가는 직원들에게 회사의 구내 식당에서 밥을 먹고 오라고 말한다. 기업에 대해 알면 그만큼 리스크를 줄일 수 있다."라고 말한다.

에셋 디자인 투자 자문은 운용보수를 받지 않는 상품을 갖고 있다. 성과가 나지 않으면 보수를 받지 않는다는 원칙 때문이다. 최정용 대표는 고려대 가치투자 연구회 창립 멤버 및 1기 회장으로 고려대 경영학과, 일반 대학원 석사 재무론 전공, 동대학원 박사과정 수료 후 2009년 에셋 디자인 투자 자문을 설립했다.

주식이나 채권 등에 투자해 수익을 내는 능력이 뛰어나다면 투자 회사를 차리는 것도 방법이다. 신뢰감을 주고, 성과를 보여준다면 사람들은 당신에게 기꺼이 돈을 맡길 것이다.

미국의 조지 소로스, 제임스 사이먼스, 존 폴슨, 존 아놀드는 이런 방식으로 부자가 된 투자 전문가들이다. 이들은 투자자들로부터 자금을 모아 그들의 돈을 불려주는 데 탁월한 성과를 보여주고 있다. 이들의 출신

배경은 한 가지로 정의할 수 없을 정도로 다양하다. 돈 버는 방법도 십인
십색이다.

월스트리트에 본사를 둔 헤지 펀드 회사인 르네상스 테크놀러지스
Renaissance Technologies를 이끌고 있는 제임스 사이먼스James Simons 회장은 40대
중반에 투자 업계에 뛰어들기 전까지 대학의 수학 교수로 일했다. 그는
1938년생으로 MIT 수학과를 졸업하고 UC 버클리대에서 수학 박사 학위
를 취득하고 하버드대 수학과 교수로 일했다. 그러다가 그는 수학 공학을
활용하면 주가 흐름을 예측할 수 있다는 사실을 발견하고 1982년 르네상
스 테크놀로지스를 설립했다. 그의 나이 44세의 일이었다. 투자 업계에
서 은퇴를 해야 하는 나이에 새로운 인생을 시작한 것이다.

늦은 나이에 시작한 그의 투자가로서의 삶은 처음부터 대성공을 거두
었다. 그의 대표 펀드인 메달리온 펀드는 1989년부터 2006년까지 17년
간 연평균 38.5%의 놀라운 수익률을 기록했다. 이 펀드는 1999년 이후
단 한 번도 마이너스 수익률을 기록한 적이 없다. 그는 자신이 통계적 차
익 거래statistical arbitrage에 주력하고 있다고 밝힌 적이 있다. 차익 거래란
쉽게 말해 어떤 물건이 A 시장에서는 1만 원에 팔리고, B 시장에서는 1만
5,000원에 팔리고 있다면, A 시장에서 이 물건을 구입해 B 시장에 내다 팔
아 5,000원의 차익을 남기는 것을 말한다. 차익 거래의 성패는 차익 거래
의 기회를 남보다 빨리 포착하는 데 있는데, 수학 교수 출신인 그는 차익
거래를 남보다 빨리 알아내는 데 강점이 있다. 그는 독자적으로 개발한

수학 프로그램을 활용해 여러 시장에서의 증권, 파생상품, 외환상품 등 여러 자산의 가격의 움직임을 관찰하다가 가격 차이가 일정 수준 이상으로 넘어서면 곧바로 차익 거래에 들어가 수익을 거두고 있다.

미국 헤지 펀드인 센토러스Centaurus의 경영자 존 아놀드John Arnold는 미국 에너지 기업 엔론의 원유 트레이더로 활약한 사람이다. 그는 인터넷에 기반을 둔 거래 네트워크를 이용해 뛰어난 성과를 내고 2006년 여름 가스 가격이 떨어지리라는 것을 정확히 예측해 수십억 달러를 벌기도 했다.

'20세기 최고의 펀드 매니저'로 불리는 조지 소로스의 대학 시절 전공은 철학이었다. 그는 자신의 투자법을 재귀성 이론Theory of reflexivity으로 설명한다. 재귀성 이론이란 인간의 인지 기능과 조작 기능이 서로 영향을 주고받는다는 이론이다. 쉽게 말해 인간이 무언가를 인지하고 행동을 하면, 그 행동이 사회의 움직임에 영향을 주며, 이 움직임은 다시 인간의 인지 기능에 영향을 미친다는 것이다. 재귀성 이론은 인간은 본질적으로 불완전하다는 철학적 원리가 깔려 있다.

그리고 금융 교육 회사가 있다. 내가 사업을 영위하고 있는 버핏 연구소는 금융 및 경제 교육 회사다. 일반인에게 경제, 금융, 투자에 관한 지식을 교육한다. 경제, 금융, 투자에 관한 한, 대중은 놀라울 정도로 무지하다. 더욱 놀라운 사실은 이들의 대다수가 자신들이 모른다는 사실 자체를 '모른다'는 사실이다. 어떻게 이런 현실을 타개해 대중을 '경제 문맹',

'금융 문맹', '투자 문맹' 상태에서 벗어나게 할 것인가를 나는 고민한다.

개인 투자자의 절대 다수가 주식을 세력이나 심리 싸움이라고만 여긴다. 그래서 이들은 일봉, 주봉, 차트를 근거로 주식을 매입하다가 손실을 본다. 이들은 주가는 기업이 창출하는 이익의 반영이라는 지극히 상식적인 논리를 받아들이지 않는다. 한마디로 이들은 자신들이 모른다는 사실을 '모른다.' 그러니 이들에게 손실은 필연이다. 수많은 '차트 전문가', '일봉 도사'들이 이런 흙탕물을 만드는 데 일조하고 있다. 금융 당국은 이런 현실에 손을 놓고 있다. 심지어 금융 당국은 금융 자격증 시험에 일봉, 주봉, 차트에 관한 문제를 출제하고 있다. 일봉, 주봉, 차트를 공부하라는 의미다.

미국은 사정이 다르다. 미국의 모틀리 풀Motley Fool은 임직원 300여 명 규모의 금융, 투자 교육 회사로 세계적인 명성을 얻고 있고, 2009년에 자체 뮤추얼 펀드 상품을 내놓기도 했다. 또 온라인 기반의 다른 금융, 투자 교육 회사인 인베스토피디아Investopedia는 금융 전문지 〈포브스〉에 인수됐다가, 2010년에 밸류 클릭이라는 금융사에 다시 매각됐는데 매각 대금이 4,200만 달러(약 420억 원)에 달했다. 이 회사가 보유한 콘텐츠와 회원 데이터베이스의 가치를 인정받은 것이다.

마찬가지로 한국의 금융 교육의 미래는 밝다. 교육부는 2021학년도 대학수학능력시험부터 금융 문제를 별도로 출제할 예정이다. 2020년 11월에 치러질 대학수학능력시험부터는 금융 문제가 2~3문제 들어간다는 의미다. 이는 2018학년도부터 고등학교 필수 교과인 통합사회에 '시장과 금융'이라는 제목으로 별도 금융 단원이 신설됨에 따라 생기는 변화다. 새로운 교과 과정을 반영한 수능 제도는 2017년도에 최종 확정된다. 지금까지 수능에 경제 관련 문제는 출제됐지만 금융에 특화된 문제가 따로 출제된 적은 없다. 문·이과 구분 없이 응시해야 하는 필수 과목인 통합사회에서 출제된다는 점에서 모든 응시생들은 반드시 금융 문제를 풀어야 한다.

신사업을 추진하는 기업의 입장에서 관심을 가질 만한 산업은 소비자 대부업(소비자 금융업)이다. 소비자 대부업이란 수백만 원대의 소액 대출을 필요로 하는 급여 소득자, 자영업자 등의 개인에게 단기간에 걸쳐 대출을 해주는 사업을 말한다. 신용 등급이 낮아 제도권 금융에서 대출을 받기 어려운 개인이 주로 이용한다. 내가 이렇게 말하면 대부업이 '사채업자'가 아니냐며 백안시할지도 모르겠다. 만약 그런 생각을 하고 있는 독자라면 생각을 달리해야 한다.

어느 산업이든 이제 막 발전하는 단계에서는 언제나 대중으로부터 오해와 편견을 받는다. 그러다가 산업이 성장하면 대중의 반응은 순식간에 환호와 찬탄, 부러움, 열광으로 바뀐다. 지금의 연예인이 불과 10여 년 전만 해도 '딴따라'로 불리던 것을 생각해보라. 이 점에서 대중이 새로운 것을 받아들이는 데 약간의 시간이 필요하다. 대중은 눈앞에 보이는 것만을 근거로 세상을 판단한다. 그들은 내일의 위대한 스타 산업이 지금 어느 곳에서 꿈틀대고 있다는 사실을 눈치 채지 못한다. 인류 역사는 언제나 그래왔다.

소비자 대부업이 신사업의 관점에서 관심을 가질 만한 이유는 시장 진입이 상대적으로 용이하다는 점에 있다. 현재 은행, 증권, 보험 등의 제1금융권과 카드, 리스 등의 제2금융권은 금융위원회의 관리 감독을 받는다. 그렇지만 소비자 대부업은 관할 지방자치단체의 관리 감독을 받으며 '대부업의 등록 및 금융이용자보호에 관한 법률(일명 대부업법)'에 근거해 등록 신청을 하면 된다. 소비자 대부업은 성장 가능성이 높다. 자본주의 흐름을 살펴보면 빈익빈 부익부는 갈수록 심화되고 있고, 제도권 금융에서 소외되는 개인은 증가하는 추세를 보이고 있다. 이것이 현실인 이상, 이들이 필요로 하는 것이 무엇인지, 그것을 비즈니스 모델로 만들 수 있는지에 관심을 가질 필요가 있다.

현재 국내 소비자 대부업은 산와머니, 에이앤피 파이낸셜 대부(상품명 러시앤캐시) 같은 일본계가 장악하고 있다. 국내의 기업들이 이 분야를 간과하고 있는 사이에 일본계 대부 기업이 초저금리 자금을 한국으로 들여와 수익을 내고 있는 것이다. 이 과정에서 국내의 영세한 대부업체들은 몰락했다. 이 시장에서 일본계에 의해 국부 유출이 이뤄지고 있는 현실은 개선될 필요가 있다.

이 사업의 핵심은 대출을 원하는 개인의 신용 위험을 정확하고 신속하게 파악하고 가능한 한 빨리 대출을 해주는 것에 있다. 다시 말해 기존의 제도권 금융에서 요구하는 까다로운 신용 조건을 충족하지 못하는 개인을 대상으로 대출을 실행하되, 제도권 금융보다 높은 대출 금리를 받는 것이 비즈니스 모델이다. 2014년 4월부터 소비자 대부업의 법정 최고 이자율이 연 34.9%로 조정됐다.

국내 자본으로 두각을 나타내고 있는 곳으로는 리드코프가 있다. 리드코프는 2001년 동양특수조라는 석유 및 특수 화합물 운송 업체에서 물적 분할해 설립됐다. 당시 이 회사의 실적을 살펴보면 매출액 1,027억 원, 영업 손실 3억 원, 당기 순손실 45억 원이었다. 수익을 내지 못하는 기업이었던 것이다. 하지만 2014년이 되자 이 회사는 매출액 3,491억 원, 영업이익 499억 원, 당기 순이익 389억 원을 내는 우량 기업으로 탈바꿈했다. 영업이익률이 14%에 이른다. 이런 변화에 성공한 비결은 2003년 소비자 금융업을 신사업으로 시작한 것에 있다. 이 회사는 한국의 경제 구조의 변화에 따라 소비자 금융업 시장이 커질 것으로 예상하고 이 사업을 시작했다.

현재 이 회사의 매출액에서 소비자 금융이 차지하는 비중은 절반을 넘는다. 이 회사는 소비자 금융 분야에서 국내 최초로 인터넷 대출을 실시하는 등 신속성, 편리성을 강점으로 실적을 개선해가고 있다.

파워 섹터 ②: 자동차, 혁신에 빈틈이 있다

2014년 세계은행 조사에 따르면 '세계 경제 성장의 엔진'으로 불리는 중국의 인구 1,000명당 자동차 보유 대수는 55.7대인데, 이는 미국(617대)이나 한국(284대)에 비하면 현저하게 뒤쳐져 있는 상황이다. 이 점에서 중국의 자동차 시장은 상당 기간 성장할 것이라고 추론할 수 있다. 게다가 중국의 자동차 시장이 끝나더라도 인도의 자동차 시장이 남아 있다. 인도의 인구 1,000명당 자동차 보유 대수는 12.5대 불과하다. 결론적으로, 글로벌 자동차 시장은 적어도 20년은 지속 성장이 가능하다. 그래서 자동차는 성장 산업이다. 창업을 준비 중인 개인 입장에서 볼 때 자동차 산업은 어디에 기회가 있는 걸까?

코스닥에 등록돼 있는 자동차 부품사인 코리아 에프티가 이 질문에 대한 해답의 실마리를 제공한다. 이 자동차 부품사를 창업한 오원석 대표는 자동차에 문외한이었다. 1953년생으로 경기고와 서울대 기계공학과를 졸업한 오 대표는 현대양행(현 두산중공업)에 입사해 사회생활을 시작했다. 이어서 대우조선공업 근무 시절 수출 관련 업무를 하다가 현대기아차그룹이 자동차 부품의 하나인 캐니스터를 일본의 기업으로부터 전량 수입해 사용하고 있다는 사실을 발견했다.

캐니스터란 자동차 연료 탱크에서 발생하는 유해 물질이 외부에 유출되지 않도록 해주는 장치인데, 각국이 환경 보호 차원에서 이 장치를 자동차에 장착하도록 의무화하면서 수요가 증가하고 있었다. 오 대표는 이

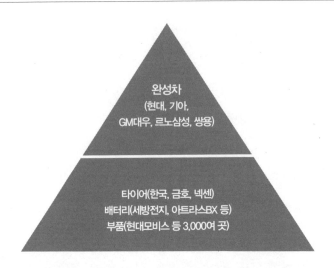

완성차
(현대, 기아,
GM대우, 르노삼성, 쌍용)

타이어(한국, 금호, 넥센)
배터리(세방전지, 아트라스BX 등)
부품(현대모비스 등 3,000여 곳)

한국의 자동차 산업 생태계

장치를 국산화하면 일본 기업의 제품보다 저렴하게 생산할 수 있다는 사실을 발견했다. 일본은 노동자 임금이 상대적으로 높은 데다 일본 제품을 국내로 이송하는 과정에서 물류 비용이 발생하기 때문이다. 오 대표는 자동차 부품사인 코리아 에프티를 설립하고 캐니스터를 국산화해 현대기아차, GM, 르노, 피아트에 공급하고 있다. 2015년 5월 현재 코리아 에프티가 생산하는 캐니스터의 국내 시장 점유율은 79%로 압도적이고, 글로벌 시장에서도 4위(9%)를 기록 중이다. 2003년 중국 법인 설립을 시작으로 해외 시장에 진출해 현재 중국, 인도, 폴란드에 현지 법인을 두고 있다.

오원석 대표는 자동차와 무관한 분야에 종사했지만 자동차에 관심을 가지면서 사업 기회를 발견했다. 한 대의 자동차를 완성하기 위해서는 2만 가지의 부품이 소요되는데, 아직도 해외에서 수입해야 하는 품목이 적지 않다. 이 분야를 연구한다면 성공 창업의 기회가 보일 것이다.

자동차와 무관한 산업에 종사하는 경영자나 임직원, 예비 창업가들도 자동차에 관심을 가져야 하는 이유가 한 가지 더 있다. 그것은 자동차가 2만 가지가 넘는 부품의 집합체이다 보니 다양한 부품 공급처를 필요로 한다는 사실 때문이다. 이제 자동차는 성능에 관한 한 더 이상 업그레이드하기 어려울 정도로 발전한 상태다. 그래서 자동차 회사는 어떻게 하면 운전자들이 자동차를 운전하면서 편리하고 즐겁게, 그리고 환경 친화적으로 시간을 보낼 수 있도록 할 것인가에 관심을 쏟는다. 소비자들도 자동차를 구매할 때 성능은 물론이고 내가 얼마나 쾌적한 상태에서 운전을 할 수 있는가를 따진다. 바로 이 지점에 기회가 있다.

백산은 운동화, 구두, 가방에 사용되는 피혁 원단을 생산하는 코스피 상장 기업이다. 이 회사가 설립된 것은 1984년 10월. 이 회사를 창업한 김상화 공동 대표는 1940년생으로 군대에서 청춘을 보냈다. 육군 소령으로 예편하자 그는 서울 남대문 시장에서 구두나 가죽 제품에 쓰이는 피혁을 유통시키는 사업을 시작했다. 그의 나이 44세의 일이었다. 군 장교로 복무하다 남대문 시장에 뛰어들다 보니 초기에는 당연히 시행착오를 많이 겪었는데, 특유의 근면함으로 이겨냈다.

김 대표는 피혁 유통을 하는 과정에서 피혁 제조 기업을 접하게 됐는데 '저런 정도면 내가 직접 만들 수 있겠다'는 생각이 들어 직접 제조에 나섰고, 이것이 성공을 거두면서 백산을 '피혁 유통 기업'에서 '피혁을 제조하고 유통하는 기업'으로 발전시켰다. 설립 2년째였던 1986년에 이 회사는 글로벌 스포츠화, 스포츠 웨어 기업인 나이키와 아디다스에 피혁을 공급하면서 사세를 확장했고, 1993년에는 퓨마, 리복, 아식스로 공급처를 늘렸다. 이를 바탕으로 1999년 회사를 한국거래소에 상장했다.

하지만 이후 10년 넘게 이 회사의 주가는 제자리걸음을 했다. 피혁 제조업의 성장성이 떨어지면서 실적이 제자리걸음이었기 때문이다. 투자자들도 이 기업을 외면했다. 이 회사는 피혁 원단의 새로운 수요처를 찾아 나섰는데, 결국 자동차 산업에서 기회를 발견했다. 이 회사는 2012년 차량용 가죽 원단을 현대기아차에 공급하는 데 성공한 것이다. 현재 이 회사는 현대기아차의 카시트와 도어에 쓰이는 피혁 원단을 공급하고 있다.

이 회사가 자동차 산업에 진입이 가능했던 이유는 기존의 카시트와 도어에 공급되는 피혁 원단이 PVC 합성 피혁으로 발암 물질이 함유돼 있다는 사실이 알려지면서 문제가 됐기 때문이다. 백산이 생산하는 피혁은 폴레우레탄 피혁이어서 그런 문제가 없다. 이후 백산의 실적은 개선됐고 주가도 빠르게 상승했다. 2012년 초 3,000원대였던 이 회사의 주가는 이제 6,000원대에 거래되고 있다.

백산은 차량용 가죽 원단 사업에 진출하기 전까지 수율收率이 낮아 고민하고 있었다. 스포츠화나 패션에 들어가는 피혁은 전형적인 다품종 소량생산 방식으로 이뤄진다. 다시 말해 신발은 인간의 발 치수에 따라 여러 크기로 제작돼야 하고, 패션 상품이다 보니 똑같은 치수의 신발이더라도 색깔을 다양하게 입혀야 한다. 대량생산이 불가능해 수율이 낮을 수밖에 없었던 것이다. 그런데 차량용 가죽 원단은 전형적인 소품종 대량생산이다. 수율이 높을 수밖에 없다.

이뿐만이 아니다. 이 회사의 차량용 원단 사업의 성공은 기존 피혁 부문의 이익률도 개선시키는 결과를 가져왔다. 백산은 기존의 스포츠화, 패션에 들어가는 피혁 원단 제조업이 계절성이 강해 애를 먹었다. 신발 수주는 연초와 가을에 대부분 이뤄지고, 나머지 기간에는 수주가 사실상 없다는 특징을 갖고 있다. 그러다 보니 백산은 연초와 가을에는 일손이 딸려 애를 먹고, 나머지 기간에는 노동자를 놀리면서 급여를 지급하는 문제를 겪었다. 비수기에 직원을 해고하는 방법도 있었지만 이는 노동자의 사기를 저하시키고, 신입 직원을 뽑으면 다시 교육을 시켜야 하는 부담을 안게 된다.

그런데 신규 사업인 차량용 카시트가 성공하자 백산은 계절에 따라 인력 배치를 할 수 있게 되면서 계절성의 문제를 상당 부문 해결할 수 있게 됐다. 백산은 자사의 강점을 자동차 산업에 연계해 성공을 거둔 케이스에 해당한다. 지금 자동차에 쓰이는 있는 여러 제품 가운데 내가 개선할 수 있는 것을 발견한다면 신사업, 성공 창업의 기회를 찾을 수 있을 것이다.

파워 섹터 ③: 정보기술, 기회가 크지만 리스크도 있다

정보기술 섹터에는 지금의 이 세상을 바꾸고 있는 신기술, 신제품들이 망라돼 있다. 구체적으로 스마트폰, 노트북, 반도체, 디스플레이, 태블릿 PC, 셋톱박스, 디지털 카메라, 로봇 등이 이 섹터에 포함된다. 정보기술 섹터는 세상을 바꾸는 분야답게 '기회의 땅'이기는 하지만 동시에 '창업자들의 무덤'이기도 하다는 사실을 염두에 둬야 한다. 이 섹터의 변화는 매우 빠르며, 여기에 적응하지 못하는 기업은 도태된다.

이 섹터는 개인이 창업해 성공을 거두기에는 쉽지 않은 분야가 됐다. 이유는 규모의 경제 때문이다. 이 분야의 기업은 대량생산을 통해 제품 가격을 낮춰야 하는데, 이를 위해서는 막대한 설비 투자가 필요하다. 개인 창업자는 이제 이러한 막대한 설비 투자를 감당할 여력이 사실상 없다.

이 사실을 잘 보여주는 인물이 한때 '샐러리맨 신화'로 불렸던 박병엽 팬택 부회장이다. 나는 신문사 경제부 기자로 팬택을 오랫동안 출입했다. 무선 호출기 영업사원이던 박병엽 부회장은 1991년 10평짜리 아파트를 처분한 돈과 처가에서 빌린 돈 4,000만 원으로 팬택을 설립했다. 그의 나이 스물아홉의 일이었고, 직원은 6명이었다.

창업 9년째였던 2010년 팬택은 국내 휴대폰 시장에서 2위의 기업으로 떠올랐다. 그해 팬택은 매출액 2조 원, 휴대폰 판매량 98만 대로 LG전자를 추월해 2위가 됐고, 글로벌 순위로는 7위였다. 하지만 그것으로 끝이었다. 대기업인 삼성전자와 LG전자의 자금력과 마케팅 능력은 가공할 위

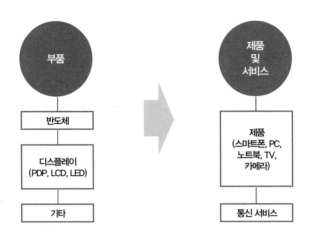

정보기술 섹터의 생태계

력을 발휘했다. 팬택은 경영상의 어려움에 빠졌고 2013년 8월 박병엽 부회장은 책임을 지고 경영에서 물러났다. 이제 개인이 정보기술 기업을 창업해 대기업을 이겨내고 생존하기가 어려운 상황이 됐다는 것을 팬택은 보여준다.

한국의 벤처 가운데 개인이 정보기술 기업을 창업해 조 단위 매출을 넘긴 기업은 변대규 대표가 이끄는 휴맥스가 마지막이지 않나 싶다. 1960년생인 변대규 회장은 서울대 대학원(제어계측공학)에 재학 중이던 1989년 친구들과 힘을 합쳐 휴맥스를 창업했다. 휴맥스는 창업 이후 5년 동안은 여러 사업 아이템을 벌이다 노래방 반주기에서 큰 매출을 올렸다. 이를 바탕으로 사업 기반을 잡은 휴맥스는 셋톱박스를 주력 사업으로 전개해 2012년 매출액 1조 243억 원을 기록했다. 처음으로 매출액이 조 단위를 넘은 것이다.

이후 개인이 제조 기업을 창업해 조 단위 매출을 올리는 케이스는 나타나지 않고 있다. 시대가 바뀐 것이다. 이제 제조업에서 새로운 시장은 거의 등장하지 않고 있고, 기존의 시장은 대기업이 확고하게 자리를 차지하고 있다.

변대규 회장은 개인이 제조 기업을 창업해 성장하는 과정에서 자금력의 부족을 겪는 경우가 많다고 조언한다. 자금 조달은 전문적인 영역임에도 아무나 할 수 있다고 여겨 아마추어들에게 대충 맡기면 이런 난관에 봉착하게 된다는 것이다. 변 회장은 휴맥스도 자금 조달 문제로 어려움을 겪다 주위에서 소개받은 관련 전문가를 영입해 위기를 극복했다고 말하고 있다.

현재 정보기술 섹터는 대기업들의 생사를 건 각축장이 되고 있다. 신기술, 신제품이 등장하면 경쟁 구도는 순식간에 변한다. 휴대폰 시장이 이를 잘 보여준다.

애플의 스티브 잡스가 2007년 6월 아이폰을 내놓자 이전의 피처폰 시대를 주름잡았던 노키아는 한순간에 몰락했다. 노키아가 어떤 기업이었던가? 1998년부터 2011년까지 13년간 글로벌 휴대폰 시장에서 부동의 1위를 차지했던 기업이다. 전성기의 노키아는 글로벌 휴대폰 시장 점유율

40%를 기록하기도 했다. 현재 글로벌 스마트폰 시장 1, 2위를 다투는 삼성전자와 애플의 점유율이 각각 30%에 미치지 못한다는 것과 비교해보라(시장 조사 기관 SA에 따르면 2015년 3월 기준 글로벌 스마트폰 시장 점유율은 삼성전자 27.8%, 애플 23.2%, 화웨이 6.9%, LG전자 6.2%, 레노버 6.0%, 샤오미 4.0% 순이다).

노키아는 인구 540만에 불과한 핀란드의 국가 경제에도 크게 기여해 '국민 기업'으로 불렸다. 영국의 경제 전문지 〈이코노미스트〉에 따르면 2011년 기준 노키아의 매출액이 핀란드 국내 총생산GDP의 20%에 달했고, 1998~2007년의 수출액 중 노키아가 차지하는 비중은 약 1/5에 이르렀다. 내가 경영대학원에서 공부하던 시절, 숱하게 케이스로 다뤄지던 글로벌 우량 기업이 바로 노키아였다. 노키아의 역량과 강점을 분석하는 케이스를 읽으면서 나는 이런 기업이 무너질 것이라고는 상상하지 못했다.

노키아는 처음부터 휴대폰 제조 기업이 아니었다. 노키아를 창업한 프레드릭 이데스탐Fredrik Idestam(1838~1916)은 핀란드의 광산 전문가였다. 그는 당시의 성장 산업이던 광산업에서 두각을 나타냈고 핀란드 정부 산하의 핀란드 광산 위원회에서 공무원으로 봉직하기도 했다. 이후 그는 독일 유학 과정에서 제지업을 알게 되어 1865년 핀란드 남서부의 소도시 탐페레에 펄프 공장을 설립했는데, 이것이 노키아의 시작이었다. 이후 노키아는 제지, 고무, 타이어, 신발, 전력, 가전, 케이블 TV 등으로 사업 영역을 넓혀갔다.

노키아가 휴대폰 전문 기업으로 변신한 것은 1992년 요르마 올릴라 Jorma Ollila가 취임한 것이 계기가 됐다. 그는 노키아 출신이 아니었다. 영국 런던의 금융가와 핀란드 헬싱키의 시티은행에서 일하던 그는 1990년 노키아 휴대폰 사업부에 처음으로 합류했고, 1992년 최고 경영자가 됐다.

그는 취임한 지 얼마 되지 않아 24개에 이르던 노키아의 사업부 가운데 휴대폰 사업부 한 개만을 남기고 모두 매각했다. 노키아가 사업 영역이 방대해 수익성이 저조하다는 판단 때문이었다. 그는 회사가 잘할 수 있는 한 가지에 집중해야 살아남을 수 있다고 봤다. 노키아의 휴대폰 사업부는 기술력과 역량이 뛰어난 데다 휴대폰 산업의 성장성이 높다고 판단했다. 이는 거센 반발을 불러 일으켰지만 그는 자신의 소신을 밀어부쳤다. 그의 예상은 적중했다. 그의 취임 6년째였던 1998년 노키아는 당시 휴대폰 1위 기업이던 미국의 모토로라를 제치고 글로벌 1위 기업으로 올라섰다.

이런 빛나는 기업이 2007년 6월 스티브 잡스가 아이폰을 내놓으면서 허무하게 무너진 것이다. 소비자는 냉정하다. 그들은 언제든 떠날 준비를 하고 있다. 그들은 자신이 지불하는 가격 대비 가치를 더 많이 주는 제품으로 언제든 갈아탄다. 노키아는 지금도 명맥은 유지하고 있지만 더 이상 휴대폰 제조 기업이 아니다. 2013년 9월 노키아는 휴대폰 사업 부문을 MS에 매각하면서 휴대폰 시장에서 퇴장했다. 요르마 올릴라는 2012년 노키아의 모든 직함을 내놓고 쓸쓸하게 퇴장했다.

애플의 아이폰의 급성장으로 위기에 빠졌던 정보기술 기업은 노키아만

이 아니었다. 피처폰 시대의 '빅5'(노키아, 삼성전자, LG전자, 모토로라, 소니에릭슨)의 하나였던 삼성전자도 휘청거리기는 마찬가지였다. 2007년 6월 애플의 아이폰이 출시 74일 만에 100만 대를 돌파하는 등 파죽지세로 시장을 파고들자 삼성전자 경영진은 위기감에 휩싸였다. 스마트폰에 대해 충분히 준비돼 있지 않던 삼성전자는 상당한 시행착오를 겪었다.

2008년 11월, 삼성전자가 애플의 아이폰의 대항마로 서둘러 내놓은 제품이 옴니아였다. 옴니아가 소비자들로부터 어떤 평가를 받았는지를 우리는 잘 안다. 옴니아는 삼성전자의 브랜드 가치마저 떨어뜨리는 결과를 가져왔다. 이때 업계에서는 '삼성 휴대폰은 끝났다'는 종말론이 회자되기도 했다. 당시 삼성전자 휴대폰 사업 총괄하고 있던 신종균 사장은 한 인터뷰에서 당시의 '아이폰 쇼크'에 대해 이렇게 회고하고 있다.

"그때는 정말 힘들었다. 스마트폰 시장이 그런 속도로 다가올 줄은 몰랐다. 뭘 해야 할지 몰랐다. 아이폰을 따라잡기 위해 안 해 본 일이 없었다."

삼성전자는 2010년 6월 갤럭시S를 내놓으면서 극적인 반전의 계기를 만들었다. 슈퍼 아몰레드, 터치스크린, 초고속 중앙 처리장치 등 삼성전자의 오랜 하드웨어 역량이 결집된 이 제품에 소비자들은 점수를 주기 시작했다. 그리고 그로부터 1년가량이 지난 2011년 4월 출시된 갤럭시 S2를 통해 삼성전자는 극적인 역전극을 이뤄냈다. 이제 삼성전자는 애플과 함께 글로벌 스마트폰 시장의 양강 체제를 구축하고 있다.

　우리가 체감하지 못하는 사이에 한국의 1위 기업이 휘청거린 것이다. 이런 일은 정보기술 업계에서 앞으로도 더 빈번하게 벌어질 것이다. 신기술이 등장하는 주기는 갈수록 짧아지고 있고, 이것이 기업과 산업, 경제에 어떤 영향을 미칠지를 알아내는가를 알아내는 것은 점점 어려워지고 있다. 기업의 판도를 뒤바꿀 신기술은 스마트폰뿐만이 아니다. 지금 우리 눈앞에 다가오고 있는 굵직한 신기술만 해도 사물 인터넷, 빅데이터, 핀테크fintech, 전자결제, 산업 자동화가 있다. 하나하나가 세상에 미치는 영향이 만만치 않은 것들이다.

　사물 인터넷은 이들 신기술 가운데서도 가장 큰 변화를 가져올 것으로 주목받고 있다. 사물 인터넷은 세상의 패러다임을 전면적으로 바꿀 것이다. '사물 인터넷 전도사'로 불리는 존 체임버스John Chambers는 글로벌 네트워크 장비 기업인 시스코의 최고 경영자로 재직하던 2014년 4월 한 인터뷰에서 이렇게 말했다.

　"PC에서 모바일 시대로 전환하면서 인류의 삶이 완전히 달라진 것처럼, 사물 인터넷이 모든 업종에서 폭발적인 혁신과 변화를 일으킬 것이다. 이 혁명에 뒤쳐지는 기업은 패망의 길을 걸을 것이다. 10년 안에 현존하는 기업의 40%가 사라질 것이다. 나는 시스코의 최고 경영자로서 사물 인터넷이 우리의 미래라고 보고 올인하고 있다. IT 기업 중 20년 후에도 남아있는 기업은 2~3개 밖에 되지 않을 것이다. 그렇지만 우리는 사물 인터넷을 기반으로 20년 후에도 네트워크 분야 1위 업체로서 자리를 지킬 것이다."

체임버스 전 회장은 정보기술 업계에서 '혜안을 가진 최고 경영자'로 불리운다. 그는 2014년 〈하버드 비즈니스 리뷰〉가 선정한 '세계 100대 CEO' 랭킹에서 3위에 이름을 올렸다. 그는 난독증이 있어 보고서도 비서가 대신 읽어줄 정도였지만, 탁월한 기억력과 연구하는 습관으로 시스코를 자신의 재임 기간 동안 글로벌 우량 기업으로 성장시켰다. 그가 이런 성과를 이룬 것은 미래를 내다보는 안목을 갖고 있기 때문으로 분석되고 있다. 그런 그가 2000년부터 사물 인터넷이 세상을 바꿀 것이라고 설파하고 있는 것이다. 그는 기업과 개인이 사물 인터넷을 받아들이지 않으면 앞으로 생존하기 어려울 것으로 내다보고 있다. 따라서 사물 인터넷 시대를 대비해 조직과 기업 문화, 업무 프로세스를 바꿔야 한다고 조언한다.

사물 인터넷이란 뭔가? 사물 인터넷이란 한마디로 '인간이 개입하지 않아도 기계들끼리 스스로 교신해 작동하는 것'을 말한다. 사물 인터넷은 우리 곁에 이미 와 있다. 현대차의 제네시스에 장착된 주행주향보조시스템이 바로 사물 인터넷에 기반해 작동되고 있다. 이 시스템을 이용하면 운전자는 자동차 내부의 버튼 하나만 누르면 운전대를 놓고 있어도 자동차를 주차장의 빈 공간에 주차시킬 수 있다. 자동차가 스스로 움직여 주차장의 빈 공간으로 들어가 정차하기 때문이다. 이것이 가능한 이유는 자동차 내부의 센서 기기와 외부의 기기들이 무선 통신으로 연결돼 위치를 감지하고 제어하기 때문이다. 이것이 바로 사물 인터넷이다.

또한 미국의 유아용품 생산 기업인 하기스는 2013년 기저귀 교체 시점을 트위터로 알려주는 트윗피Tweet Pee를 개발했는데, 이것도 사물 인터넷 기술에 기반하고 있다. 트윗피는 트위터의 'tweet'과 소변을 뜻하는 'pee'의 합성어이다. 기저귀에 부착된 작은 파랑새 모양의 센서가 기저귀의 수분 함량을 체크해 일정 수준 이상이 되면 보호자의 트위터를 통해 알려준다. 트윗피를 이용하는 부모들은 아이의 기저귀가 갑자기 떨어져서 곤란해지는 상황을 피할 수 있게 됐다고 환영하고 있다.

스포츠 용품 기업인 나이키는 센서를 통해 사용자의 활동량을 기록하고 관리하는 '퓨얼 밴드Fuel Band'를 판매하고 있다. 밴드에는 사용자의 운동량 목표치 도달 수준에 따라 부족(빨간색), 적당(녹색) 등이 표시되고, 별도의 애플리케이션과 연동시켜 운동량을 체계적으로 관리할 수 있다.

2014년 시장 조사 기관 가트너Gartner는 올해 가장 주목해야 할 10대 기술의 하나로 사물 인터넷을 지목하고, 2030년까지 300억 개의 사물들이 인터넷과 연결되고 시장 규모가 1조 9,000억 달러로 성장할 것이라고 내다봤다. 사물 인터넷이 인류 역사에 등장한 것은 불과 10여 년 전이다. 사물 인터넷이란 용어는 1999년 미국 MIT의 자동아이디센터Auto-ID Center의 캐빈 애시톤Kevin Ashton 소장이 인간과 사물, 서비스 세 가지 분산된 환경 요소들이 인간의 개입하지 않고 상호 협력적으로 네트워킹, 정보처리 등 지능적 관계를 형성하는 사물 공간 연결망을 의미하는 것으로 처음 제안했다.

2030년이면 사물 인터넷에 기반한 초연결 사회가 도래할 것으로 예상된다. 이 세상은 어떤 모습일까? 초연결 사회에서는 모든 것이 연결되고 제어된다. 이 결과 그간 인류가 인간의 힘으로는 어쩔 수 없다고 여겨왔던 문제들이 해결된다. 대표적으로 천재지변이 여기에 해당한다.

천재지변은 지진, 홍수, 태풍처럼 자연 현상에 의해 빚어지는 재앙이다. 우리는 이것을 그간 불가항력이라고 여겨왔는데, 사물 인터넷은 천재지변을 미연에 방지할 것으로 예상된다. 지진, 홍수, 태풍이 발생하지 않는 평화로운 세상, 날씨도 마음대로 조절되는, 그래서 화창한 날씨가 연중 계속되는 세상, 그런 세상이 과연 상상이 되는가? 사물 인터넷은 그런 것을 가능케 할 것이다.

물론 사물 인터넷은 좋은 일만 가져 오지는 않을 것이다. 초연결 사회에 가장 불필요한 자원의 하나는 인간의 노동력일 것이다. 할인점의 계산원, 주차 요원은 물론이고 공장의 기기 관리자, 심지어 사무직 노동자도 필요 없게 될 것이다. 이 분야에서 가장 두각을 나타내고 있는 대기업은 퀄컴이다. 글로벌 통신 기업인 퀄컴은 사물 인터넷 세상을 지배하기 위한 준비를 야심차게 진행하고 있다. 이른바 '올 신 얼라이언스All seen Alliance' 프로젝트가 그것이다.

올 신 얼라이언스 프로젝트란 사물 인터넷을 구현하기 위해 반드시 필요한 기술 표준을 구축하자는 것이 목표이며 2013년 출범해 현재 퀄컴 주도로 MS, 시스코, LG, 파나소닉, 샤프, HTC 등이 회원으로 참여했다. 애플과 구글은 독자적으로 사물 인터넷 관련 플랫폼을 구축하는 방안을 추진하고 있다.

그렇다면 국내 기업으로 사물 인터넷에 가장 앞서있는 곳은 어디일까? 현재까지는 국내 1위 통신 사업자인 SK텔레콤이다. 이 회사는 사물 인터넷에 관련해 가장 앞서있는 행보를 보이고 있다. SK텔레콤은 통신 시장 점유율 50%를 기반으로 사물 인터넷 시대에도 경쟁력을 유지할 것으로 보인다. SK 텔레콤은 이미 관련 조인트 벤처를 설립하고, 국내외 관련 기업의 지분을 매입하고 있다. SK텔레콤은 그간 내수 시장에 기반한 탓에 성장성이 떨어진다는 평가를 받고 있다. 그런데 신기술의 관점에서 이 기업을 들여다보면 다르게 보인다.

신기술은 '구닥다리 기업'을 순식간에 스타 기업으로 떠오르게 만들고, 반대로 난공불락으로 여겨지던 대기업을 순식간에 무너뜨릴 것이다. 산업과 산업 사이의 경계는 허물어지고, 세상은 요동칠 것이다. 이제 적은 보이지 않는다. 우리는 누구를 상대로 경쟁해야 하는지 모른다. 세상은 이제 어디로 흘러가는 걸까? 내 사랑하는 자녀가 먼 훗날 어른이 돼 맞부딪치게 될 세상은 어떤 모습일까?

파워 섹터 ④: 의료 및 제약, 고령화 시대의 수혜 섹터

의료 및 제약업은 장기적 성장성이 기대되는 섹터다. 이유는 모두가 알다시피 인구의 고령화 때문이다. 이제 한국을 비롯한 각국은 인구 고령화의 시대에 접어들었다. 한국의 경우 65세 이상 인구의 비중이 2011년에는 11%였지만 2018년이면 14%에 이를 것으로 전망되고, 2026년이면 그 비율은 20%로 급증한다. 한국이 '고령자 천국'이 되는 것이다.

고령화 사회의 수혜 분야가 바로 의료 및 제약이다. 인간은 나이가 들면 아무래도 신체가 허약해지거나 병에 걸리게 된다. 이들이 건강한 삶을 보내는 데 필요한 약품과 서비스를 제공하는 이 섹터는 향후 지속적으로 성장할 가능성이 높다. 실제로 한국의 제약업은 1999년부터 2014년까지 연평균 10.5%씩 성장해왔다.

고혈압, 궤양, 혈전, 고지혈증, 당뇨, 관절염 치료약의 수요자는 지속적으로 증가하고 있다. 여기에다 성형, 치매, 우울증, 발기부전 치료제 같은 '삶의 질'을 높여주는 데 기여하는 품목들이 새롭게 뜨고 있다.

의료 제약업은 의료 기관, 제약사, 의료 기기 회사, 건강 기능 기업, 기타로 나뉜다. 진료소, 조산원, 약국, 의약품 판매소도 여기에 포함된다. 이 중에서 의료기관의 이슈는 영리 병원의 허용 여부다. 영리 병원이란 의료업 운영으로 발생하는 수익을 주주 또는 구성원에게 배분할 수 있는 주식회사 형태의 병원을 말하는데, 아직까지는 한국에서는 이것이 금지돼 있다.

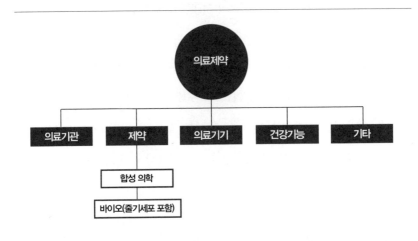

의료제약 섹터의 생태계

의료 행위가 공공재의 성격을 갖고 있다는 점이 감안된 것이다. 현재 한국에서 영리 병원은 경제자유구역 내 외국 병원에 한정해 허용되어 있으며 국내 병원에는 허용되지 않고 있다. 영리 병원이 허용될 경우 새로운 산업이 창출되겠지만 소비자에게는 피해를 가져올 수 있다. 영리 병원의 의사들은 영리를 우선시할 수밖에 없기 때문이다. 그래서 환자에게 필요 이상으로 약품 투여를 하고, 과잉 진료를 할 가능성이 높다. 극빈층이나 저소득층을 의료 서비스의 사각지대로 소외시키는 문제도 발생할 수 있다.

이는 영리 병원이 허용된 미국에서 이미 발생하고 있는 문제들이다. 미국의 영리 병원들이 만들어내고 있는 부작용이 궁금하다면 마이클 무어의 영화 '식코SICKO'가 도움이 될 것이다. '식코'는 아픈 사람을 나쁘게 일

걷는 속어다. 이 영화는 사고로 다리가 찢어지는 부상을 입었지만 의료 보험이 없어 병원비를 감당하지 못하는 '아담'이라는 미국인의 이야기가 나온다. 아담은 결국 스스로 자신의 다리를 봉합하면서 고통에 비명을 지른다.

'릭'이라는 미국인은 사고로 손가락 두 개가 절단돼 병원에 가지만 한 손가락은 6만 달러(약 6,000만 원), 다른 손가락은 1만 2,000달러를 내야만 봉합 수술을 받는다는 말을 전해 듣는다. 릭은 결국 결혼반지를 껴야 한다는 생각에 네 번째 손가락 수술을 받고 나머지 한 손가락은 포기한다.

어느 흑인 여성은 어느 날 18개월의 딸아이가 갑자기 40도의 고열이 나자 황급히 병원을 찾아가지만 병원은 이 여성이 가입한 보험 회사의 계열이 아니라는 이유로 치료를 거부한다. 이 여성은 딸을 안고 물어물어 자신의 보험의 혜택을 받을 수 있는 병원에 도착하지만 딸아이는 결국 숨을 거둔다. 영화는 이 여성이 울먹이며 중얼거리는 영상을 보여준다.

"의사가 나와서 애가 죽었다고 말했어요. 아이를 안았습니다. 그리고 말했지요. 엄마는 널 치료받게 해주려고 최선을 다했단다. 그런데 널 못 도와줘서 미안하구나."

현재 정부는 영리 병원을 검토하고 있지 않다는 입장이다. 그렇지만 이 방침이 언제까지 유지될지는 불확실하다. 2015년 4월 제주도는 '녹지 국제병원' 사업 계획서를 보건복지부에 제출한 상태다. 이 계획서가 인가

되면 제주도에는 '국내 영리 병원 1호'가 문을 열게 된다.

　다음으로, 제약사가 있다. 제약사는 글자 그대로 우리가 병원이나 약국에서 일상적으로 접하는 약을 만들어내는 회사를 말한다. 제약사는 다시 합성 의약품 제약사와 바이오 의약품 제약사로 나뉜다. 합성 의약품 제약사란 우리가 흔히 말하는 약 —이를 합성 의약품이라고 한다— 을 만들어내는 회사를 말하며, 우리에게 친숙한 동아제약, 유한양행, 한미약품 등이 여기에 속해 있다.

　합성 의약품 제약 업계는 일종의 '고인 물'이다. 이 분야에는 신규 진입자의 시장 진입이 사실상 이뤄지지 않고 있다. 합성 의약품 제약사는 일단 설립이 되면 수월하게 사업을 영위하는 경향이 있다. 어지간하면 문을 닫는 일도 없다. 그래서 이 분야의 제약사는 업력이 상당하다. 한국의 여러 산업 가운데 이곳의 기업들만큼 오랜 업력을 가진 곳을 찾기가 쉽지 않다. 이 분야의 회사의 하나인 동화약품은 1897년 설립됐는데, 이는 고종 황제가 우리나라를 통치하던 시기다. 이밖에 동아제약(1932년), 유한양행(1926년), 대웅제약, 중외제약(이상 1945)의 설립 연도도 해방 이전으로 거슬러 올라간다.

　바이오 의약품 제약사란 생물체 혹은 생물학적 제재를 원재료로 하는 약품을 만드는 제약사를 말하는데, 흔히 '바이오 기업'으로 불린다. 국내에는 메디톡스, 셀트리온 등이 있고, 해외에는 로슈, 사노피 같은 바이오

제품	적용증	제약사	2012	2013	성장률
휴미라 Humira	류마티스관절염	애부비Abbie/에이사이Eisai	9,616	11,014	15%
엔브렐 Enbrel	류마티스관절염	암젠Amgen/화이자Pfizer /다케다Takeda	8,496	8,778	3%
레미케이드 Remicade	류마티스관절염	J&J/ 머크Merck/ 미쓰비시 다나베Mitsubishi Tanabe	7,634	8,367	10%
세레타이Seretide 애드베어Advair	천식	GSK	8,088	8,341	3%
란투스 Lantus	당뇨	사노피Sanofi	6,378	7,592	19%
리툭산 Rituxan	비호지킨 림프종	로슈Roche	7,155	7,503	5%
아바스틴 Avastin	항암제	로슈Roche	6,149	6,751	10%
헤르셉틴 Herceptin	유방암	로슈Roche	6,283	6,562	4%
자누비아 Januvia	당뇨	머크Merk	6,231	6,254	0%
크레스토 Crestor	고지혈증	아스트라제네카AstraZeneca	6,7820	6,105	-10%

글로벌 상위 의약품 매출액(백만 US$)

기업이 활동하고 있다.

　바이오 업계는 신규 진입자의 시장 진입이 활발한 편이다. 의학이나 제약업 전공자가 아니어도 성공하는 케이스가 등장하고 있다. 코스닥 황제주로 불리는 셀트리온을 창업한 서정진 회장은 의학이나 약학 전공자가 아니다. 그는 1957년생으로 건국대 산업공학과를 졸업한 후 삼성전자에 입사하면서 사회생활을 시작했다. 얼마 후 한국생산성본부로 옮겨 대우자동차판매의 컨설팅 업무를 수행했고, 이때 김우중 전 대우 회장과 인연을 맺어 대우그룹으로 이직했다. 서 회장은 30대 초반에 대우그룹의 임원으로 승진하는 등 승승장구했으나 1999년 대우그룹이 공중 분해되면서 회사를 그만뒀다.

이후 서 회장은 조그마한 사무실을 내고 동료들과 사업 아이템을 찾던 중 '바이오산업이 뜰 것'이라는 주변의 조언이 계기가 돼 바이오를 연구했다. 바이오 가운데서도 어느 아이템을 자신이 선택해야 하는지를 놓고 서 회장은 1년 가까이 연구를 하다가 바이오 시밀러를 발견했다.

바이오 시밀러란 특허가 만료되는 오리지널 바이오 의약품의 복제약을 말하는데, 합성 의약품의 복제약과는 달리 바이오 기업이 어느 정도의 독점적 권리를 갖고 있고 성장성이 크다는 장점이 있다. 이를 계기로 서 회장은 바이오산업에 뛰어들어 지금의 성공을 이루었다. 물론 사업이 처음부터 승승장구한 것은 아니었다.

그는 2002년 인천 송도에 대규모 바이오 시밀러 생산 설비를 갖추었다. 본격적인 바이오 시밀러가 나오기 전까지는 제약사들의 약품을 위탁 생산해 매출을 발생시킨다는 복안을 갖고 있었다. 그런데 실제 매출이 발생한 것은 2007년이었다. 그는 이 기간 동안 죽을 고비를 세 차례 넘겼다.

"처음에는 내 재산만 투자하면 되는 줄 알았습니다. 그러나 숱한 어려움을 겪으면서 돈을 투자한다고 회사가 성공하는 것은 아니라는 것을 배웠습니다. 나의 인생을 투자해야 합니다. 목숨을 걸어야 상대를 설득하고 신뢰를 얻을 수 있습니다."

그는 이런 의미에서 창업은 신중하게 결정해야 한다고 조언한다.

"창업을 결심한 순간부터 자신이 갖고 있는 돈, 능력, 나아가 목숨까지 투자할 수 있는 결연한 의지가 있어야 성공은 다가옵니다. 그렇게 해야 평소에는 나오지 않던 초인적인 힘을 발휘할 수 있습니다."

또 다른 코스닥 황제주이자 바이오 기업인 메디톡스의 정현호 대표는 자신의 전공을 살려 비교적 순조롭게 성공 창업을 이룬 케이스다. 1962년생인 정현호 대표는 서울대 미생물학과를 졸업하고 카이스트 대학원에서 세포 생물학(석사)과 분자생물학(박사)을 공부했다. 이 기간에 그가 연구한 물질은 보툴리눔Botulinum이다. 보툴리눔이란 기간이 지나 부패했거나 상한 소시지에서 발견되는 식중독균인데, 2차 세계대전 당시 미 국방부가 세균전의 일환으로 연구를 진행할 정도로 인체에 치명적이다. 보툴리눔은 자연계에서 가장 강력한 독소로 1그램으로 백만 명을 살상할 수 있는 물질이다.

그런데 보툴리눔을 극소량 사용하면 인체 피부의 주름이 없어지거나 부드러워지는 등 탁월한 미용 효과를 발휘한다는 사실이 발견됐다. 이것이 계기가 돼 세상에 선보인 제품이 미국 엘러간Allegan 사의 주름 개선용 주사제 보톡스다. 보톡스를 이마나 눈살에 소량 주사하면 주변 근육이 약화되거나 마비되면서 주름살이 펴진다. 그래서 사람의 얼굴이 젊고 발랄해 보이는 효과가 있다. 이밖에도 보툴리눔은 사시, 사각턱, 소아뇌성마비, 편두통, 전립선 비대증에도 효과를 발휘한다.

정현호 대표는 박사 학위를 마친 후 선문대 교수를 지내다가 38세였던 2000년 메디톡스를 설립해 보툴리늄 상업화에 나섰다. 메디톡스가 생산 판매하고 있는 메디톡신은 앨러간 사의 보톡스와 효능은 유사하면서도 가격은 저렴해 소비자로부터 호응을 얻었다. 메디톡스가 개발한 이노톡스라는 액상형 보톡스 신약은 이 분야의 원조격인 미국 앨러건 사에 기술 수출되기도 했다.

이 결과 메디톡스는 코스닥의 황제주로 자리 잡았다. 정현호 대표의 지분 가치는 6,000억 원대에 이른다. 정현호 대표는 대학 교수라는 안정적인 직업 대신에 창업의 세계에 뛰어들어 큰 성취를 이뤄냈다. 만약 그가 대학 교수라는 직업에 만족했다면 6,000억 원대의 자산을 일구기는 쉽지 않았을 것이다. 정 대표의 성공 창업 스토리는 이제 자신의 강점을 상업화하려는 혁신가에게 시장은 보상하는 시대가 왔음을 보여준다.

건강 기능도 새롭게 떠오르는 성장 산업이다. 건강 기능 시장의 성장성은 매우 크다. 전 세계적으로 고령화가 진행되고 있고, 특히 한국의 고령화는 급속도로 진행되고 있다는 점은 앞서 설명했다. 현재 국내 건강기능식품의 연간 생산 규모는 전체 식품생산의 약 3% 정도에 불과하고 생산업체의 규모 또한 대부분이 영세한 수준이다. 그렇지만 건강식품의 수요는 빠르게 증가하고 있다. 사실상 산업의 도입기에 해당한다고 볼 수 있다.

도입기의 산업은 언제나 대중의 편견에 시달린다. 현재 건강 기능 산업은 대중으로부터 낮은 평가를 받고 있다. 건강 기능 기업을 예전의 전통 시장에서 활동하던 '건강원' 정도로 여기는 것이 대중의 일반적인 정서다. 그런데 이런 편견이 남아 있다는 사실 자체가 건강 기능 산업의 성장성이 크다는 것을 암시한다. 어느 산업이든 초기에는 대중의 편견이 존재하며, 그러다가 산업이 성장하면 대중의 편견은 순식간에 환호와 찬탄, 부러움으로 바뀐다.

다음으로 의료 기기 산업이 있다. 이 산업에서는 의학이나 제약 전공자가 아니어도 성공 창업이 이뤄지고 있다는 특징이 있다. 약국 자동화기기 분야에서 글로벌 1위 기업이자 코스닥 시장에 상장돼 있는 제이브이엠JVM의 김준호 부회장이 여기에 해당한다. 그는 약국 배달원에서 시작해 지금의 자리에 올랐다.

1948년생인 김 부회장의 유년 시절은 말로 표현하기 어려울 만큼 가난에 찌들었다. 갑작스럽게 아버지가 세상을 떠났기 때문이다. 김 부회장은 생계를 위해 약품 도매상에 취직해 약을 배달하는 일을 하면서 제약업과 인연을 맺었다. 학업은 대구 성광고 야간부에 다니면서 해결했다.

당시 약 배달은 일종의 영업 사원과 유사했다. 약국으로부터 배달 주문을 받아와야 일정액의 수수료를 받을 수 있었기 때문이다. 그런데 김 부회장은 처음에는 일감을 따내지 못했다. 약사들이 중요한 일을 중학생에게 쉽게 맡길 수는 없는 터였다. 김 부회장은 방법을 찾아 나섰다. 그는 새벽 5시에 일어나서 약국 앞을 청소했고, 약국이 문을 열어 약사들이 바빠지면 약 포장을 대신해주었다. 이런 일을 수개월 반복하자 그에게 약 주문을 하는 사람이 하나 둘씩 나타났다.

그러다 군대를 갔다 왔고 제대한 뒤에는 제약회사 영업 사원이 돼 정식으로 제약업과 인연을 맺었다. 이 과정에서 그는 약사들이 약을 사각종이에 일일이 손으로 접어 포장하느라 시간을 지체하고 있는 것을 발견했다. 그는 약을 포장하는 기계를 만들면 사업적으로 성공 가능성이 높다고 생각했다. 이곳저곳에 물어보고 책을 뒤진 끝에 1978년 '협신의료기'라는 상표를 내걸고 처음으로 약 자동 포장 기계를 내놓았다.

사업은 순조로웠다. 때마침 국내에 의료보험제도가 도입되면서 환자들이 병원으로 밀려들었고, 약을 포장하는 기계가 국내에 없던 터라 김 부회장이 만든 약 포장 기계는 선풍적인 인기를 끌었다. 1980년대 중반이 되자 그는 누구도 부럽지 않은 부를 일궜다.

그런데 인생은 호사다마라고 했던가? 1988년의 어느 날 김 부 회장은 기침이 잦아 병원에 들렀다가 시한부 폐암 선고를 받았다. 죽음이 눈앞에 어른거렸다. 그는 자포자기 심정으로 회사를 직원에게 맡기고 강원도 산골로 들어갔다. 그리고 오로지 살아남아야 한다는 일념으로 건강 회복에 노력했고, 기적적으로 암을 치료했다. 그런데 이것으로 모든 문제가 끝난 것이 아니었다. 투병 기간에 회사를 맡겼던 직원이 따로 회사를 차려 나간 것이다. 70여 명의 임직원 가운데 절반 이상이 그곳으로 옮겼다. 김부회장은 배심감에 치를 떨었지만 한편으로는 모든 일이 건강을 챙기지 못한 자신의 실수로 생각하고 남은 직원과 함께 다시 시작했다.

회사를 살리는 것은 재창업보다 더 힘들었다. 한솥밥을 먹었던 직원이 경쟁자가 된 현실도 그를 힘들게 했다. 천신만고 끝에 그는 1996년 회사를 법인으로 전환하고 20억 원을 투자해 새로운 기술을 개발하면서 재기에 성공했다. 또한 자신을 떠났던 직원의 회사를 자회사로 만들었다. 2006년에는 제이브이엠을 코스닥에 성공적으로 등록시켰다.

그런데 위기는 이걸로 끝이 아니었다. 이른바 '키코KIKO' 사태였다. 해외 시장 개척에 나서면서 수출 비중이 높아졌고, 안정적인 수익을 내기 위해 키코 상품에 가입했는데 이것이 화근으로 작용한 것이다. 환율이 급등하면서 제이브이엠은 부채 비율이 순식간에 5,700%까지 뛰었다.

김 부회장은 이후 키코로 인한 1,800억 원의 손실을 모두 상환하기까지 힘든 시절을 보냈다. 그렇지만 그는 이를 극복하면서 리스크 관리의 중요성을 깨우치게 됐고, 기업을 보다 안정적으로 경영하는 방법을 터득하게 됐다고 회고하고 있다.

현재 제이브이엠의 국내 시장 점유율은 93%에 이른다. 약국이나 병원에서 쓰이는 약 포장기는 대부분 이 회사에서 만들었다고 보면 된다. 약국의 약 배달원에서 시작해 시한부 암 선고와 키코 사태를 꿋꿋하게 이겨낸 김 부회장의 성공 스토리는 제약업계에서 살아있는 전설로 회자되고 있다.

파워 섹터 ⑤: 서비스, 끝이 없는 기회의 땅

서비스 섹터는 인간의 손에 잡히지 않는 비실물 서비스를 고객에게 제공한다. 대표적으로 게임, 영화, 음악이 있고, 이밖에 출판, 광고, 교육, 여행, 호텔, 카지노 등이 여기에 해당한다. 개인이라면 이 분야에 관심을 가질 만하다. 서비스 섹터는 앞서 언급한 정보기술 섹터에 비해 설비 투자 규모가 크지 않으며 인간의 창의성에 의해 성과가 좌우된다는 특징을 갖고 있기 때문이다. 이 분야에는 소규모 자본으로 시작해 해당 시장의 메이저 기업으로 성장한 기업이 널려 있다. 이는 현재 진행형이기도 하다.

여행박사는 국내 여행업계에서는 비교적 늦게 시장에 뛰어들었지만 참신한 아이디어로 빠르게 성장하고 있는 기업이다. 이 회사의 신창연 창업주는 1963년생으로 경북 문경 산동네에서 중학교를 졸업하자마자 무작정 상경했다. 15세에 스티로폼 공장에서 일한 것을 시작으로 포장마차, 주간지 판매 등 50여 가지의 아르바이트를 하며 다양한 경험을 쌓았다.

그는 틈틈이 공부해 검정고시를 거쳐, 군 전역 후 늦깎이 신입생으로 경원대 관광호텔경영학과에 입학했다. 그는 일본 무전여행을 떠나 막노동을 하면서 구석구석을 여행하며 일본의 자연과 관광 인프라에 큰 감명을 받고 돌아온다. 그는 대학 졸업 후 여행사에 취직해 10년 동안 일하다가, 2000년 여행박사를 창업했다. 자본금은 단돈 250만 원이었고 지인의 사무실 한구석에 책상을 들여놓은 후 직원 세 명과 함께 시작했다.

출발은 소략했지만 이 회사는 곧바로 두각을 나타냈다. 이 회사가 히

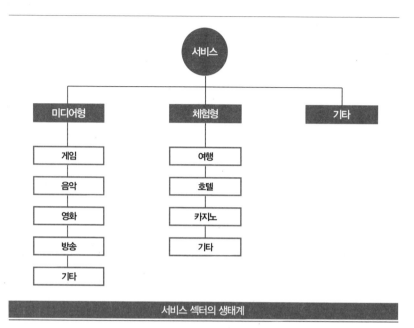

서비스 섹터의 생태계

트를 친 여행 상품으로는 국내 최초로 밤에 출발하는 '올빼미 여행'이 있다. 여행은 낮에 출발해야 한다는 상식을 깨는 이 상품은 정형화된 일상에서의 탈출을 꿈꾸는 여행 마니아들의 큰 호응을 불러 일으켰다. 여행일정이 밤에 시작하도록 설계하자 비용도 낮출 수 있었다. 일석이조인 셈이다. 이 회사는 60만 원이 훌쩍 넘던 일본 여행을 9만 9,000원, 29만 9,000원이라는 가격에도 가능하다는 것을 보여줬다.

2007년에는 매출액 157억 원을 올리며 창업 7년 만에 200배 성장했고 2008년에는 네티즌 브랜드 대상을 수상했다. 이 회사는 자사의 경쟁력을 인적 자원으로 보고 직원들의 창의성을 붇돋우는 제도를 시행 중이다. 250여 명의 임직원들에게 자기계발비 100% 지원은 물론, 도서구입비 지원과 체력단련실, 카페, 수면실을 뒀다. 팀장 선거제와 '칭찬 불만 게시판' 등을 운영하고 있다.

자본의 한계를 벗어나 창의적인 아이디어로 성취를 해보고 싶다면 서비스 섹터는 '기회의 땅'이다. 여행박사의 신창연 창업주 말고도 이 분야에는 성공 창업 스토리가 다수 포진해 있다.

모바일 게임 기업인 파티 게임즈의 이대형 대표는 불과 30대 중반의 나이에 코스닥 등록 기업의 최대 주주이자 최고 경영자로 있다. 그가 보유한 이 회사의 지분 가치는 500억 원대에 이른다. 1979년생인 이대형 대표는 서울대 컴퓨터공학과를 졸업하고, 2002년 모바일 결제 기업 다날에 입사해 본사와 중국 법인 등에서 프로그래머로 근무했다. 이 회사의 대표 게임인 아이러브커피는 커피숍 경영 시뮬레이션 게임으로, 선데이토즈의 애니팡, 넥스트 플로어의 드래곤플라이트와 함께 국내 스마트폰 게임 돌풍을 이끈 주역으로 평가받고 있다.

이 게임의 인기 비결은 이용자가 실제 커피숍 운영을 하고 있다고 착각하게 할 정도로 치밀한 구성에 있다. 예를 들어 이 게임에서 가게 주인이 자리를 자주 비우면 매출이 감소한다. 가게 주인은 메뉴의 품질에 주의를 기울여야 하고 고객 응대에 신경을 써야 하는 매출과 이익이 증가한다.

이 게임은 이 대표가 실제로 커피숍을 운영하면서 터득한 경험과 노하우가 밑바탕이 됐다. 그는 다날을 그만두고 EA라는 다국적 게임회사에 다니면서 커피숍 운영을 병행한 적이 있었다. 직접 커피숍을 운용해보니 직원 관리가 중요하고, 가게 주인이 얼마나 매장에 오랫동안 지내느냐가 매출에 영향을 미친다는 사실을 발견했다.

그는 이 같은 커피숍 운영 노하우를 게임으로 만들면 성공 가능성이 높다고 보고 2011년 1월 서울대 동료들과 함께 파티 게임즈를 창업했다. 창업한 지 얼마 지나지 않은 그해 7월 출시된 모바일 게임이 아이러브커피다. 이 게임은 출시되자마자 선풍적인 인기를 끌었다. 이런 성과를 바탕으로 파티 게임즈는 설립 3년째였던 2014년 11월 코스닥 등록에 성공했다. 친구나 동료들이 회사의 대리급으로 일하고 있는 시기에 그는 코스닥 등록 기업의 최고 경영자로 일하고 있는 것이다.

한 인터뷰에서 그는 안정된 직장을 뒤로하고 창업에 뛰어든 이유에 대해 "나만의 일을 해가면서 얻어지는 성취감을 맛보기 위해, 그리고 내 인생의 주도권을 쥐고 싶었기 때문"이라고 밝힌 바 있다. 파티 게임즈는 2013년 고용 창출 100대 우수 기업에 선정되기도 했다. 더 나아가 파티 게임즈는 2015년 소셜 카지노 게임 기업인 다다 소프트를 인수하면서 주목받고 있다. 글로벌 소셜 카지노 게임 시장은 50억 달러(약 5조 원)에 이르는 것으로 추정되고 있다. 다다 소프트의 기업 공개IPO를 할 경우 평가 차익도 기대되고 있다.

이런 성공 창업 케이스는 이 섹터에 풍부하게 발견된다. 게임 업체인

위메이드의 남궁호 대표는 서강대 경영학과를 졸업하고 김범수 다음카카오 의장과 함께 한게임을 창업한 경력을 갖고 있다. 또 다른 게임 기업인 컴투스는 박지영 전 대표가 고려대 컴퓨터학과 재학 중 창업한 스토리를 갖고 있다. 93학번인 박지영 전 대표는 남편이자 대학 동기인 이영일 부사장과 컴투스를 창업해 1999년 국내 업체 최초로 휴대폰용 게임을 개발하면서 주목받았다. 박 전 대표는 2007년 영국의 모바일콘텐츠 전문월간지 〈엠이ME〉가 선정한 '2007년 세계 톱50 경영인'에 선정되기도 했다.

박 전 대표는 2013년 회사를 또 다른 게임 기업인 게임빌에 매각했다. 박지영 전 대표와 남편 이영일 부사장이 매각한 지분 가치는 700억 원대에 이른다. 박 전 대표는 현재 여성 벤처 투자가로 활동하고 있다.

한국 게임 산업의 선구자격으로는 엔씨소프트의 김택진 대표를 빼놓을 수 없다. 1967년생인 김택진 대표는 서울대 전자공학과와 동대학원을 졸업하고 현대전자에 근무하다 1997년 3월 자본금 1억 원으로 엔씨소프트를 창업해 지금의 국내 1위 게임 기업으로 성장시켰다. 엔씨소프트 설립에 앞서 한메소프트를 창업하기도 했다. 엔씨소프트가 내놓은 리니지, 길드워, 시티오브히어로, 아이온, 블레이드앤소울은 게임 유저들의 사랑을 지속적으로 받고 있다.

파워 섹터 ⑥: 소비재는 영원하다

내가 만약 창업을 한다면 어느 분야에 뛰어드는 것이 안정적인 수익성을 보장해줄까? 하루가 다르게 급변하는 정보기술IT 산업이 아니면서 다가오는 새로운 시대에도 사라지지 않고 지속적인 소비자 니즈를 창출할 부문은 어디일까? 이 질문에 대한 해답의 실마리가 있다. 그것은 소비재라는 것이다. 소비재란 인간이 먹거나 마시거나 바르거나 입는 것을 말한다. 구체적으로 커피, 빵, 라면, 제과, 빙과를 비롯한 음식료를 비롯해 정수기, 제습기, 공기 청정기, 침대, 밥솥(이상 가전 기기), 청소 용기, 글라스락(이상 주방용품), 문구류, 완구류, 유아용품, 화장품, 사무용 기기 등이 여기에 해당한다.

이렇게 말하면 혹자는 반론을 제기할 것이다. 음식점 창업, 프랜차이즈 창업의 성공 확률이 얼마나 어려운데, 이 분야의 경쟁이 얼마나 치열한데 그런 말을 하느냐는 것이다. 그런데 내 말은 사실이다. 소비재는 우월한 비즈니스 모델을 갖고 있으며, 인간에게 꼭 필요로 하는 것들을 생산해낸다는 점에서 다가오는 새로운 세상에서도 안정적인 지위를 차지할 가능성이 높다.

소비재의 가장 큰 장점은 '반복 구매 비즈니스 모델'을 갖고 있다는 점이다. 반복 구매 비즈니스 모델이란 어제의 고객이 오늘도 구매를 하고 내일도, 그 다음날도 구매를 하는 것을 말한다. 반복 구매 비즈니스 모델은 기업에게 지속적인 수익을 보장해준다. 소비자는 특정 소비재에 한번

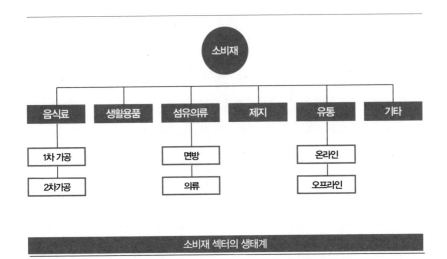

소비재 섹터의 생태계

입맛이 길들여지면 그 소비재를 지속적으로 구매한다.

이 세상의 모든 기업이 반복 비즈니스 모델을 갖고 있는 것은 아니다. 예를 들어 건설, 조선업 같은 수주업은 한 번 제품을 완성하고 나면 다음 고객을 찾아나서야 하는 일회성 비즈니스 모델을 갖고 있다. 그래서 수주업은 실적을 지속적으로 유지하기가 쉽지 않다.

이를 고객평생가치CLV라는 개념으로 설명할 수도 있다. 고객평생가치란 기업이 어느 고객과의 관계를 통해 벌어들이는 이익의 총계를 말한다. 소비재는 고객평생가치가 일반적으로 높다. 예를 들어 어느 고객이 커피숍을 한 번 이용할 때의 가치는 5,000원이지만 이 고객이 커피가 마음에 들어 월 2회씩 30년 동안 이 커피숍에 들른다면 이 고객의 평생 가치는 360만 원이다.

반대로 수주업의 고객평생가치는 높지 않은 편이다. 수주업의 고객은 아파트, 선박을 한번 대규모로 주문하면 그것으로 끝인 경우가 대부분이다. 만약 당신이 소비자에게 차별화되고 독보적인 만족감을 제공할 수 있는 소비재를 생산할 수 있다면 다가오는 새로운 시대에도 지속적인 수익을 보장받을 수 있을 것이다.

명심하라. 소비재는 언뜻 진부한 것처럼 보이지만 파워풀하다.

글로벌 커피 전문점인 스타벅스의 최고 경영자인 하워드 슐츠가 미국에서 커피 사업에 뛰어들었던 1980년대 중반의 미국의 커피 시장은 포화 상태에 도달한 것처럼 보였다. 당시에 커피 사업은 진부한 아이템으로 여겨졌다. 하지만 슐츠는 다르게 생각했고, 대성공을 거두었다.

커피 체인점인 국내의 이디야EDIYA의 성공도 비슷한 맥락에서 해석할 수 있다. 2004년 문창기 회장이 이디야를 인수해 커피 사업에 뛰어들 당시 국내 커피 시장에는 이미 스타벅스, 카페베네 같은 기업들이 있었다. 또한 스타벅스가 1999년 한국에 진출해 매장 100호점을 돌파한 상태였다. 어떤 사람들이 보더라도 커피 시장은 이미 레드 오션으로 보였다. 그러나 이디야는 지속적으로 성장해 2015년 4월 현재 이디야의 매장 수는 1,500개로 국내 커피체인점 가운데 최다를 기록하고 있다. 2013년에는 국내 커피 전문점 최초로 1,000호점을 오픈하기도 했다.

이디야의 성공 비결은 품질(커피맛)에서 한걸음 더 나아가 소비자들이 원하는 가격을 만족시켜준 것에 있다. 우선, 이디야는 커피 맛에서 경쟁사에 뒤지지 않는다. 이디야는 2015년 한국소비자원이 실시한 '커피전문점 소비자 서비스만족도 조사'에서 종합 만족도 1위에 올랐다. 이디야 커피는 5점 만점에 3.75점을 얻어 조사가 진행된 7개 커피전문점 브랜드 가운데 가장 높은 점수를 받았다. 이디야는 2010년 커피전문점 업계에선 이례적으로 커피 연구소를 세워 원두 선정과 블렌딩에 세심한 공을 들이고 있다. 품질 좋은 커피를 제공하기 위하여 세계 각지에서 선별된 고품질의 생두를 산지 별 특성에 맞게 보관하는 항온, 항습 시스템 설비를 운영하고 있다. 또한 생두별 프로파일링(유형 분석) 시스템을 도입하여 원두 연구 환경에 최적의 데이터를 축적하고 있다.

이디야는 여기에서 한걸음 더 나아갔다. 이디야는 소비자들로부터 가격 합리성에서 높은 점수(3.54점)를 받고 있다. 소비자들은 맛과 브랜드가 동일하다면 가격이 저렴한 커피를 좋아한다. 사실 이 점이 이디야 경영을 맡고 있는 문창기 회장이 주목한 부분이었다. 문 회장은 동화은행 출신으로 삼성증권 지점투신팀장을 거쳐 투자 자문사인 유레카 벤처스를 경영하던 2004년 이디야를 인수했다. 문 회장은 기존의 커피 체인점에 비해 이디야가 맛과 가격에서 강점을 갖는다면 승산이 있다고 봤고, 실제로 그렇게 됐다.

이디야는 매장의 위치를 임대료가 비싸지 않으면서 고객 동선이 활발히 이뤄지는 곳으로 했다. 구체적으로, 이디야 매장은 특권 상권에서 한 블럭 정도 벗어나 있으면서 규모는 15~20평이다. 그래서 임대료를 낮출 수 있고, 커피 가격도 낮출 수 있다. 이디야 커피는 다른 커피 체인점의 커피보다 가격이 1,000원가량 저렴하다.

이디야 커피는 소비재가 얼핏 블루오션처럼 보이지만 발상을 전환하면 가능성이 있다는 것을 보여준다. 맛이 월등한 데다 소비자의 저가 선호 성향을 충족시킨 이디야는 후발 주자임에도 시장을 석권했다. 스타벅스가 후발 주자였지만 맛을 차별화해 시장을 석권한 것처럼, 이디야는 이 시장에서 한참 후발주자였지만 맛은 물론이고 가격을 차별화해 다시 시장을 석권한 것이다.

소비재는 특히 직장인, 퇴직 예정자, 주부처럼 이 시대를 살아가는 보통 사람이라면 주목할 필요가 있다. 소비자를 만족시키는 독특한 맛이나 기호는 대기업이 아무리 대규모 자본을 투입해도 잠식하기 쉽지 않다.

맛집?

근본적으로는 괜찮은 비즈니스 모델이다. 맛을 잘 내기만 하면 개인이 승부를 볼 수 있는 분야가 맛집이다.

전북 군산에 본점을 두고 있는 이성당은 100년 가까운 역사, 한국 최초의 빵집이라는 기록을 갖고 있다. 이성당의 전신은 1920년 일본인이 운영하던 '이즈모야'라는 과자점인데, 1945년 해방 이후 한국인이 인수해 이성당이란 이름이 새로 붙었다. 이성당의 성공 비결은 이 빵집의 노하우가 배어 있는 단팥빵, 야채빵에 있다. 제조법은 영업 비밀이다.

이성당은 단일 빵집으로서는 유례없이 연간 매출액이 100억 원이 넘는다. 이 빵집에서 제일 유명한 단팥빵은 하루 평균 8,000개 이상 팔리며, 연매출은 6억 원을 기록할 정도로 인기를 끌고 있다. 이성당은 2014년 초 서울 롯데백화점 잠실점에도 매장을 열어 큰 인기를 끌고 있다. 고리타분한 빵집이라고 할지 모르지만 이성당은 다가오는 새로운 시대에도 여전히 소비자의 인기를 얻을 가능성이 높다. 시대가 아무리 바뀌어도 사람의 입맛은 쉽게 변하지 않기 때문이다.

이밖에 대전 성심당, 전주 풍년제과, 목포 코롬방 제과, 부산 비앤씨 베이커리, 순천 화월당, 서울 효자 베이커리와 김용안 과자점 등도 대기업의 자본력을 이겨내고 맛으로 승부를 내고 있는 소비재 기업이다. 소비재 기업은 일단 소비자의 사랑을 받기 시작하면 지속적인 수익을 낼 수 있다.

소비재가 이 시대의 보통 사람들이 관심을 가져야 하는 또 다른 이유는 이제 개인이 제조업으로 크게 성공하기는 쉽지 않은 시대가 도래했기 때문이다. 기존의 대기업의 자금력과 마케팅 능력을 개인이 창업한 스타트업 기업이 이겨내기란 쉽지 않다. 앞서 언급한 팬택이 여기에 해당한다.

개인이 창업해 뛰어들면 종국에는 실패할 가능성이 높은 비즈니스가 있다.

첫째, 저렴한 가격에 대량으로 판매해야 하는 품목이다. 반도체가 대표적이다. 반도체는 가격이 모든 것을 결정하기 때문에 싸게 만들어야 한다. 그러자면 대규모로 공장을 지어 대량생산해야 한다. 개인은 이런 자금을 만들어내기가 불가능에 가깝다. 창업을 고려하는 개인이 이런 제조업에 흥미를 갖는 경우가 적지 않다. '개당 이익은 1,000원이지만 이게 1만 개가 팔리면 얼마나 큰 금액인가. 예를 들어 중국 인구가 10억 명인데 이들에게 이쑤시개 1개씩만 팔아도 매출이 크지 않은가.' 하는 식이다. 하지만 이런 품목은 자본력이 충분한 대기업만이 성공할 수 있다. 자금력이 부족한 스타트업 기업은 개당 판매 이익이 적은 상품을 판매해서는 살아남을 수 없다. 판매량으로 승부해야 하는 상품은 개인 창업자에게 상황을 악화시킨다.

둘째, 원래부터 비즈니스 모델이 나쁜 사업이 있다. 예를 들어 건설, 조선업 같은 수주업이 여기에 해당한다. 건설업은 리스크가 높은 비즈니스 모델이다. 건설업은 '유일하게 외부에서 수행되는 사업The only outdoor industry'인데, 그러다 보니 원가 산정이 불확실하고, 부동산 매입에 관련해 정부의 규제를 받는 등 리스크가 만만치 않다. 이 세상에는 쉬운 사업이 있고, 그렇지 않은 일이 있다. 기왕이면 품이 덜 들어가는 쉬운 일에 관심을 갖는 것이 효과적이다.

당신은 월급 받는 것 이상으로 일하고 있는가

고용 천국 'GM'이 보여준 반면교사

여기까지 이 책을 읽은 독자분이라면 '직장인은 모두 회사를 그만두고 창업을 하라는 말인가?'하는 궁금증을 가질 수도 있겠다. 그러나 내가 하려는 말은 그 정반대다. 물론 다가오는 새로운 시대는 창업가, 창작자에게 유리하다. 그렇지만 기업과 조직 역시 앞으로 중요한 역할을 수행할 것이다. 그리고 이런 기업이나 조직의 성장에 기여하고 개인적인 성취를 해나가는 직장인의 삶도 여전히 추구해볼 만한 가치가 있다. 시중의 '당장 직장을 그만두고 창업하라'는 식의 주장을 접하면 직장 생활과 창업을 함께 경험한 나로서는 아쉽다.

직장인은 조직과 기업에서 어떤 역할을 수행해야 하는가?

이 질문은 조직은 왜 존재하는가를 생각해보면 해답의 실마리를 얻을 수 있다. 모든 조직은 반드시 존재 이유를 갖고 있으며, 기업의 경우 그 것은 '이익을 내는 것'이다. 이는 매우 명확한 사실인데, 적지 않은 사람 들이 이 부분을 잘못 생각하고 있다. 심지어 내가 만나본 어느 경영학 교 수는 기업의 존재 이유를 고용 창출이나 사회적 가치 창출이라고 생각하 고 있었다. 이 교수는 직접 경영을 해본 적이 없다. 그래서 이 같은 이상 적인 담론을 머릿속에 품고 있는 것이다.

물론 기업은 고용을 창출하고 사회적 가치를 만들어야 한다. 그러나 그것은 이익 창출이 이뤄졌을 때에 가능한 것들이다. 일의 순서를 거꾸로 생각하면 기업은 위기를 겪게 된다. 우리는 이 사실을 앞서 미국의 몰든 밀스Malden Mills라는 가족 경영 기업의 사례에서 학습했다. 이 사실에서 출 발한다면 직장인은 회사에서 무엇을 할 것인지가 명확해진다.

직장인은 자신이 받는 급여 이상의 가치를 회사에 제공해야 한다. 당 신이 일단 어느 기업의 근로계약서를 작성했다면 어떤 곡절을 거쳐 그 계 약서를 작성했건 당신은 내가 지금 말한 의무를 수행할 것을 서약한 셈 이다. 기업은 이익을 창출하기 위해 직원을 채용하고 노동력 등을 제공받 으며, 이 과정에서 얻은 이익의 일부를 임직원에게 급여의 형태로 돌려주 게 된다.

내가 직장 생활을 시작했던 1990년대 초반에는 이 사실이 명확하지 않 았다. 당시 한국의 기업은 '유교적 자본주의'라고 할 만한 가치관에 의해 지배되고 있었다. 다시 말해 기업의 사주 경영자는 아버지 같은 존재로 직원들에게 평생 고용을 약속하고 보살펴야 하며, 직원은 기업에게 충성을 맹세하는 것이 가장 바람직한 직장 생활이라는 생각했다. 물론 이런 정서가 긍정적인 효과를 발휘하는 측면도 있었다. 노동자는 해고나 구조조정의 두려움 없이 회사 업무에 매진할 수 있었고, 회사는 수시로 직원을 채용해야 하는 부담에서 벗어날 수 있었다(기업이 직원을 채용하기 위해서 투입하는 비용은 만만치 않다). 또 인간은 정서적 존재기에 이런 인간적인 분위기는 회사 전반에 활력을 가져다주기도 했다.

그렇지만 이제 사정이 달라졌다. 세상은 빠르게 변하고 있고, 기업은 이익을 내기 위해 전력투구해야 하는 시대가 왔다. 기업은 살아남기 위해서라면 전략을 바꾸고, 불필요한 직원을 내보낼 수밖에 없다. 이 사실은 매우 안타깝지만 어쩔 수 없는 현실이다. 기업을 대상으로 강연을 자주 하고 있는 나는 강연장에 갈 때마다 기업의 임직원들이 이 사실을 실체적으로 자각하고 있다는 것을 느낀다. 직장인들은 자신이 언제든 해고 대상이 될 수 있다는 사실에 불안감을 갖고 있으며 그런 시대가 현실적으로 다가왔고, 기업이 여기에 적응하지 않으면 회사 자체가 존폐 기로에 선다는 사실을 인정하고 있다.

정서적 유대 관계에 얽매여 직원들에게 무한 복지, 조건 없는 고용을 약속할 경우 어떤 결과가 빚어지는 GM이 잘 보여준다. GM은 미국의 고용 사회 시대의 '빛나는 별'이었다. 1908년 설립된 GM은 경제 전문지 〈포춘〉 선정 미국 대기업 순위에서 1953년부터 1972년까지 20년 연속 1위를 차지했고, 석유회사 엑손모빌에 한동안 밀렸다가 1985년에 다시 한번 1위로 등극해 1990년까지 이 자리를 지켰다. 미국에서 이런 대기록을 세운 회사는 GM이 유일하다. 또한 이 회사는 1931년 세계 자동차 판매대수 1위로 올라선 뒤 2007년까지 77년 동안 단 한 번도 이 자리를 다른 회사에 내주지 않았다. 이 기록은 영원히 깨지지 않을 것으로 보인다.

전성기 GM의 본사가 있는 디트로이트는 미국의 인재들을 빨아들이는 블랙홀이었고, 도시 곳곳은 자동차 제조 공장과 전후방 관련 기업에 종사하는 노동자들로 활력이 넘쳤다. GM에 근무한다는 사실 자체가 당대의 미국인들에게 부러움의 대상이었다. 그 시절의 풍경으로 돌아가보자.

이 도시의 커피숍에서 머리를 잘 빗어 넘긴 정장 차림의 백인 남성이 테이블에 앉아 〈월스트리트저널〉을 뒤적이고 있다. 그러면 커피숍 주인이 이 남성에게 다가와 '선생님Sir'이라는 극존칭을 사용하며 서비스를 한다.

나이 지긋한 커피숍 주인이 젊은 백인 남자에게 존칭을 사용한 이유는 딱 한 가지. 이 백인의 가슴 한쪽에 선명하게 붙어 있는 'GM' 로고 때문이었다. GM이라는 단어는 이 남자가 미국 사회의 엘리트임을 보여주는 상징이었다. 더 이상의 다른 설명이 필요 없었다.

커피숍의 다른 자리에서는 예쁘게 차려 입은 젊은 여성이 다소곳이 앉아 '혹시 이 남자가 나에게 관심을 보이지 않을까'하며 가슴을 졸였다. 우리의 흘러간 무성 영화 '이수일과 심순애'의 미국판 버전이라고나 할까.

좀 더 적극적인 젊은 여성들은 'GM맨'과 사귀기 위해 GM 주변의 커피숍들을 배회하기도 했다.

GM의 임직원들이 이렇게 선망의 대상이 된 이유는 이 회사가 임직원들에게 완벽한 복리 후생과 높은 급여를 제공했기 때문이다. GM은 한창 '잘나가던' 시절에 임직원들이 퇴직 후에도 안정적인 생활을 할 수 있도록 파격적인 연금을 지급하는 제도를 만들었다. 노동자의 건강 보험, 복지 혜택도 경쟁사와 비교할 수 없을 정도로 높게 지급했다. GM이 이런 제도를 새로 발표할 때마다 미국의 신문과 방송은 '노동자를 위하는 모델 기업'이라며 찬사를 보냈다.

지금도 회자되는 'GM에 좋은 것은 미국에도 좋은 것'이라는 말은 이런 배경에서 만들어졌다. GM 노동자들은 '딱 30년만 근무하면 중산층 대열에 합류하고 평생 안락한 은퇴 생활이 보장된다'며 행복해했다. 그런데 이런 고임금과 과도한 복리후생은 결국 GM에 부메랑으로 돌아왔다.

일본의 도요타가 저임금, 가이젠kaisen, 칸반kanban 같은 효율적인 생산 방식으로 저렴하고 성능이 뛰어난 자동차를 미국 시장에 선보이자 GM은 이를 이겨낼 수 없었다. 글로벌 금융위기가 한창이던 2009년 6월 GM은 결국 파산 보호 신청을 할 수밖에 없었다. 기업이 임직원들에 무조건적인 보상을 할 경우 그것은 임직원들 자신에게도 치명적이라는 사실을 GM의 사례는 보여준다. 이는 안타깝지만 현실이다.

정리해보면, 기업은 이익을 내는 것이 존재 이유이고, 당신은 그 목표를 달성하기 위해 고용됐다. 당신은 월급 받는 것 이상으로 일하고 있는가?

냉정하게 들리겠지만 직장인은 이 질문에 답을 할 수 있어야 한다. 이 점에서 직장인은 무엇보다도 유능해야 한다. 유능해야 조직에 기여할 수 있기 때문이다. 업무를 잘하는 조직원은 어느 조직에서든 우대받는다. 이런 조직원 앞에서는 조직이 오히려 몸을 사린다.

남북전쟁 당시 남부군을 지휘했던 로버트 리Robert E. Lee(1807~1870) 장군에 관련된 피터 드러커의 이야기는 유능한 조직원의 의미가 뭔지를 설명해준다. 남북전쟁 시기에 로버트 리 장군은 북부군과 치열한 전투를 벌였다. 그런데 리 장군 휘하의 한 사령관이 번번이 자신의 명령을 무시하는 통에 애를 먹었다. 이 사령관 때문에 리 장군은 작전상 위기를 맞기도 했다.

이 사령관의 명령 무시가 반복되자 리 장군은 결국 폭발하고 말았다. 리 장군은 평소 '남부 신사'라는 별명을 갖고 있을 정도로 감정을 드러내지 않았는데, 군 막사에서 씩씩대며 한참을 이 사령관에 대해 분노를 터뜨렸다. 얼마 후 그의 감정이 누그러졌을 때 한 부관이 정중하게 물었다. "왜 그를 해임하지 않으십니까?" 그러자 리 장군은 무슨 뚱딴지같은 소리를 하느냐는 표정을 지으며 입을 열었다. "이 친구는 전쟁에서 이기고 있잖아."

조직원이 유능하면 조직도 그를 평가한다는 사실을 이 일화는 보여준다. 그래서 직장인은 창의적 사고를 갖고 업무에 임해야 한다. 그렇다면 유능한 조직원이 되기 위해서는 어떻게 해야 할까? 나의 경험으로는 창의성과 인간관계라는 두 가지 덕목이 유능한 조직원이 되기 위해 꼭 필요하다.

먼저, 창의성이란 주어진 문제를 기존 시각에서 벗어나 다른 방식으로 생각하는 능력을 말한다. 유능한 조직원이 되기 위해서는 단지 열심히 하는 것만으로는 부족하다. 창의적 발상과 남다른 아이디어를 발휘할 수 있어야 한다. 모든 일에는 개선의 여지가 있으며 발상을 전환해 문제를 들여다보면 새로운 해결책이 나온다.

1991년 9월 사과 주산지인 일본 아오모리 현에 초속 53.9미터의 태풍이 들이닥쳤다. 그래서 수확을 앞둔 사과의 80%가 땅에 떨어졌다. 이 동네의 모든 농민들이 망연자실해 있을 때 한 젊은이가 아이디어를 냈다. 땅에 떨어지지 않고 남아 있는 사과를 수험생들에게 '합격 사과'라는 상품으로 판매하자는 것이었다. 합격 사과가 태풍에도 떨어지지 않았으니 수험생들에게 합격을 보장한다는 의미를 부여했다. 때마침 일본에서는 대학 입시철이 다가오고 있었다. 농민들은 나무에 남아 있는 사과를 수확해 '합격 사과'라는 이름을 붙여 포장을 하고 1만 엔에 판매했다. 시중의 사과 판매가의 10배였다. 그런데도 합격 사과는 불티나게 팔렸다. 발상을 전환해 문제를 해결한 것이다.

미국 뉴멕시코 주의 제임스 웹 영이라는 젊은 농부가 개발한 '우박 사과'도 발상의 전환으로 성공한 케이스다. 이 젊은 농부는 어느 해 사과를 성공적으로 경직해 전국 각지의 구매자들과 판매 계약을 성사시켰다. 하지만 수확이 임박한 시점에 우박이 쏟아져 사과들이 상처투성이가 되고 말았다. 우박 자국이 박혀 군데군데 시커멓게 자국이 난 것이다. 이 젊은 농부는 아이디어를 냈다. 맛은 그대로인데 모양만 달라졌다는 사실에 착안한 그는 사과를 구매자들에게 보내면서 한 장의 카드를 동봉했다.

"올해 사과가 뜻하지 않게 부상을 입었습니다. 그러나 이 우박 사과의 상처는 고원에서 자란 100% 특산품이라는 표시입니다."

그러자 구매자들 가운데 반품한 사람은 없었다.

감자 이야기도 빼놓을 수 없다. 18세기 유럽인들에게 감자는 '저주 받은 음식'이었다. 유럽인들은 감자가 '흙속에서 나와 지저분한 데다, 악마를 연상시킬 정도로 울퉁불퉁하고 못생겼다'며 먹기를 거부했다. 감자는 동물의 사료이거나 죄수들의 음식으로만 소비됐다. 하지만 독일 프리드리히 대제는 국민들의 기아 문제를 해결하는 데 감자만큼 좋은 구휼 식품이 없다고 생각했다. 빨리 자라고 영양분이 풍부한 먹을거리를 찾기 힘들다고 봤다. 그는 모든 국민이 감자를 자발적으로 먹게 하고 싶었다. 그는 방법을 생각해냈다.

'감자는 왕실 음식이며 왕족만 먹을 수 있다'는 법령을 선포했다. 그리고 왕실 정원사에게 감자를 재배하라는 명령을 내리고 감자밭에는 도둑을 막기 위해 무장 감시 요원을 배치했다. 그러자 감자에 대한 백성들의 생각이 바뀌었다. 왕실이 기르는 먹을거리라면 분명 귀한 것이라고 여겼던 것이다. 왕실 주변의 농민들은 온갖 방법을 동원해 왕의 밭에서 자라는 식물을 손에 넣어 자기 땅에 몰래 옮겨다 심었다. 그러자 감자는 빠르게 대중화됐다. 발상의 전환이 위기를 기회로 바꾼 것이다.

또 이런 사례도 있다. 터키의 초대 대통령인 아타튀르크Ataturk는 터키의 근대화를 위해 여자들이 베일을 쓰는 관습을 폐지하려고 했다. 그러나 이슬람 국가인 터키에서 여성이 베일을 쓰지 않는다는 것은 생각조차 어려운 것이었다. 그는 여성들의 베일 착용을 금지했을 때 국민들 사이에 반발과 역효과에 직면할 것이라는 점을 잘 알고 있었다. 그러고는 한 가지 아이디어를 담은 법령을 공포했다.

"창녀는 반드시 베일을 써야 한다."

그러자 터키의 여성들은 베일을 벗었다.

미국 소설가 마크 트웨인Mark Twain도 불운을 기회로 전환시키는 능력을 갖고 있었다. 그는 1885년 메사추세츠 콩코드 도서관이 그의 책《허클베리핀의 모험》을 금서로 지정했다는 소식을 접했다. 이 책의 출판사는 책이 팔리지 않을 것 같아 걱정이 태산이었다. 곰곰이 생각을 하던 마크 트웨인은 아이디어를 냈다. 마크 트웨인은 출판사 직원에게 "금서로 지정됐다는 사실을 적극적으로 알리면 좋겠다."라고 당부했다. 출판사 직원들은 처음에는 의아했지만 이를 실행했다. 그러자 이 책은 오히려 불티나게 팔렸다. 금서로 지정됐다는 소식에 독자들이 '도대체 어떤 책이기에' 하는 호기심에서 책을 구매한 것이다.

이런 창의성은 어떻게 얻어지는 걸까?

창의적 아이디어는 거저 얻어지지 않는다. 그것은 끊임없는 연구와 자기계발에서 탄생한다. 이 점에서 한국의 직장인은 아쉬운 부분이 있다. 자기계발에 투자하는 시간이 부족하기 때문이다. 2015년 강사 전문 취업 포털 강사닷컴이 전국 20세 이상 성인 남녀 1,741명을 대상으로 주중에 자기계발에 할애하는 시간이 얼마인지를 설문 조사한 결과에 따르면 이들의 평균 자기계발 시간은 2.9시간이었다. 자기계발에 가장 적극적인 직업인은 프리랜서로 3.3시간으로 1위에 올랐다. 직장인은 이보다 1시간 적은 2.3시간이었다. 이어, 대학생(3.2시간), 자영업자(3.1시간), 구직자(2.8시간)가 뒤를 이었다.

이들의 한 달 평균 자기계발 비용은 9만 9,700원이었다. 직업인별로 살펴보면 프리랜서가 11만 6,000원으로 1위를 기록했고 직장인은 이보다 3만 원가량 적은 8만 7,000원이었다. 선호하는 자기계발 방법으로는 과반수인 51.5%가 '관련 서적을 통한 독학'을 꼽았고, 학원 수강(18.3%), 온라인 강의(18.1%), 동호회나 스터디그룹(7.7%), 세미나(4.5%) 순이었다. 이 조사는 직장인이 업무에 쫓겨 자기계발에 어려움을 겪고 있다는 사실을 보여준다.

창의적 아이디어를 창출하는 데 꼭 필요한 독서량도 빈곤한 편이다. 취업포탈 잡코리아가 직장인 남녀 217명을 대상으로 2013년 직장인 독서 실태를 조사한 결과 한 달에 한 권도 채 읽지 않는 것으로 나타났다. 조사에 따르면 직장인들의 1년 평균 독서량은 9.8권이었으며, 가장 많이 읽은 책은 소설(51.2%), 자기계발(47.9%), 경제경영(17.5%) 순이었다. 이는 거꾸로 생각하면 직장인이 자기계발이나 독서에 시간을 투입할 경우 창의성이 증대될 수 있음을 보여준다.

다음으로, 직장인에게 유능함 못지않게 중요한 덕목은 조직에서의 인간관계다. 내 직장 생활 경험으로 실은 이게 유능함을 앞서는 직장인에 꼭 필요한 1순위일 수도 있다. 직장인은 개인 차원이 아니라 조직의 구성원으로 일하게 되며, 업무를 수행하는 과정에서 상사나 동료, 후배의 지지가 꼭 필요하다. 그래서 직장인에게 원만한 인간관계는 필수적이다. 상사와의 인간관계, 동료와의 인간관계, 후배와의 인간관계의 어느것 하나 중요하지 않은 것이 없지만 특히 관심을 쏟아야 할 대상은 상사이다.

왜 그럴까?

그 이유는 당신이 직장인이라면 상사는 당신의 '고객'이기 때문이다. 다시 말해 당신이 가진 업무 능력의 가치를 매겨주고, 이를 회사에 '판매' 해주는 사람이 상사다. 적지 않은 직원들이 이 사실을 간과하고 있다. 상사의 눈에 비친 당신이 회사의 눈에 비친 당신이라고 생각해도 무리가 없다. 상사에 대해 아부를 하라는 의미가 아니다. 상사와의 원만한 관계를 통해 업무의 효율성을 높여야 한다는 뜻이다. 당신이 상사를 모시고 있다면 그에 대해 공부할 필요가 있다.

당신이 세일즈맨이라고 생각해보라. 유능한 세일즈맨은 자신의 고객을 철저히 파악한다. 고객에 대한 정보가 많을수록 대응력이 높아진다. 상사의 출퇴근 시간은 어떤지, 사내 평판이며 일에 대한 자세는 어떠한지, 식사할 때 꺼내는 화제는 뭔지, 어떤 과정을 거쳐 지금의 자리에 이르게 됐는지, 휴일에는 주로 무엇을 하는지, 좋아하는 음식은 무엇인지를 체크하라. '뭘 그렇게 시시콜콜하게 알아내야 하는가'라고 생각하지 말고 당신의 '고객'을 조사한다는 생각을 가져라.

상사가 가장 싫어하는 것 중 하나는 자신을 놀라게 하는 것이다. 일이 잘 진행되고 있는 줄 알았는데, 어느 날 실은 여차여차한 이유로 별 진전이 없는 상태라던지, 일주일 전 전무가 한 지시사항에 대해 귀띔해주지 않았다던지 하는 등 자신의 입장을 난처하게 하는 것을 상사는 싫어한다. 상사에게 항상 일이 진행되는 상황을 알려줘라. 상사를 자주 놀라게 하면 신뢰를 잃게 된다.

피터 드러커의 《미공개 강의 노트》에는 상사가 무엇을 원하는지를 잘 보여준다. 은퇴를 앞둔 창업가가 있었다. 그는 A, B 부사장 가운데 한 사람을 자신의 후임 최고 경영자로 지명할 예정이었다. A 후보는 창업가를 귀찮게 하지 않고 독립적으로 일을 처리했다. B 후보는 창업가로부터 지속적으로 조언과 승인을 받고자 했다. 창업가는 A, B 후보 가운데 누구를 후임자로 지명했을까? 창업가는 자신과 지속적으로 상담하면서 업무를 수행한 B 후보를 후임 대표로 임명했다. 이 결과는 우리가 알고 있는 상식에 위배된다. 그러나 현실이다.

창업가는 자신의 퇴임 후에도 자신의 정책과 유산이 그대로 계승되기를 소망한다. 이 점에서 B 후보는 창업가와 지속적으로 논의하고 조언을 구함으로써 창업가의 생각에 어필한 것이다. 창업가는 B 후보에 대해서는 속속들이 이해한다고 생각됐지만 A 후보에 대해서는 확신이 서지 않았을 뿐만 아니라 A후보의 성공에 자신이 기여한 바가 별로 없다고 느꼈던 것이다. 이것이 상사가 갖고 있는 성향이다. 상사가 무능하고 비인간적이라고 생각되는 경우가 있다. 만약 그렇다면 잠시 하던 일을 멈추고 자문해보라. 그렇게 멍청하고 못된 상사를 회사는 왜 그 자리에 그대로 둘까? 상사의 존재는 회사가 무엇에 가치를 두는지를 보여준다. 상사가 싫어서 회사를 옮기거나 부서를 옮기면 더 마음에 맞지 않는 상사를 겪는 경우가 적지 않다.

직장 동료도 물론 중요하다. 나의 경우만 하더라도 신문사를 그만두고 법인을 설립하고 비즈니스를 수행하는 과정에서 신문사 동료의 도움이 매우 컸다. 신문사 동료는 나의 후원자이자 고객이다. 만약 내가 직장 근무 시절 동료와의 관계에 무심했다면 지금 어떻게 됐을지는 생각만 해도 아찔하다. 또한 내가 그 직장을 다녔다는 경력과 그 직장에서의 평판은 내가 원하든, 그렇지 않든 간에 평생 나를 따라다닌다. 인간이 모여 사는 일터는 원래 많은 문제점을 가질 수밖에 없다. 자신의 마음에 쏙 드는 만족스러운 회사란 원래 존재하지 않지만 직장인은 거기에 환상을 품는 경향이 있다.

당신이 지금 회사에서 위축돼 있다면 지금부터라도 개선하기 위해 새로 시작하라. 혹시 지금까지 직장에서 업무 능력이 떨어지거나 인관관계에 파열음이 있었다면 지금부터 하나씩 개선하면 된다. 신기하게도 회사는 당신의 단점을 오래 기억하지 않는다. 회사는 기억력이 나쁜 것 같다. 당신이 몇 개월간 지속적으로 노력해 달라진 모습을 보이면 회사는 당신이 한때는 문제 직원이었다는 사실을 까맣게 잊는다. 나는 이 사실을 여러 번 경험하고 취재했다.

회사의 비전과 나의 비전이 맞지 않아 업무 의욕을 상실하게 되는 경우가 있다. 또한 나의 업무가 적성과 재능에 맞지 않아 성과를 내지 못하는 상황에 처하기도 한다. 그런데 회사는 나를 그대로 이 자리에서 바꿔줄 생각을 하지 않는다. 이때 직장인은 고민이 된다. 회사의 비리, 불의를 겪으면서 마음의 갈등을 겪기도 한다. 나보다 능력이 떨어지는 동료가 보란 듯이 초고속 승진을 하기도 한다.

이 경우 직장인은 무엇보다도 조직이나 회사를 민주주의를 실현하는 장소로 생각하고 있지 않는지 자문해볼 필요가 있다. 직장은 민주주의를 실현하는 장소가 아니다. 직장은 사회 정의나 이상을 실현하기 위한 공간도 아니며 현실 그 자체다. 냉정하지만 인생도 조직도 어느 정도는 불공평하다는 사실을 인정하라. 나도 이 사실을 직장 생활을 한참 하고 나서야 깨달았다.

인생은 불공평하다. 치열한 경쟁을 뚫고 입사한 당대 최고의 회사가 시간이 흐르면서 사양 산업으로 전락하는가 하면, 아무도 관심을 갖지 않던 회사에 취업했는데, 시간이 흐르면서 스타 기업으로 떠오르는 경우도 있다. 어떤 사람은 부유한 집안에서 태어나 손쉽게 성취의 계단을 밟아가지만 어떤 사람은 생계도 어려운 상태로 평생을 보내기도 한다. 어떤 사람은 전쟁에서 죽고, 어떤 사람은 교통사고로 죽는다. 반대로 어떤 사람은 숱한 위기에도 기적적으로 살아난다. 어떤 사람은 일확천금을 벌기도 하지만, 어떤 사람은 평생 노력하지만 성과가 미미한 경우도 있다.

삶은 그런 것이다. 그럴 수 있다는 사실을 받아들여라.

빌 게이츠 MS 회장은 2004년 7월 캘리포니아 휘트니 고교를 방문해 사회 진출을 앞둔 고교생들에게 "인생이란 원래 불공평한 것이다. 그런 현실을 불평하지 말고 받아들여라."라고 말했다(빌 게이츠는 자신이 이 말을 하지 않았다고 주장하고 있으나 세상 사람들은 그가 이 말을 했음이 틀림없다고 '믿고 있다').

1849년 12월 21일, 28세의 도스토옙스키는 형장에 섰다. 당시 사회주

의적 사상을 가진 미하일 페트라셰프스키가 주도한 독서 모임에서 활동
하다 반체제 혐의로 검거돼 형장의 이슬로 사라지는 순간에 처한 것이다.
당시 러시아 제국 황제 리콜라이 1세는 서유럽 자유주의 사조의 유입을
극도로 두려워했다. 영하 50도의 추운 겨울이었다. 도스토옙스키는 두 사
람의 사형수와 함께 두 눈이 가려진 채 사형대에 묶였다. 도스토옙스키는
'이제 죽는 구나'하며 눈을 감았다. 28년의 세월을 순간순간 아껴 쓰지 않
은 것이 너무 후회됐다. 사형 집행인이 총에 탄환을 재는 소리가 들렸다.

　그때 기적이 일어났다. 멀리서 한 병사가 수건을 흔들며 황제의 특별
사면령을 갖고 왔던 것이다 극적으로 풀려난 도스토옙스키는 4년간 시베
리아로 유형을 가는 것으로 감형됐다. 도스토옙스키는 기적적으로 살아
났을 뿐만 아니라 이 경험을 소재로 활용해 위대한 작품을 집필할 수 있
었다. 사형 집행 장소였던 교도소에서의 생활 체험은 장편 소설 《죽음의
집의 기록》, 《학대받은 사람들》을 낳았다. 그는 살아남았기 때문에 위대
한 작품을 남길 수 있었다. 이것도 운명이다. 삶이란 우연과 필연이 씨줄
과 날줄로 교차해 만들어져가는 것이다.

　직장은 소중한 것이다. 그런데 직장인은 직장을 벗어나기 전까지는 이
사실을 잘 모른다. 직장에서 머무르기로 했다면 주어진 조건에서 최선을
다하려는 자세를 가져야 한다. 당신이 단지 급여만 받고 지내겠다는 생각
을 갖고 있는지, 아니면 개선 의지를 갖고 있는지를 결국 회사는 안다.
　김쌍수 전 LG전자 부회장은 2003년 1월 최고 경영자가 된 뒤에야 서

울 본사 근무를 시작했다. 1969년 이 회사에 사무 기술직으로 입사한 이
래 34년을 지방에서 근무했다. 그가 1969년 1월 사무 기술직으로 입사해
첫 근무를 시작한 곳은 부산 공장의 냉장고 생산 라인이었다. 그는 열심
히 일했다. 다른 입사 동기들은 서울 본사 근무를 선호했지만, 그는 현장
을 좋아했고 현장에 뼈를 묻기를 원했다. 그렇지만 일하는 것에 비해 승
진 운은 없었다. 요즘이야 많이 달라졌다고 하지만 현장 직원은 본사 직
원에 비해 확실히 홀대받는 분위기였다. 1975년에는 기정보(과장급) 승진
인사에서 누락됐다.

"그때 쉬면서 참 많은 생각을 했습니다. 내가 왜 인정을 받지 못하는
걸까? 하는 자책과 함께 내가 뭘 잘못했다는 말인가 하는 반발도 했습
니다. 하지만 뼈를 묻겠다고 각오한 회사에서 승진이 조금 늦어졌다고
다른 마음을 먹을 수 없다는 결론을 내렸습니다. 조직이 당장 나를 알
아주지 않더라도 얄팍한 처세술에 눈을 돌려서는 안 된다는 생각을 했
습니다."

1주일을 쉬고 출근해 다시 업무에 복귀했다. 냉장고, 세탁기가 그의 전
문 분야다. 1986년 세탁기 공장장에 임명됐는데, 세탁기 사업은 만성 적
자로 존폐 위기에 있었다. 그는 2년이 지나지 않아 세탁기 사업부를 흑자
전환시켰다. 1980년대가 되자 세탁기는 회사의 주력 사업이 됐다. 그는
현장 관리자의 가장 큰 덕목으로 "변죽만 울리는 지시를 하지 않는 것."

이라고 말한다. 정확하고 빠른 지시, 부하들이 납득할 수 있는 지시를 해야 업무 처리가 빨라지고 확실한 동기 부여가 된다는 것이다. 김 부회장의 이력서에는 그 흔한 대학원 최고위 과정 수료증이 단 한 줄도 없다. 해외 근무 경력도 없다.

"도저히 중간에 빠져 나올 수 없는 곳만 다녔기 때문에 딴 곳에 눈 돌릴 겨를이 없었습니다. 과분한 업무를 맡아 포기하지 않고 매달렸던 것이 오늘로 이어졌다고 생각합니다."(조일훈, 《나의 꿈, 나의 청춘》)

이승한 전 홈플러스 회장은 1975년 하반기의 신혼생활을 남들처럼 깨소금을 쏟아내며 보내지 못했다. 당시 신세계가 막 시작한 슈퍼 스토어의 총무 과장을 맡고 있던 그는 휴일도 없이 주야간을 근무하느라 녹초가 됐다.

유통업은 일반인이 쉬는 날에 오히려 바쁘다. 매장을 찾은 고객을 일일이 응대해야 하고 밤늦게까지 일해야 한다. 게다가 당시 그는 총무 과장을 맡고 있어서 회사의 안살림까지 도맡았다. 그러다 보니 휴일에도 물품의 재고조사를 해야 했고, 월말이면 날밤을 세워가며 결산을 해야 했다. 신앙인으로서 일요일에도 교회에 나가지 못하는 것이 고통스러웠다.

그렇지만 이같은 혹독한 경험이 바탕이 돼 그는 훗날 삼성 테스코(현 홈플러스) 사장이 됐다. 이 같은 기회는 우연히 찾아왔다. 1990년대 말 IMF 외환위기가 닥치자 삼성그룹은 유통 부문을 외자 유치를 통한 합작 방식으로 해결한다는 방침을 세웠다. 삼성그룹 유통 부문 대표이사직을 맡은 그는 영국계 글로벌 유통 기업인 테스코와의 외자 유치를 밀고 당기는 협상 끝에 성공적으로 진행했다. 그런데 합작법인 출범을 앞두고 테스코 측이 "SH. LEE(이승한의 영문 이니셜)이 대표이사를 맡지 않는다면 합작 여부를 심각하게 재검토할 것."이라고 통보했다. 삼성그룹은 영문을 몰라 당황했지만 알고 보니 테스코 측이 그간의 이승한 사장의 유통 부문의 경력을 높이 평가했기 때문이라는 사실이 드러났다. 신혼 시절 일요일에 교회도 가지 못하고 슈퍼 스토어(유통) 업무를 맡던 시절이 보답하는 순간이었다.

이 전 회장은 1999년 5월 삼성 테스코의 초대 사장을 맡아 출범 당시 3,000억 원에 불과하던 매출액을 2013년 매출액 12조 원으로 끌어올렸다. 그는 2013년 홈플러스 경영진에서 물러났다. 이 전 회장은 1965년 고려대 상대에 응시했으나 불합격했고, 이듬해 서울대 상대에 도전했으나 또 다시 낙방의 쓴잔을 마셨다. 그는 당시 후기대인 영남대 경영학과를 졸업했다. 삼성그룹 공채 11기인 이 전 회장의 입사 동기로는 허태학 삼성석유화학 사장, 홍종만 전 삼성코닝 유리 사장이 있다.

"직장 생활을 하려면 고생할 각오를 해야 합니다. 파도가 잔잔하면 능숙한 뱃사공을 만들지 못합니다. 여기저기 자갈밭에 굴러도 살아남을 수 있다는 불굴의 집념을 가져야 합니다."(조일훈,《나의 꿈, 나의 청춘》)

기업의 비전 혹은 조직의 비전을 나의 비전과 도저히 일치시킬 수 없다면 당신은 선택해야 한다. 안타깝지만 이는 어쩔 수 없는 현실이다. 조직을 떠나기로 결정하는 것이 쉽지는 않을 것이다. 불면의 밤과 고민이 있을 것이다. 그리고 실제로 조직의 울타리를 벗어나는 순간, 당신은 조직이 나에게 참으로 많은 혜택을 제공했다는 것을 비로소 느낄 것이다.

나 역시 그랬다. 17년간 출퇴근했던 회사를 뒤로하고 세상에 첫발을 내딛는 순간의 두려움은 지금도 잊히지 않는다. 조직의 중압감을 벗어나 자유롭게 무언가를 할 수 있을 것이라는 기대감은 마음 한구석의 깊은 곳으로 움츠러들었다. 다른 사람에게 뒤지지 않는 프로필을 갖고 있다고 생각한 나에게 사회 구성원들이 보여주는 냉담함은 놀라움 그 자체였다. 그곳은 보호막이 전혀 없는 한파가 몰아치는 곳이었다. 세상이란 그런 것이다.

다행히 세상이 바뀌면서 개인은 이전보다는 선택지가 다양해졌다. 나는 내가 지금 이 자리에 있을 수 있는 것은 그런 혜택을 받았기 때문이라고 생각한다. 기반을 잡고 나니 그간 보이지 않았던 것들도 느껴진다. 나는 이제 창작자, 최고 경영자, 창업가로서 새로운 경험을 하고 있다. 무언가를 새롭게 경험한다는 것은 즐거운 일이다. 내가 직장 생활에 매달려 있었다면 나는 이런 즐거움을 누리지 못했을 것이다.

직장에 머무르는 게 좋은가, 아니면 내 일을 하는 것이 좋은가를 선택하는 것은 당신이 해야 할 일이다. 이 선택은 누구도 대신해줄 수 없다. 내가 직장에 기여하는 부분이 있고, 이 결과 나도 무언가를 성취해간다는 생각이 든다면 당신은 직장에서 승부를 봐야 한다. 다만 당신의 내면 깊은 곳에서 변화에 열망이 끓어오를 때, 이번에 뭔가를 하지 않는다면 평생 후회할 것 같다는 생각이 든다면 당신은 결심을 해야 한다.

당신 스스로 홀로서기로 했다면 당신은 스스로를 독립된 상품으로 여기고 스스로를 판매할 수 있어야 한다. 다가오는 새로운 세상에서는 누구나 이런 식으로 발상 전환을 해야 한다. 이를 잘해내는 사람은 자유와 기회를 흠뻑 음미할 것이다. 성취는 달콤하다. 직장인도 이제는 자기 자신을 판매하고 자신의 값어치를 결정하는 방법을 배워야 한다. 자신의 학습과 능력 개발을 잘 조정하고 자신의 여러 삶들 사이에서 균형을 잡는 방법을 배워야 한다. 이런 것을 가르쳐주는 학교는 아직까지 없다. 당신보다 앞서간 선배들의 힘겨운 경험과 교훈으로부터 어렵게 배워야 한다.

상상은 지식보다 중요하다

2030년의 세상 풍경

헨리 포드가 노년에 들어섰을 때의 일화다. 당시 헨리 포드는 우연히 존 다링거라는 소년과 함께 교육 제도에 대해 토론하게 됐다. 토론 과정에서 이 소년은 헨리 포드가 학교 교육 제도에 대해 상당히 편협한 시각을 갖고 있다는 생각이 들었다. 그래서 이 겁 없던 소년은 당대의 부호인 포드에게 다음과 같이 쏘아붙였다.

"할아버지, 이젠 세상이 달라졌어요. 지금은 '현대'란 말이에요!"
그러자 포드는 인자한 미소를 지으며 대답했다.
"얘야, 바로 그 '현대'를 발명한 사람이 나란다."

헨리 포드는 자신이 인류 역사에서 무엇을 했는지, 어떤 업적을 남겼는지를 잘 알고 있었다. 그가 '발명한' 포디즘은 지구촌 전체를 고용 사회로 변모시켰다. 구체적으로, 그가 포드 자동차 회사에 이식한 포디즘은 유럽으로 건너가 유럽 사회를 고용 사회로 변모시켰고, 2차 세계대전 이후에는 제3세계로 수출돼 이 지역을 고용 사회로 변모시켰다. 심지어 포디즘은 공산화된 구舊 소련에도 이식됐다. 1960년대 이후의 한국 경제도 포디즘을 기본 설계도로 만들어졌다. 지구촌 전체가 고용 사회로 변모한 것이다. 한 개인이 세상을 얼마나 바꿀 수 있는지를 보여주는 사례다.

그러나 바로 그 고용 사회가 이제 막을 내리고 있다. 고용 사회에서의 대규모 고용과 안정적인 일자리는 이제 더 이상 가능하지 않다. 〈유엔미래예측보고서〉는 2030년까지 20억 개의 일자리가 소멸한다고 예측하고 있다. 2030년이 되면 현존하는 일자리의 80%가 소멸되거나 대체된다는 주장이 설득력을 얻고 있다. 각국 정부는 '안정적인 일자리 창출'이라는 시대에 뒤떨어지고 도달하기도 어려운 목표를 달성하느라 시간을 보내고 있다.

지금의 고용 사회를 떠받쳐온 이 거대한 노동자층은 어디로 가야 하는가? 실은 이 문제가 매우 중요한 딜레마임에도 아무도 답을 내놓지 못하고 있다.

앞으로는 상당수의 일거리가 프로젝트 형태로 전문성을 가진 개인에게 주어지는 방식으로 수행될 것이다. 이에 따라 개인은 자신이 잘하는 일을 시간당 혹은 프로젝트에 따라 수행하는 1인 기업, 1인 창업가가 될 것이다. 또한 다가오는 새로운 세상은 창작자, 최고 경영자, 창업가에게 기회가 주어질 것이다. 미래의 학교는 이 세 가지의 유형의 종사자들을 바람직한 인간상의 하나로 제시하고 여기에 부합하는 가치관을 제시할 것이다. 이를 위해 미래의 학교는 금융, 재무회계, 창업 프로세스를 교육시킬 것이다. 지금의 나의 주장을 터무니없다고 여기는 독자 분도 있을 것이다. 만약 나의 생각이 터무니없다고 여겨진다면 당신은 이 책의 첫 장으로 다시 돌아가야 한다.

인류 역사는 변화에 적절히 대응하지 못해 무너진 사람들의 역사이기도 하다. 역사를 돌이켜보면 변화의 시기가 닥치면 절대 다수는 언제나 우왕좌왕하거나, 무시하거나, 마냥 기다렸고, 그러다가 무너졌다. 오직 소수만이 변화를 기회로 활용했다.

수십 년 전의 공상 과학 소설이나 영화를 지금 다시 들여다보라. 거기에는 당시의 시점에서는 터무니없다고 여겨졌던 것들로 가득 차 있다. 그런데 그것들이 지금이 현실이 돼 있는 경우가 많다.

1965년 만화가 이정문 화백이 발표한 《서기 2000년대 생활의 이모저모》에는 태양열 에너지, 전자신문과 인터넷, DMB폰, 재택 의료, e-러닝, 달나라 여행, 움직이는 도로 등 당시에는 그야말로 공상과학 같은 이야기가 담겨있다. 그런데 지금 이것의 대부분이 현실화된 상태다. 50년의 세월이 이런 변화를 낳았다. 영화 'ET'에서 외계인을 싣고 하늘을 날던 자전거가 2014년 6월 체코에서 시험 비행에 성공했고, 영화 '제5원소'에 등장했던 하늘을 날아다니는 자동차도 현실화되고 있다.

1985년 대학 시절, 나는 DOS라는 컴퓨터 프로그래밍 교육 특강에 참석한 적이 있었다. 강사는 "미래에는 손바닥만 한 컴퓨터를 누구나 갖게 될 것."이라고 말했는데, 당시 책상의 '배불뚝이' 컴퓨터만 봐온 나로서는 상상이 되지 않았다. 그런데 그것은 이제 일상이 됐다.

세상이 바뀌면 사람들의 가치관과 고정관념도 바뀐다.

내가 직장 생활을 시작하던 시기의 연예인은 '딴따라'였고, 만화가는 '만화쟁이'였다. 신문사 편집국에는 자신의 얼굴을 알리기 위한 연예인과 만화가들로 북적댔다. 이제 그런 풍경은 사라졌다. 이제 기자는 스타 연예인을 직접 만나기도 어렵다. 기자는 스타 연예인이 소속된 기획사의 보도자료를 바탕으로 기사를 작성하고, 기획사의 매니저를 상대로 취재한다. 시대의 변화에 따라 스타 연예인, 스타 창작자의 지위가 지속적으로 상승했기 때문이다.

내가 직장 생활을 시작하던 시기에 자녀가 가수가 되겠다고 나서면 부모는 극구 말렸다. 그런데 이제 당신의 자녀가 연예인이 되겠다고 한다면 당신은 어떤 반응을 보이겠는가? 아마도 자녀를 격려할 것이다. 나의 자녀를 확실하게 띄워줄 학원을 찾아다닐 수도 있을 것이다. 세상의 가치관과 고정관념이 바뀌는 것은 순식간이다.

지금 다시 한 번 그런 일이 벌어지고 있다. 모바일과 소셜 미디어를 비롯한 신기술은 다시 한 번 세상을 요동치게 만들고 있다. 생각을 바꿔라.

학교를 졸업하고 직장에 취업하는 것이 전부라는 생각을 버려라. 미래의 세상은 다양한 선택지가 넘쳐나는 세상이다. 우리는 그런 세상의 문턱을 막 넘어섰다. 지금까지 당연하게 여겨온 고정관념이나 가치관을 버리고 원점에서 세상을 들여다봐라(그렇다고 직장인의 삶을 당신의 선택지에서 애초부터 포기하라는 것을 의미하지는 않는다는 것은 앞서 설명했다. 기업은 다가오는 새로운 세상에서 여전히 중요한 역할을 할 것이고, 직장인으로서의 삶도 의미가 크다).

2054년의 세상을 그린 영화 '매트릭스'에는 지식이 순간적으로 이식되는 장면이 나온다. 모피어스(로렌스 피시번 분) 팀장이 적에게 사로잡히자 트리니티(캐리 앤 모스 분)가 건물에 침투해 헬리콥터로 구조하기로 한다. 그런데 트리니티는 헬리콥터 조정법을 모른다. 한시가 급한 상황에서 트리니티는 우주선에 남아 있는 동료에게 조종법을 전송하라고 한다. 그러자 우주선 모니터에 헬리콥터 조정법이 뜨고, 트리니티는 순식간에 조정법을 두뇌로 다운받는다. 그리고 나서 5초도 걸리지 않아 트리니티는 헬리콥터를 능숙하게 조종한다.

이런 일이 불가능하다고 생각한다면 당신에게 내가 어떤 조언을 해줄 것인지를 이제 당신은 알 것이다. 그것은 '이 책의 첫 장으로 돌아가라'다.

변화를 받아들이지 못하면 무너지는 것은 순식간이다.

아날로그 카메라 시대의 거대 기업이던 코닥은 디지털 카메라를 누구보다 먼저 개발했지만 이를 수용하지 못해 결국 파산했다. 100여 년의 역사와 권위를 자랑하던 브리태니커 백과사전은 인터넷 위키피디아를 우습게 보다 한순간에 무너졌다.

  한 가지만 더.

  나는 '세상을 바꾸는 것은 신기술'이라고 이 책의 모든 페이지에 걸쳐 주장했다. 그런데 실은 한 가지는 말하지 않았다. 신기술은 누가 만드는가? 다시 말해 신기술은 어떤 계기로 만들어지는 걸까?

  그것은 인간의 상상력이다.

  생각해보라. 스마트폰이 만들어진 출발점은 어느 천재가 '손안의 PC'가 있다면 편리할 것이라는 상상을 한 것에 있다. 자동차가 만들어진 것도 어느 기계광이 '모든 사람들이 편리하게 타고 다니는 움직이는 마차'를 상상한 것에서 출발했다. 우리 주변의 모든 것들은 인간 상상력의 결과물이다. 도심의 높이 솟아오른 빌딩이 그렇고, 비행기가 그렇고, 잠수함이 그렇다.

  결론적으로, 인간의 상상이 먼저 있었고 이 결과 신기술이 등장했다. 이 순서가 거꾸로 되는 경우는 없었다. 그래서 우리는 이런 결론을 내릴 수 있다.

  세상을 바꾸는 것은 인간의 상상력이다.

천재 과학자 아인슈타인이 "상상은 지식보다 중요하다."라고 말한 이유가 여기에 있다. 이제 당신은 상상해야 한다. 상상에 한계를 긋지 말라. 당신은 생각하는 대로, 상상하는 대로 이뤄지는 세상에서 살게 될 주인공이기 때문이다. 고정관념을 먼저 깨는 사람이 다가오는 새로운 세상의 승리자다. 당신이 그간 당연하다고 여기고 있는 모든 것들을 의심하라. 새로운 지식을 습득하고 깨우쳐라. 교육이나 제도의 개선은 언제나 늦다. 지금의 교육 제도는 고용 사회에 적합한 인간을 양성하는 것을 목표로 짜여 있다. 학교를 졸업했거나 졸업을 앞둔 젊은이들이 그렇게 미칠 듯이 취업에 매달리는 이유가 여기에 있다. 우리는 수십 년의 공교육 과정을 통해 고용 사회에 적합한 인간형으로 길들여져 있다.

그렇지만 다가오는 새로운 세상에서는 자신의 타고난 능력을 극대화한 개인이 주인공이 될 것이다. 2030년쯤이면 똑똑한 개인은 권력자가 되고 세상을 바꿀 것이다. 다시 말해 다가오는 새로운 세상은 정부나 기관의 힘이 약해지는 반면에 똑똑한 개인은 큰 성취를 하고 세상을 바꾸게 된다.

지금 우리가 대면하고 있는 갖가지 문제는 미래의 어느 시점에 선한 의지를 가진 똑똑한 개인이 해결할 것이다. '제2의 스티브 잡스', '제2의 헨리 포드'가 될 그가 누구인지는 우리는 아직 모른다. 확실한 것은 그가 등장할 것이라는 점이다. 자본주의의 역사를 돌이켜보면 한 사람의 뛰어난 개인에 의해 패러다임이 바뀌는 모습을 발견할 수 있었다.

세상이 어떻게 변화할지를 예측하기 어려운 지금, 우리는 어떤 자세를 가져야 할까? 나는 기업과 개인을 대상으로 이 주제로 강의를 자주 하는데, 강연회장의 참석자들이 극단적인 비관론 혹은 극단적인 낙관론으로 나뉘는 것을 목격하고 있다. 신기술이 인류 생활을 편리하게 해왔으므로 지금의 과도기가 지나면 세상이 다시 좋아질 것이라고 보는 분들의 시각이 낙관론이다. 반대로 기업의 구조조정과 고용 불안으로 위기 상황이 심화될 것이라고 보는 분들의 시각이 비관론이다. 비율로 따지면 비관론을 가진 분들이 훨씬 많다. 강연장에서 나는 양측의 의견을 경청한 후《탈무드》에 나오는 '우유통에 빠진 생쥐 세 마리'의 이야기를 들려주면서 정리를 하곤 한다.

생쥐 세 마리가 우유가 담긴 통에 머리를 쳐 박고 우유를 들이키다가 실수로 우유통에 빠지고 말았다. 우유통은 깊어서 생쥐들은 빠져 나올 수가 없었다. 이 상황에서 세 마리의 생쥐는 각각 다르게 대응했다.

첫 번째 생쥐는 "신이 나를 도와줄 것이다."라면서 다리를 꼰 채 아무것도 하지 않았다. 이 생쥐는 죽고 말았다. 두 번째 생쥐는 "이렇게 깊은 통에서 기어 나간다는 것은 불가능하다. 그러니 죽는 수밖에 없다."라고 말한 후 그대로 빠져 죽었다. 세 번째 생쥐는 비관도, 낙관도 하지 않았다. 우선, 이 생쥐는 현실을 있는 그대로 받아들였다. 그는 위험에 처해 있다는 사실을 인정했다. 다음으로, 이 생쥐는 스스로가 할 수 있는 것을 생각해봤다. 이 생쥐는 헤엄쳐보기로 했다. 코를 밖으로 내밀고 다리를 힘차게 헤엄치기 시작했다. 그러자 얼마 지나지 않아 뭔가 단단한 것이 밟혔다. 그것은 버터였다. 생쥐가 계속 헤엄을 치자 우유가 휘저어지면서 버터가 만들어진 것이다. 세 번째 생쥐는 버터를 밟고 우유통 밖으로 무사히 빠져 나왔다.

위기의 순간에 상황을 낙관적으로 보는 것은 위험하다. 누군가의 도움이 있을 것이라고 낙관하고 아무것도 하지 않으면 아무런 해결책도 만들 수 없다는 것은 자명한 사실이다. 그렇다고 공포에 질려 아무것도 하지 못하는 것은 더 위험하다. 최선의 자세는 세 번째 생쥐처럼 하는 것이다. 이 생쥐는 우선 평정심을 유지하기 위해 노력했다. 그리고 주어진 조건에서 자신이 취할 수 있는 최선의 해결책을 생각해냈고, 이를 실천했다. 이것이 이 생쥐를 살려냈다.

거대한 패러다임의 전환이 진행되고 있는 지금, 세상은 비관주의에 사로잡혀 아무것도 하지 않는 사람들로 가득 차 있는 것처럼 보인다. 그렇지만 문제를 해결하는 최선의 방법은 현실을 인정하고 대안을 찾아내는 것이다. 이 자세를 갖는 것만으로도 우리는 문제 해결의 단계에 한걸음 더 성큼 다가갈 수 있을 것이다.

Inside & Insight

- 다가오는 새로운 세상은 창작가, 최고 경영자, 창업가가 주도하게 된다. 미래의 학교는 이들의 삶을 장려하고 여기에 필요한 지식을 가르칠 것이다.

- 직장인으로서의 삶도 여전히 의미가 있다. 기업은 다가오는 새로운 세상에서 여전히 중요한 역할을 할 것이며, 직장인으로서의 삶도 의미가 크다.

- 유능한 조직원, 유능한 직장인이 되는 비결은 창의성과 인간관계에 있다.

- 창업을 준비 중인 개인이나, 신규 사업을 준비 중인 기업이라면 금융, 자동차, 소비재, 정보기술, 의료, 서비스의 6대 섹터를 주목하라. 특히 인간이 먹거나, 마시거나, 바르거나 입는 소비재는 다가오는 새로운 시대에도 수요가 여전하다. 소비재는 반복 구매 비즈니스 모델이라는 장점이 있다. 경쟁자와는 차별화된 기호나 맛을 제공하는 소비재의 미래는 밝다.

기회는 언제나 위기의 모습으로 다가온다

책을 쓴다는 것은 집중력이 소비되는 고난이도의 작업이다. 창작은 힘든 노역이며, 때로는 고통스럽기도 하다.

그렇지만 나는 이 작업이 흥미롭다. 내가 살아 있다는 것, 누구의 무엇이 아닌 '이민주'라는 이름으로 이 세상에서 존재하고 있음을 증명하는 일이기 때문이다. 매일 새벽, 나는 일어나 글자의 조합을 만들어냈다. 글자의 조합에 담겨 있는 의미를 생각하고 또 생각했다. 하루하루 채워지는 원고가 언젠가는 한 권의 결과물로 나올 것이라는 은밀한 기쁨이 나를 새벽마다 일으켜 세웠다.

나는 이제 또 하나의 책을 세상에 내놓는다. 여덟 번째 책이다. 이 세상에 딱 하나뿐인 책, 그 책을 읽기 전과 읽은 후의 독자의 생각과 행동이 변화되는 책을 쓰는 것은 모든 작가의 바람일 것이다.

지금 우리는 그 어떤 가능성도 배제하기 어려운 시대를 보내고 있다. 수백 년 후손들이 지금의 우리가 세상을 지내는 방식을 본다면 낯설게 여길 것이다. 지금의 기술 발전 속도를 감안하면 우리의 자녀는 성년이 되면 로봇과 대화를 나누고, 같이 일을 하게 될 수도 있다.

이런 변화 앞에 사람들은 두려움을 느끼고 방황하고 있는 것을 보게 된다. 그렇지만 또 한 가지 확실한 것은 기회는 위기와 함께 모습을 드러내왔다는 사실이다. 지금 우리 앞에는 위기만 있는 것이 아니라 기회의 문도 활짝 열려 있다. 그런데 이 문이 언제까지 열려 있을지 아무도 모른다. 문이 닫히고 나면 언제 다시 열릴지 아는 사람은 없다. 문을 열어 젖히기 위해 우리는 달라져야 한다.

변화의 시기에는 소수가 돼야 한다. 그런데 소수는 외롭다. 소수는 당대의 보편적인 생각과 싸우고, 지배적인 질서를 거슬러야 한다. 이것은 숙명이다. 당신이 이것을 피할 방법은 없다. 그러므로 즐겨라.

이 책을 집필하는 과정에서 나는 500여 권을 읽었다. 이 책을 집필하는 동안 세심하게 배려해준 아내에게 감사의 말씀을 전한다. 이 책을 읽는 모든 분들께 행운을 빈다.

이민주 드림

참고문헌

《고객을 발명한 사람, 헨리 포드》, 헨리 포드, 21세기북스, 2006년.

《나의 꿈, 나의 청춘》, 조일훈, 울림사, 2004년.

《노동의 종말》, 제러미 러프킨, 민음사, 2005년.

《더 나은 미래는 쉽게 오지 않는다》, 요르겐 랜더스, 생각연구소, 2013년.

《렉서스와 올리브나무》, 토마스 프리드만, 창해, 2003년.

《린치핀, 당신은 꼭 필요한 사람인가》, 세스 고딘, 21세기북스, 2013년.

《미래를 위한 약속》, 로버트 B. 라이시, 김영사, 2003년.

《미래의 물결》, 자크 아탈리, 위즈덤하우스, 2007년.

《부의 미래》, 앨빈 토플러·하이디 토플러 공저, 청림출판, 2006년.

《부의 제국 록펠러》, 론 처노, 21세기북스, 2010년.

《부의 추월차선》, 엠제이 드마코, 토트출판사, 2013년.

《산업사회의 미래》, 피터 드러커, 21세기북스, 2013년.

《상상, 현실이 되다》, 유영민·차원용 공저, 프롬북스, 2014년.

《샤오미 인사이트》, 허옌, 예문, 2014년.

《슈퍼 자본주의》, 로버트 B. 라이시, 김영사, 2008년.

《승자 독식 사회》, 로버트 프랭크·필립 쿡 공저, 웅진지식하우스, 2008년.

《신기술 성공의 법칙》, 핍 코번, 에이콘, 2007년.

《아마존, 세상의 모든 것을 팝니다》, 브래드 스톤, 21세기북스, 2014년.

《우리가 아는 미래가 사라진다》, 김형근, 위즈덤하우스, 2013년.

《위기는 왜 반복되는가?》, 로버트 라이시, 김영사, 2011년.

《유대인처럼 성공하라》, 육동인, 아카넷, 2004년.

《유엔미래보고서 2040》, 박영숙·제롬 글렌 등 공저, 교보문고, 2013년.

《이야기로 읽는 부의 세계사》, 데틀레프 귀르틀러, 웅진지식하우스, 2005년.

《이카루스 이야기》, 세스 고딘, 한경BP, 2014년.

《자본주의 어디서 와서 어디로 가는가》, 로버트 L. 하일브로너, 윌리엄 밀버그 공저, 미지북스, 2010년.

《자본주의 역사 바로알기》, 리오 휴버먼 지음, 책벌레, 2000년.

《카네기 인간관계론》, 데일 카네기, 산해, 2001년.

《코끼리와 벼룩》, 찰스 핸디, 생각의나무, 2001년.

《프로페셔널의 조건》, 피터 드러커, 청림출판, 2000년.

《프리덤 서머, 1964》, 브루스 왓슨, 삼천리, 2014년.

《플루토크라트》, 크리스티아 프릴랜드, 열린책들, 2013년.

《하버드 창업가 바이블》, 다니엘 아이젠버그, 다산북스, 2014년.

《한국의 근대 자본가들》, 오미희, 푸른역사, 2014년.